本研究成果获得以下项目资助

教育部人文社会科学研究一般项目"'双一流'建设背景下西部地方高校学术竞争力提升策略研究——基于新结构经济学视角"

（项目批准号：19YJA880010）

第一批广西八桂青年学者"地方高水平大学建设与广西区域政策创新研究"

（项目批准号：厅发〔2019〕79号）

基于新结构经济学视角的
西部地方高校学术竞争力研究

JIYU XINJIEGOU JINGJIXUE SHIJIAO DE
XIBU DIFANG GAOXIAO XUESHU JINGZHENGLI YANJIU

郭裕湘　著

暨南大学出版社
JINAN UNIVERSITY PRESS

中国·广州

图书在版编目（CIP）数据

基于新结构经济学视角的西部地方高校学术竞争力研究／郭裕湘著 . —广州：暨南大学出版社，2020. 8

ISBN 978 - 7 - 5668 - 2958 - 0

Ⅰ. ①基⋯　Ⅱ. ①郭⋯　Ⅲ. ①地方高校—学术研究—竞争力—研究—西北地区 ②地方高校—学术研究—竞争力—研究—西南地区　Ⅳ. ①G649.2

中国版本图书馆 CIP 数据核字（2020）第 163951 号

基于新结构经济学视角的西部地方高校学术竞争力研究

JIYU XINJIEGOU JINGJIXUE SHIJIAO DE XIBU DIFANG GAOXIAO XUESHU JINGZHENGLI YAN-JIU

著　者：郭裕湘

出 版 人：张晋升

责任编辑：古碧卡　武颖华

责任校对：曾小利　苏　洁

责任印制：汤慧君　周一丹

出版发行：暨南大学出版社（510630）

电　　话：总编室（8620）85221601

　　　　　营销部（8620）85225284　85228291　85228292　85226712

传　　真：（8620）85221583（办公室）　85223774（营销部）

网　　址：http://www.jnupress.com

排　　版：广州市天河星辰文化发展部照排中心

印　　刷：佛山市浩文彩色印刷有限公司

开　　本：787mm×1092mm　1/16

印　　张：13.5

字　　数：282 千

版　　次：2020 年 8 月第 1 版

印　　次：2020 年 8 月第 1 次

定　　价：46.00 元

（暨大版图书如有印装质量问题，请与出版社总编室联系调换）

前　言

　　随着国家"西部大开发"战略和"一带一路"倡议的实施，西部地方高校的发展及其学术竞争力的提升对推动西部地方经济社会发展的重要作用日益突显。西部地方高校学术竞争力作为西部地方高校在学术竞争中表现出来的一种综合优势能力，在支撑西部地区实现知识创新、科技创新、国防创新、区域创新、文化创新中发挥着重要的作用。但目前所面临的问题是，西部地方高校的发展速度和学术水平都难以承担这一历史赋予的重任，因而探索西部地方高校及其学术快速发展的有效途径就成为一个理论和现实研究的重要课题。本书从新结构经济学的视角出发，对西部地方高校学术竞争力发展的理论框架和实践路径进行一些尝试性探索和研究。

　　本书运用文献分析方法，概括和分析了西部地方高校学术竞争力的概念、内涵和要素系统，在辨析和借鉴新结构经济学核心概念和核心观点的基础上，从起点、路径、关键点、外部引擎四个方面阐述了新结构经济学对西部地方高校学术竞争力发展的理论价值；运用比较研究、文献研究等方法，从西部地方高校学术竞争力发展起点——要素禀赋结构，发展路径——遵循比较优势和发展战略，关键环节——学术自生能力获得，以及外部引擎——市场和政府作用发挥四个方面构建了西部地方高校学术竞争力发展的"EASV－MG"分析框架，并运用案例分析、调查研究、文献分析等方法在"EASV－MG"框架下对案例高校——广西 H 学院基于自身要素禀赋结构决定的比较优势发展路径进行了梳理。在总结案例高校渐进式发展路径经验的同时，也从理论上厘清了比较优势发展路径与特色化发展路径的异同。本书深入探讨了案例高校遵循基于比较优势发展学术竞争力的问题及其背后的原因，并从"有为政府"和"有效市场"的角度提出了提升西部地方高校学术竞争力的政策建议。

　　本书基于学术生产活动的特点，从资源、成果、过程三个层面对高校学术竞争力的内涵和要素系统进行了诠释。从资源层面看，高校学术竞争力是学术人力、学术物力、学术财力有机结合的综合优势能力；从成果层面看，高校学术竞争力表现为学术发现、综合、应用和传播知识的综合优势能力；从过程层面看，高校学术竞争力是高校技术创新、学术制度和学术文化等要素协同作用所体现出的综合优势能力。以上三个层面的十个要素构成了西部地方高校学术竞争力的一般要素子系统。而西部地方高校所拥有的独特的、不可复制的地域性、民族性和自然性特殊要素则构成了西部地方高校学术竞争力的特殊要素子系统。基于此，本书提出，西部地方高校学术竞争力是西部地方高校学者获取和利用学术设施、资金、设备，以及西部地区特有学术资源等，在技术创新、学术制度和学术文化的影响下，以学科为基本单元，在发展知识的学术活动中表现出来的一种集学术发现竞争力、学术综合竞争力、学术应用竞争力和学术传播竞争力为一体的综合优势能力。

本书尝试运用新结构经济学作为研究视角，对西部地方高校学术发展的理论困惑和现实困境进行解析。新结构经济学是建立在欠发达国家经济发展与转型成败经验总结基础上的一门发展经济学理论，它也可作为一个独特的理论视角，为同样欠发达地区的西部地方高校，在"先决条件不足"的情况下快速提升学术竞争力，提供一条可供借鉴的新路径。该视角的独特之处在于：与过往的趋同模仿的发展模式相比，该理论视角更重视内在要素禀赋在提升学术竞争力过程中的作用；与当前的特色化发展理论视角相比，它在研究起点、发展战略、研究方法等方面也存在根本差别。而对于欠发达的西部地方高校来说，这一来源于欠发达国家经验总结的新研究视角显然对其学术竞争力提升具有较强的理论针对性和实践指导性，但就目前情况来看，运用该视角研究欠发达地区高校学术发展的研究非常少，几乎没有关于欠发达西部地方高校学术竞争力提升的专题研究。因而，将该理论视角应用于分析西部地方高校学术竞争力提升和发展，是理论和实践研究的新的尝试。

从新结构经济学视角出发，本书借鉴了新结构经济学提出的核心概念思想，以"要素禀赋结构（E）—比较优势（A）—比较优势发展战略（S）—学术自生能力（V）"为内生路径，以有效市场（M）和有为政府（G）为外引两翼，构建了西部地方高校学术竞争力发展的"EASV－MG"理论框架。通过广西H学院的案例分析发现，"EASV－MG"框架，既是分析西部地方高校学术竞争力发展的一个新理论框架，也是引导欠发达西部地方高校学术竞争力提升的一条新实践路径。在实践中，"EASV－MG"框架不仅为西部地方高校提供了一条遵循基于自身学术生产要素禀赋结构所决定的比较优势发展学术竞争力的合理路径，还为西部地方高校提升学术竞争力指明了一条"欠发达"追赶"发达"高校的渐进式"结构变迁"路径。这条渐进式的"结构变迁"路径，既包含因学校要素禀赋结构变化带来的比较优势结构及其比较优势战略、学科专业结构的升级和变化，还伴随有政府制度结构的变化。在循序渐进的"结构变迁"中，遵循比较优势发展的欠发达西部地方高校学术竞争力可实现向"发达"高校的渐进式追赶和提升。

从广西H学院的案例出发，笔者运用伯顿·R.克拉克的三角协调理论分析了目前西部地方高校学术竞争力提升过程中存在政府作用过度、市场作用不足，以及西部地方高校学术自主性不足等问题，这些问题产生的原因表面上是西部地方高校学术竞争力提升过程中政府、市场和西部地方高校三个主体间关系的不和谐，深层次的原因则是政府权力过大，而政府权力过大则是由政府计划思维惯性制约、有效学术市场机制缺失，以及西部地方高校学术竞争意识不强等历史和现实原因造成的。西部地方高校要摆脱学术竞争力的落后状况，一方面需要遵循基于自身要素禀赋结构所决定的比较优势来提升学术竞争力，另一方面需要进一步发挥市场在学术资源配置中的重要作用，充分发挥政府引导学校发展优势学科专业、完善软硬基础设施、解决外部性问题等作用。就我国当前转型发展时期而言，政府的当务之急是需要进一步合理定位角色，引导学校发展、健全社会主义学术市场机制、改革高校评价标准、实施分类评价等，以帮助西部地方高校更快更好地提升学术竞争力。

郭裕湘

2020 年 4 月 28 日

目　录

1　绪　论[①]

1.1　选题缘由

1.1.1　问题提出

选择"西部地方高校学术竞争力研究"为研究主题，是由于笔者是一位长期在西部地方高校工作的学术管理人员，在大量阅读和思考全国与西部地方高校发展的有关文献后，强烈感受到西部地方高校发展的艰难和学术的落后，特别是在高校间竞争日益激烈的大背景下，西部地方高校提升学术竞争力面临的现实与理论困境。因此，本书的研究主题是基于一种责任并结合自己的研究趣旨和条件做出的选择。

1.1.1.1　现实问题：西部地方高校学术竞争力整体落后状况亟待改变

近十年来，各种大学排名日益增多。虽然很多大学排名并非官方所为，但其对大学和社会的影响力却日益扩大。尽管各种排名所使用的标准并不完全相同，却有许多共通之处，其中最重要的指标就是"学术"水平。例如：最为大家熟悉的《泰晤士报高等教育》和《世界大学学术排名》（ARWU）、中国校友会、网大和武书连等国内外大学排名[②]均将"学术"作为对高校进行评估和排名的重要指标。在排名竞争中，各类高校虽然对自身学术综合优势

---

① 本书的主要研究工作是在 2017 年以前进行的，2017 年已经基本完成初稿。由于中国高等教育发展变化迅速，各种新政策不断发布实施（如"双一流"大学建设等），尽管本书在最后成文时尽量关照最新的数据和情况，但书中所使用数据和所分析高校学术发展状况基本上是 2017 年以前的。笔者认为，尽管不断有新的政策颁布实施，但是先前政策引导下所导致的高校及其学术的分层现象和问题并没有减退，因此也不会影响本书的主要观点和结论。

② 《泰晤士报高等教育》用教学、科研、知识传递、国际视野作为主要指标；ARWU 以论文引用率、教授与毕业校友诺贝尔奖与菲尔兹奖得主数量、《自然》期刊与《科学》期刊论文数量、SCI 和 SSCI 论文数量作为主要指标，衡量一所高校在全世界范围内的排名情况。中国校友会以"人才培养、科学研究、综合声誉"作为一级指标；网大以"学术、新生质量、师资、科研经费"作为一级指标；武书连以"人才培养、科学研究"作为一级指标，考核我国高校评价排名情况。可见，"学术"已成为衡量一所高校是否具有竞争力和实力的关键要素。

能力①的重要性有比较一致的认识，但在我国当前高校的快速发展过程中，政府更加重视、社会更加关注的是"一流大学"学术水平的提升，如从 1995 年国家开始实施的"211 工程"、1999 年正式启动建设的"985 工程"到 2017 年的"双一流"大学建设等，都是国家层面对建设高水平一流大学实施的重大决策。当众多高校为入选国际或国内"一流大学"的名单而竞争，学术人才和资金大量涌入部属高校和东、中部地区地方高校时，我国西部地方高校的学术发展空间遭受到前所未有的挤压。在 2017 年教育部、财政部、国家发展和改革委员会公布的世界一流大学和一流学科建设名单中，42 所世界一流大学建设高校，西部地方高校仅入围新疆大学和云南大学，仅占 4.8%，且都在低一层次的 B 类；95 所世界一流学科建设高校，西部地方高校仅入围 13 所②，仅占 13.7%。据教育部官方网站数据显示，截至 2017 年 5 月 31 日，西部地方高校数量已达 658 所，约占西部地区 675 所高校的 97.48%③，这表明西部地方高校已成为支撑西部地区经济社会发展的重要人才培养基地和科技创新要地。但目前这类高校学术竞争力状况却远远落后于东中部地区地方高校，与部属高校之间的差距更大，这种状况非常令人担忧。

首先，从全国范围来看，部属高校学术竞争力最强，位于我国高等教育学术中心，而地方高校学术竞争力则相对较弱，位于我国高等教育学术的边缘地带。2013 年国务院学位委员会和教育部公布的数据显示，在全国学科评估排名第一的高校中，仅东部北京的 4 所部属高校，即北京大学、清华大学、中国人民大学、北京师范大学，就囊括了 44 个排名第一的学科，占全国排名第一学科的 46.32%④。在中华人民共和国教育部科学技术司主编的《2015 年高等学校科技统计资料汇编》中，相关数据显示：88 所部属高校在 2014 年共获得国家自然科学奖 30 项，国家技术发明奖 46 项，国家科技进步奖 115 项，国务院各部门科技进步奖 766 项；而同年统计的 1 058 所地方高校仅获得国家自然科学奖 2 项，国家技术发明奖 11 项，国家科技进步奖 71 项，国务院各部门科技进步奖 369 项。这一获奖情况说明，即使地方高校数量是部属高校的 12 倍，但学校的高端学术成果总量仅为部属高校的 47%，也就是说，1 058 所地方高校的学术成果总和还

---

① 本书将其界定为——学术竞争力，其基本定义为：学术竞争力是高校在学术竞争中表现出来的一种综合优势能力，是一所高校学术声誉和地位优于其他竞争对手，实现自我进步和价值的根本所在。具体分析见第 2 章。

② 根据 2017 年 9 月 21 日公布的《教育部 财政部 国家发展改革委关于公布世界一流大学和一流学科建设高校及建设学科名单的通知》（教研函〔2017〕2 号）显示，"双一流"建设学科 13 所西部地方高校分别是：内蒙古大学、广西大学、西南石油大学、成都理工大学、四川农业大学、成都中医药大学、西南财经大学、贵州大学、西藏大学、西北大学、青海大学、宁夏大学、石河子大学。

③ 全国高等学校名单［N/OL］. http：//www. moe. edu. cn/srcsite/A03/moe_ 634/201706/t20170614_ 306900. html.

④ 2012 学科评估结果 391 所高校不同学科各有榜单［N/OL］. http：//edu. sina. com. cn/kaoyan/ 2013－01－30/1106370520. shtml.

达不到仅占高校总量 8.3% 的 88 所部属高校的一半。显然，与部属高校相比，我国地方高校的学术竞争力处于较低水平。

其次，在不同区域的地方高校中，东部、中部和西部地区①的地方高校学术竞争力也呈现出明显差异。东部地区地方高校学术竞争力最强，处于学术的中心区域；中部地区地方高校学术竞争力次之，处于学术的中间区域；而西部地区地方高校学术竞争力最弱，处于学术的边缘区域。如表 1 - 1 所示，就国家三类科技成果奖②，国务院各部门科技进步奖和省、自治区、直辖市科技进步奖等高端学术成果获奖情况而言，2014 年全国地方高校共获得项目 2 839 项，其中东部地区 428 所地方高校共获得 1 344 项，约占全部项目的 47.3%，平均每所地方高校获得 3.1 项；中部地区 353 所地方高校共获得 919 项，约占全部项目的 32.4%，平均每所地方高校获得 2.6 项；西部地区 277 所地方高校共获得 576 项，约占全部项目的 20.3%，平均每所地方高校仅获 2.1 项。可见，就地方高校学术竞争力来说，东部最强，中部次之，西部最弱。此外，笔者在进一步数据统计时还发现，2014 年所统计的 1 058 所地方高校，仅获得的两项国家自然科学二等奖，都来自东部地区地方高校；仅获得的 11 项国家技术发明奖，6 项来自东部地区地方高校，4 项来自中部地区地方高校，只有 1 项来自西部地区地方高校。由此可以看出，在我国地方高校当中，也真实存在着一个学术竞争力水平的圈层结构，即以学术竞争力最强的东部地方高校为中心，以最弱的西部地方高校为边缘，形成了从由内到外的由强到弱的地方高校学术竞争力水平的圈层结构：在我国的现实学术竞争环境中，由于位于学术中心地带的东部地方高校不论发展基础、资源配置、学术水平等都普遍优于外围的西部地方院校，所以西部地方高校的学术发展更为艰难。

---

① 2000 年国家西部大开发优惠政策的东、中、西部地区划分标准是：东部地区包括北京、天津、河北、辽宁、上海、江苏、浙江、福建、山东、广东和海南 11 个省（市）级行政区。中部地区有 8 个省级行政区，分别是山西、吉林、黑龙江、安徽、江西、河南、湖北、湖南。西部地区包括四川、重庆、贵州、云南、西藏、陕西、甘肃、青海、宁夏、新疆、广西、内蒙古 12 个省（市）级行政区。

② 国家三类科技成果奖，指国家自然科学奖、国家技术发明奖和国家科技进步奖。

表1-1 东、中、西部地区地方高校高端学术成果获奖情况

单位：项

地区	省、自治区、直辖市	国家三类科技成果奖	国务院各部门科技进步奖	省、自治区、直辖市科技进步奖	总计
东部地方高校（428所获1 344项）	北京（23所）	6	16	47	69
	天津（11所）	7	2	49	58
	河北（50所）	0	1	130	131
	辽宁（40所）	3	8	215	226
	上海（11所）	2	28	59	89
	江苏（104所）	12	89	145	246
	浙江（27所）	6	17	96	119
	福建（19所）	2	1	61	64
	山东（94所）	5	101	90	196
	广东（35所）	5	8	94	107
	海南（14所）	0	0	39	39
中部地方高校（353所获919项）	山西（21所）	3	3	54	60
	吉林（35所）	0	0	146	146
	黑龙江（33所）	3	10	136	149
	安徽（80所）	2	32	102	136
	江西（25所）	3	0	60	63
	河南（44所）	5	3	148	156
	湖北（52所）	2	3	103	108
	湖南（63所）	2	1	98	101
西部地方高校（277所获576项）	内蒙古（15所）	1	0	51	52
	广西（21所）	0	0	78	78
	重庆（29所）	2	3	45	50
	四川（33所）	7	5	55	67
	贵州（37所）	1	0	25	26
	云南（38所）	1	0	91	92
	西藏（3所）	0	4	0	4
	陕西（31所）	3	30	73	106
	甘肃（26所）	0	3	33	36
	青海（8所）	0	0	16	16
	宁夏（13所）	0	1	0	1
	新疆（23所）	1	0	47	48

资料来源：根据中华人民共和国教育部科学技术司编制的《2015年高等学校科技统计资料汇编》第71页"表44 地方高等学校科技成果获奖"相关数据整理而成。该《汇编》只记录2014年全国1 058所地方高校在基础研究、应用研究、试验发展以及R&D成果应用等方面的情况（下同）。

由上面的分析可以清楚地看到，在我国的高等教育体系中存在着两个明显的学术圈层结构，如图1-1所示：一个是从部属高校到地方高校的圈层结构（图1-1左图所示），一个是从东部高校到西部高校的圈层结构（图1-1右图所示）。如果将两个圈层结构合并重叠，可以发现两个圈层重叠后位于边缘地带的都是西部地方高校，位于中心的基本上都是东部部属高校。而从中心到边缘位置的变化显示着高校声誉及其学术地位的递减，也表明了西部地方高校学术发展的不利处境。对于学术圈层的影响，国际比较高等教育专家菲利普·G.阿特巴赫认为："现行的国际教育综合体中存在着一些大学和知识'中心'，它们指出方向、提供样板、开展研究，它们是享有盛名的研究型大学，是国际知识系统的组成部分之一。"① 他指出，在高等教育学术系统中，这些位于"中心"的，处于学术系统金字塔塔尖的少数高校发挥着"领头羊"的作用，而位于金字塔底部处于"边缘"的高校，它们照搬"中心"高校的发展模式，很少产生具有原创性的成果，一般不能涉足知识的前沿，它们发展的处境艰难。他这样描述道："处于边缘地位的大学为数众多，它们基本上是知识传播者，传播知识的途径主要就是培养学生以及从某种程度讲重复进行在中心大学已经过时的研究。它们依靠中心大学为其提供改革创新的模式，指明发展方向。它们的设施从总体上讲是不能满足需求的，它们的教授所得报酬不如中心大学教授，知名度也较低"② 阿特巴赫认为处于边缘的高校在发展中有各种各样的不利条件，所以还没有达到追求一流学术水平的起点。在进行了深入的国际比较研究后，他发现这种学术系统的"中心与边缘"现象并不罕见，他认为"中心与边缘不仅仅存在于国与国之间，同样也存在于一个国家内部的大学系统中"③。即使在美国这种教育高度发达的国家也同样如此，"美国的少数大学为其余的大学定下了学术基调，即小部分公认的中心大学主宰着绝大部分的高校，当精英大学对一种潮流表示赞同时，其余的大学一般都会紧随其后"④。阿特巴赫在评价这种现象时明确地表示，这是一种对许多学术领域"不平等的现实"的描述，他认为中国高等教育同样面临着这样的挑战：经济和科学的全球化使得中国的大学必须参与国际竞争。中国的学术扩充也将在自身的学术系统内部产生更大的不平衡，这是必然的。他指出，任何一个学术系统都是一座金字塔，在塔中只有少数顶尖高校能成为有声望的研究机构，位于外围的高校大多没有话语权，也难有更多的自主性，其学术发展只能遵循中心制定的规则和引导进行跟随发展。这就是一个在中国高等教育系统中现实镜像的真实描述。

---

① 菲利普 G 阿特巴赫. 比较高等教育：知识、大学与发展 [M]. 符娟明，陈树清，译. 北京：人民教育出版社，2001：27-28.
② 菲利普 G 阿特巴赫. 比较高等教育：知识、大学与发展 [M]. 符娟明，陈树清，译. 北京：人民教育出版社，2001：27.
③ 菲利普 G 阿特巴赫. 比较高等教育：知识、大学与发展 [M]. 符娟明，陈树清，译. 北京：人民教育出版社，2001：28.
④ 菲利普 G 阿特巴赫. 比较高等教育：知识、大学与发展 [M]. 符娟明，陈树清，译. 北京：人民教育出版社，2001：27-28.

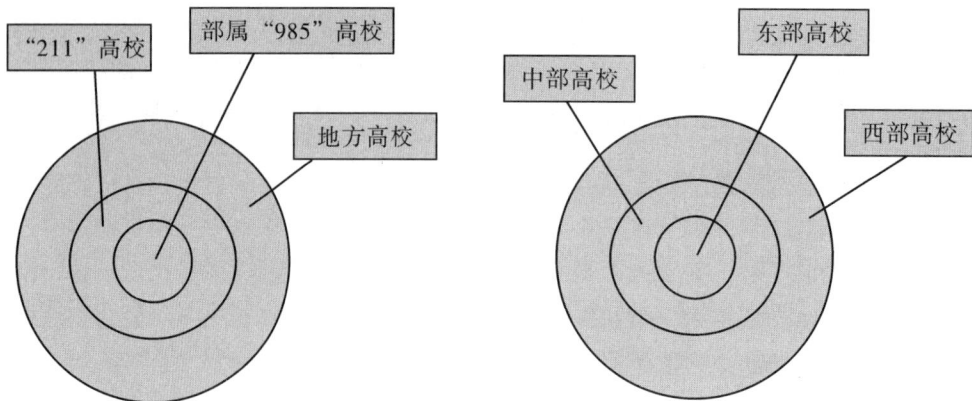

图 1-1 中国高校学术发展圈层结构

西部地方高校学术竞争力整体滞后已是不争的事实，但在国家重大战略发生转变的关键时期，为服务国家和西部经济社会建设大局需要，西部地方高校学术竞争力的滞后情况亟待改变。随着国家"西部大开发"战略、"一带一路"倡议等的实施，西部地方高校成为推动国家和西部经济社会发展的主要力量，而提升和发展西部地方高校学术竞争力对推动国家和西部地方经济社会发展的重要作用也日益突显。资料显示：2013 年，西部高校输出毕业生约 143.77 万人，其中超过 90% 由西部地方高校培养。2015 年，教育部科学技术司《高等学校科技统计资料汇编》统计的 277 所西部地方高校科技服务项目达 4 256 项，占西部高校科技服务项目总数的 53.52%。这说明西部地方高校在西部地区人才培养和科学研究方面发挥了重要的积极作用。特别是近年国家实施"一带一路"倡议后，西部各省市所拥有的地域、民族、自然等独特资源优势在推动国家经济社会发展战略进程中显示出日益重要的地位。2015 年 3 月 28 日，国家发展和改革委员会、外交部、商务部联合发布了《推动共建丝绸之路经济带和 21 世纪海上丝绸之路的愿景与行动》，在文件中西部 12 个省市中就有 10 个是我国"一带一路"倡议的重点建设省、市、自治区，分别是新疆、陕西、宁夏、甘肃、青海、内蒙古、广西、云南、西藏、重庆。2017 年 12 月，习近平总书记在哈萨克斯坦谈到丝绸之路经济带时，强调在"一带一路"进程中边疆民族地区应更好地发挥民族语言优势，让民族语言成为直通"一带一路"沿线国家各国民心的交流工具。"一带一路"倡议在给西部地区发展带来机遇的同时，也给身处其中的西部地方高校学术竞争力发展提出了更大的挑战。在"一带一路"背景下，对于学术竞争力相对落后的西部地方高校而言，其人才培养和科学研究服务必须紧跟国家和西部地区发展需求，为国家和西部地区经济社会和文化建设提供在知识创新、技术创新、国防科技创新、区域创新和文化传承创新①方面更强有力的支撑。因而，新的形势迫切需要西部地方高校充分利用自身优势，发展学术竞争力，改变目前学术竞争力滞后状况，以更好地促进西部地方经济社会发展，从而更好地服务国家发展战略。

1.1.1.2　理论困惑：西部地方高校学术竞争力提升需要新的理论指导

事实上，关于西部地方高校学术发展的理论研究与其他教育研究相比，数量相对较少，也不深入。因此，西部地方高校的学术发展实践难以得到有效的理论指导。没有理论指导的实践是盲目的、无效率的，甚至可能是南辕北辙的。这一现象如不改变，提升西部地方高校学术竞争力只能是一句空话。

1. 西部地方高校学术竞争力落后原因需引入新理论探讨

正如阿特巴赫在谈到中国大学所面临的困境一样，西部地方高校也不可能闭门自守，不管是主动还是迫于形势压力，它都必须参与到学术领域的竞争之中，因为学术发展从来就不是封闭的，特别是当学术发展越来越依赖人才引进、资金流入、资源利用和信息获取时，西部地方高校必须具备一定的学术竞争力。如前所述，由于学术界普遍存在的金字塔现象，而这种金字塔现象在我国更为突出，处于我国学术圈层"边缘"的西部地方高校该如何摆脱目前的困境，以及提升自身的学术竞争力就成为理论研究的当务之急。近年关于西部和地方高校的研究很多，其中不乏理论探讨。在各种研究中，有关西部地方高校发展问题、发展战略研究和发展路径的研究占有相当比例。这些研究在探讨所有问题时，提出的当务之急的问题是：什么原因导致了西部地方高校学术竞争力的低弱？由于研究视角不同，答案也各不相同。有的学者认为是西部经济发展滞后导致西部地方高校学术经费投入不足②；有的学者认为是西部地区高校及其领导观念落后所致③；有的学者认为是西部地方高校学术人才较少，尤其是高层次学术人才匮乏，学术人才流失严重④所致；还有学者认为是国家的某些政策导向导致东中西部高校学术资源分配不均⑤，以及由学术制度的导引导致西部地方高校学术趋同追赶发达地区高校发展⑥等。在这些原因探讨中，基本上都是从西部地方高校的外部因素进行解释，比如西部地区经济发展滞后、国家政策的资源分配不均，以及国家制度的趋同导引等，少数涉及的是内因，比如西部地方高校人才匮乏

---

① 来源于教育部 2012 年 3 月 21 日教高〔2012〕5 号文件印发的《高等教育专题规划》。在该规划的战略目标中明确提出：高等学校科学研究水平显著提升，自主创新能力明显增强，成为国家知识创新、技术创新、国防科技创新、区域创新和文化传承创新的重要基地。

② 杨如安. 浅论我国西部高等教育相对落后的主要原因及对策［J］. 现代教育科学，2004（3）：61 – 62.

③ 王根顺，李静. 发展西部高等教育的战略思考［J］. 教育研究，2001（9）：45 – 48.

④ 张文华. 西部地区教育发展滞后成因分析［J］. 中南民族大学学报，2005（1）：79 – 81.

⑤ 王根顺，李静. 发展西部高等教育的战略思考［J］. 教育研究，2001（9）：45 – 48.

⑥ 左兵. 西部地方高校学科建设的制度分析［D］. 武汉：华中科技大学，2006.

等。显然这些条件的限制是不争的事实，与部属或东部地方高校相比，西部地方高校的学术发展显示出外部经济环境不利和能利用的学术资源不足等问题，这难以维系自身学术发展，也难以获取外界的有力支持。毫无疑问，中央政府在规划整个国家的发展战略时，必须有一个通盘整体的考虑，国家发展需要有重点支持的、要在世界学术体系中争夺前列的"学术国家队"，"在中国面临着高等教育扩充的同时，她还必须确保至少有一些大学能与世界上最好的大学竞争。如果中国要拥有世界一流的经济，她就必须有世界一流的大学。她的杰出的大学必须成为世界科学和学术系统的一部分"。① 这是阿特巴赫对中国一流大学建设重要性的描述，同时他认为，在竞争世界中建立和维持顶尖大学所需的费用十分高昂，因此在中国学术系统内部产生更大的不平衡是必然的。也就是说，在中国国内大学之间，学术资源分配不均的现象是不可能消除的，再加上西部地区由于历史和地理因素的影响，经济发展远落后于东部这一现状也难从根本上改变，至少在短时间内是如此。由此逻辑发展推论，西部地方高校学术发展现状也难从根本上改变，学术竞争力也难有提升，结论似乎很悲观。但是作为理论研究，这里需要追问的是，西部地方高校学术竞争力发展是否可以突破传统的思维定式，另辟蹊径，探寻出新的出路？唯物辩证法认为，内因是事物发展的根本原因，决定着事物的性质和发展方向，外因是事物变化发展的条件，在外界条件不利的大环境下，是否可以从内部寻找原因，挖掘自身潜力？基于此，西部地方高校学术竞争力发展应是内因和外因共同作用的结果，其中内因是根本性原因，外因是条件性原因。显然，学界对西部地方高校学术竞争力落后的根本原因还需要一个更深入的分析探讨。正因为学界还需要对西部地方高校学术竞争力滞后的根本原因进行较深入的认识，因此，有必要引入新理论，重新思考阻碍西部地方高校学术竞争力提升的根本原因，这对于西部地方高校提升学术竞争力具有重要的理论价值。

2. 西部地方高校学术竞争力发展战略需要新的理论指引

关于西部地方高校的发展需要从战略的高度进行规划，特别是在当前国家已经明确提出了与西部地区发展密切相关的"一带一路"倡议。西部地方高校如何顺应国家的发展战略，抓住千载难逢的发展机遇，搭上国家发展的顺风车，需要新思维和新理论来指引。在过去很长一段时间内，当涉及西部地方高校学术发展时，人们往往以发达地区高校前沿学术创新水平为标杆，主张通过政府政策推动西部地方高校学术创新模仿追赶发达地区地方高校，应该说在一定条件下这种策略是有一定效果的，但很多时候这种政府推动下的模仿追赶式发展脱离了西部地方高校底子薄、条件差等现实情况。何况前沿学术创新需要长时间积累，不是短时间能够实现的，而盲目的模仿追赶发展使西部地方高校在竞争中难以获得比较优势，其学术创新水平往往只能尾随发达地区高校之后，其学术地位也只能停留在

---

① 菲利普 G 阿特巴赫. 比较高等教育：知识、大学与发展［M］. 符娟明，陈树清，译. 北京：人民教育出版社，2001：1-2.

学术的边缘区域。目前这种模仿追赶式发展策略的不足也引起了一些学者的关注。比如教育部 2001 年启动的"对口支援西部地区高等学校计划",该政策的初衷是利用东部地区高校丰富的经验和资源,直接支援和帮助西部高校的发展,校与校之间学术的无缝对接,减少了政府的行政干预,将会获得更高的效率和更好的效果。但实际情况是,在实施中就遭到了颇多质疑。有学者认为,高校对口支援政策是以国家意志为依托征调高水平高校资源对西部地区高校的无偿弥补,其实质是政府责任的转嫁①,该研究认为政府推卸了自己应负的责任;还有学者认为,支援高校不应该总是"授鱼"而应该多"授渔",不应该总是"输血"而应该多"造血"②,这一观点指出了东部对口支援高校在支援方式上存在的问题;有学者在研究了西部地方高校学科建设的制度问题后指出,西部地方高校学科建设的趋同和模仿的制度选择③不利于西部地方高校的学科发展;还有学者指出在对口支援工作中,部分优势高校硬性将经验"植于"受援对象,这不利于受援高校学术发展④等。上述学者的有些观点可能有所偏颇,但还是从某个角度说明,过去的模仿追赶战略强调国家意志,强调政府的决定性作用,忽视了西部地方高校学术发展的自身基础,忽视了市场在西部高校学术发展中的作用,因此在现实中产生了大量问题,难以从根本上改变西部地方高校学术发展的落后状况。

事实上,西部地方高校不论是学术资源,还是学术产出,都与部属高校和发达地区地方高校存在较大差距,如果只是依赖通过政府政策强调模仿追赶部属高校和发达地区地方高校学术发展的路径,那么就难以从根本上打破学术发展的跟随状况,陷入只重视趋同模仿发达地区高校,不重视自身创新能力提升的"追赶陷阱"当中,在学术竞争力提升的过程中也很容易出现越模仿越难赶上的困境,更难摆脱其学术发展的"边缘"状况。正因为模仿追赶发展战略没有从根本上改变西部地方高校学术发展的落后状况,它对西部地方高校学术发展的指导意义也有限,而各级政府在投入大量政策和大量经费实施模仿追赶战略后也并没有达到预期的效果,因此,我们需要重新调整思路,寻找新的发展理论以指导西部地方高校制定更有效的战略提升学术竞争力。

1.1.1.3 笔者的研究趣旨与条件

笔者先后在我国西部两所地方高校做过教师和科研管理部门的学术管理工作,多年亲身经历并目睹了西部地方高校学术竞争力发展的艰难处境,很希望通过自己的一些努力为西部地方提升高校学术竞争力尽绵薄之力。以"西部地方高校学术竞争力"为研究主题,

① 孙华.基于问题导向的我国高校对口支援政策分析[J].上海交通大学学报,2010(3):83-89.
② 解群.中国高校对口支援政策分析[D].上海:华东师范大学,2012.
③ 左兵.西部地方高校学科建设的制度分析[D].武汉:华中科技大学,2006.
④ 李延成.对口支援:对帮助不发达地区发展教育的政策与制度安排[J].教育发展研究,2002(10):16-20.

既符合笔者的研究条件，也符合笔者的研究趣旨。

首先，笔者作为广西一所地方高校科研处的管理人员，不仅熟悉西部地方高校学术管理的日常工作，还有机会和条件获得学校学术竞争力发展的大量数据、资料和信息，能实实在在地做一个真正深入的个案研究。其次，在多年的学术管理生涯中，笔者负责管理学校各种科研项目的申报、评奖等工作，在与教师的直接接触中，深入了解教师学术发展的问题和困难；在参加学校的相关会议中，也充分了解学校领导对于学校学术发展的思路和期盼，这些都为顺利完成本研究提供了保障和条件。再次，笔者在进行理论学习过程中，对西部地方高校学术竞争力的提升有了理论上的新思考。笔者深深地认识到西部地方高校学术竞争力发展的重要性，更在院校交流和一些调查活动中逐渐清晰地意识到西部地方高校学术竞争力发展采取传统的盲目模仿东部高水平大学这一思路，难以从根本上改变西部地方高校的困境。从而萌生了对这些问题进行深层次探讨的想法，这不仅能将自身学术管理工作与学术研究趣旨结合起来，使研究更富有实践意义和探索意义，而且还能在探讨中不断提升自己的管理水平和工作能力。

综上所述，随着国家"西部大开发"战略和"一带一路"倡议的实施，西部地方高校亟须改变目前学术竞争力发展的落后状况；这既需要在理论上探索新的思路，更需要在实践上对理论进行应用。正是基于对上述西部地方高校学术竞争力发展的现实问题与理论困境的思考，本书在理论和实践上，深入分析西部地方高校学术发展的困境和原因，以及理论的缺陷，并尝试在新的理论指导下探索西部地方高校学术竞争力发展的新理论和实践路径。

1.1.2 研究意义

本书从新结构经济学视角出发，对欠发达的西部地方高校学术竞争力发展进行研究，既是一种对新结构经济学在高等教育中应用的探索，也是对欠发达地区地方高校学术发展路径的探寻，因而具有重要的理论意义和现实价值。

1.1.2.1 理论意义

一所高校的学术水平是决定其声誉和地位的最重要指标，尽管从学术的本质看，学术是对高深知识的研究，也就是对未知世界的探索，高校则是对这种高深知识进行探究和传播的最重要的场所，而知识应是共享的，显然这里并不包含竞争的含义。但是随着"学术系统内部的不平衡现象以及对资源依赖"不断加剧，"学术系统中的竞争是不可避免的"[①]，竞争也就成为当今学术领域最常见的现象。"竞争"本是经济学讨论的基本问题，

---

① 菲利普 G 阿特巴赫. 比较高等教育：知识、大学与发展［M］. 符娟明，陈树清，译. 北京：人民教育出版社，2001：1 - 2.

但当今社会"竞争"已遍及各个领域，国家竞争、军备竞争、科技竞争、企业竞争、个人竞争等，所以研究各领域的"竞争力"也就成为一个极热门的话题。近年来，经济发展对于整个世界乃至各个国家至关重要，经济理论层出不穷，经济学关于发展问题的研究可谓是各种经济理论研究中最为活跃的。其他学科借鉴经济学理论分析自身问题，而产生了许多跨学科研究的新方向。本书正是借鉴经济学相关理论研究高等教育发展问题的一个尝试。

第一，本书以竞争力理论、高等教育相关理论为基础提出的西部地方高校学术竞争力的概念、内涵和要素系统，可以丰富区域高等教育学术发展及其竞争理论研究。

第二，本书运用新结构经济学关于欠发达地区经济发展战略选择的相关理论，来解构西部地方高校发展的困境和原因，并提出了一个发展学术竞争力的"EASV – MG"分析框架，这是将新结构经济学应用于教育领域的一种尝试，有利于拓宽教育领域理论研究的视野，也可丰富区域高等教育发展理论，特别是欠发达地区的高等教育发展理论。西部地方高校与东部和中部地方高校相比，其学术竞争力整体处于"欠发达"状态。新结构经济学作为一种对"欠发达"国家或地区经济发展的实践问题的经验总结，能为"欠发达"西部地方高校学术竞争力提供一个"先决条件不足"但仍能获得快速发展的独特理论视角。在新结构经济学理论的指导下，本书以要素禀赋结构为发展起点，以遵循比较优势和发展战略为发展路径，以获取学术自生能力为发展关键点，以发挥有效市场和有为政府积极作用为外部引擎，构建西部地方高校学术竞争力发展的"EASV – MG"分析框架。该框架也是新结构经济学理论应用于其他领域的一个尝试。

第三，在本书中，笔者以广西 H 学院为典型案例，分析和验证了欠发达西部地方高校在基于新结构经济学理论构建的"EASV – MG"框架下如何实现学术竞争力的快速发展，丰富了院校发展理论研究。

1.1.2.2 实践意义

理论是为现实服务的，束之高阁的理论也就失去了其存在的价值。本书最根本的目的还是希望为西部地方高校的学术发展探寻新的方法和途径，为西部地方高校学术发展解困。因此，本书在进行理论探讨后，重点还是解释和认识现实问题。

第一，本书对"欠发达"的西部地方高校在学术竞争力"先决条件不足"的情况下获得快速发展的实践路径的探索，可以为其他同类高等院校提升学术竞争力提供现实的路径参考。本书从新结构经济学视角对欠发达西部地方高校基于自身要素禀赋结构所决定的比较优势发展学术竞争力的路径探讨，可以为其他欠发达高校在提升学术竞争力的实践中找出发展起点、甄别自身比较优势、制定合理的发展战略，以及如何发掘市场和政府在发展战略制定和实施中的保障作用等提供有益的参照。

第二，本书对西部地方高校学术发展中有效市场和有为政府作用的相关探讨，可以为各级政府制定西部地方高校学术发展政策提供参考。从新结构经济学出发，本书可以为各级政府在西部地方高校遵循比较优势发展学术竞争力过程中如何发挥因势利导作用，以及如何建设有效市场机制等方面提供政策参考。

1.2 文献综述

1.2.1 西部高校发展研究

西部地区对于我国的国家安全和社会稳定具有重要而特殊的战略意义。中华人民共和国成立后，国家对西部地区实施了许多优惠政策，其社会、经济以及教育都得到了快速发展，但与东、中部地区相比，仍差距较大。西部高校作为支撑西部地区人才培养和科学研究的主阵地，其发展水平与东中部地区高校也同样存在较大差距。1999 年，"西部大开发"国家战略的提出，使西部高校发展的许多问题再次受到学术界的高度重视，研究成果逐渐增多，主要集中于西部高校发展战略、人才问题、政府政策、市场作用等方面。

1.2.1.1 西部高校发展战略

在有关西部高校的各种研究中，较多学者对西部高校发展战略给予了关注，进行了探讨，但选择的研究方法和研究角度并不相同。从研究方法看，这些研究主要采用了 SWOT 分析、案例分析、数据统计等方法；从研究角度看，有选取某一发展关键点进行切入研究的，也有从院校角度进行研究的，还有从国家政策层面进行研究的。

运用 SWOT 分析工具对西部高校发展战略进行研究的学者较多。SWOT 分析是在对研究对象所处的情景进行全面、系统、准确研究的基础上，制定相应发展战略、计划及对策的一种常用的战略分析方法。邱地运用该方法对西部地方高校发展路径进行研究，认为西部地方高校具有资源丰富、少数民族特色等优势；具有生源质量不高、师资力量薄弱、办学经费短缺等劣势；西部大开发和国家政策倾斜、高校合并带来的契机等是西部高校发展的机遇；国际高等教育的快速发展，国内高校就业形势的严峻、同类院校的竞争以及自身的困境都是西部地方高校面临的现实挑战，西部地方高校发展应突出办学特色，以实践为取向走出服务地方经济社会发展的道路[①]。李俊义认为，西部高校应从学校实际情况出发，结合所处区位优势寻求最优发展路径，他指出西部高校发展的优势有：多民族文化、拥有东部高校不可比拟的发展空间（西部有大量的土地、矿产、旅游、生物、水等资源未有效开发）等；劣势有：地理偏僻、交通不便、信息闭塞、人才匮乏、经费缺乏等，西部高校在充分考虑学校优势和劣势的基础上制定发展战略，必须符合自己的实际和所处的经济、

---

① 邱地. 我国西部地方高校办学定位研究 [D]. 长沙：湖南师范大学，2013.

社会环境，适应社会发展的需求，利用好西部大开发契机，将西部得天独厚的少数民族文化、古丝绸之路文明、沙漠、冰川、草地、戈壁等优势融入学校发展中，推动学科专业发展、科技成果孵化等①。左兵运用 SWOT 分析方法，提出西部传统办学精神和现代理念，得天独厚的少数民族文化资源以及国家实施西部大开发战略、扶持西部高校创新发展等，为西部高校的跨越式发展提供了机遇，而西部社会经济发展的滞后、办学经费的短缺，尤其是高层次师资匮乏等，也成为西部高校跨越式发展面临的劣势和困境，她建议西部高校应客观审视和估量西部经济社会发展，选择合乎自身优势的跨越式发展路径②。祁占勇、陈雪婷在"一带一路"背景下探讨了西部高校的发展战略，他们认为西部高校有自然条件良好、多民族文化丰富、历史文化底蕴浓厚等优势，也存在规模偏小、教育质量不高、观念保守等劣势，面临高层次人才需求增加、科研项目增加、资金大量流入、国际交流增多等机会，以及面临领军人才流失严重、高层次人才引进困难、核心竞争力普遍偏低等困境，该文指出西部高校应把握"一带一路"倡议机遇，建立与西部优势资源相关的研究中心和优势学科，如自然研究中心、少数民族研究中心、历史文化重点建设学科等，培养所需领域的高层次人才，开展科学研究项目，促进与沿线国家和地区高校的交流，促进跨越式发展③。总体来看，以 SWOT 分析工具开展的研究，主要从西部高校自身整体的优劣势、面临的机遇与挑战出发探讨西部高校发展战略，既立足学校实际，也充分考虑了外在环境的影响，分析结果较全面。虽然这类研究综合考虑了各种因素，但没有对特定问题进行较深入的研究。

一些学者采用案例分析法对西部高校发展战略进行研究。兰州大学原校长王乘以兰州大学为案例探讨了西部地区高校创办特色高水平大学的发展之路，他认为，在"双一流"建设道路上，兰州大学在人才和资源相对匮乏的情况下，既面临着办高水平大学的普遍矛盾，又面临地处西部欠发达地区的特殊问题，学校要赢得发展机遇，关键战略之一就是把一流学科建设与提升科学研究水平和发挥创新驱动引领作用紧密结合起来，实现与区域经济社会发展的深度融合④。阙海宝通过分析四川师范大学发展实例，提出西部高校虽然在教育观念、体制、经费、人才等方面滞后，但是可以抓住高等教育发展的机遇，转变观念，改革体制，走办学多元化道路，实现化劣势为优势，让学校在短时间内获得新发展⑤。案例分析能较深入地将学校战略聚焦于学校发展的某一关键点，并能将学校发展的现实路

① 李俊义. 基于区位视野下的西部高校发展探析［J］. 现代教育科学，2009（5）：51 – 53.
② 左兵. 西部高校跨越式发展的 SWOT 分析与发展战略［J］. 煤炭高等教育，2012（1）：53 – 56.
③ 祁占勇，陈雪婷."一带一路"背景下西部高校发展的 SWOT 战略分析［J］. 集美大学学报（教育科学版），2017（4）：50 – 55.
④ 王乘. 做西部文章 创一流大学：西部地区高校要走出有特色高水平的创新发展道路［J］. 国家教育行政学院学报，2016（10）：3 – 6.
⑤ 阙海宝. 新形势下西部高校发展道路的探索与思考［J］. 教育探索，2006（9）：30 – 32.

径清晰地呈现出来，分析结果操作性强，比如兰州大学发展战略的关键点就落在一流学科建设上，主要呈现的是其学术发展路径；四川师范大学发展战略的关键点落在了多元化发展上，其主要呈现的是多元筹资的校园环境建设路径。

一些学者采用逻辑思辨的方法对西部高校发展战略进行研究。杜育红、王善迈运用逻辑思辨方法对西部高校发展战略进行研究，他们认为西部高校落后的表现不仅在资金、人才等方面，更多地体现在制度与文化上的差距，西部高校只有适应经济发展需要，适应经济发展对劳动力市场的需要，才能促进经济发展，适应"西部大开发"战略①。刘明贵指出，我国西部地方高校存在对定位不重视、定位不准确、缺乏个性和特色、盲目攀比、不切实际的问题，我国西部经济社会发展状况、政府权力、市场需求、学科特色等都是制约学校定位的因素，要定准位置把西部地方高校办成优秀的教学型大学，需明确培养目标，提高教育教学质量，继承和发扬优秀办学传统，凝练办学特色，提高办学水平②。周小波等人运用逻辑思辨方法对我国西部地方院校大学竞争力与发展战略进行研究，认为与其他高校相比，西部地方高校在天然资源、文化底蕴、地理位置等方面有比较优势，在办学经费短缺、学科领军人物奇缺、学科发展水平较低等方面存在相对弱势，他建议西部地方高校应结合"西部大开发"战略以及西部地方经济和社会需要，从合理定位、教育质量、学科发展、师资队伍、制度保障、办学特色等方面制定高校学术竞争力的发展战略③。显然，运用逻辑思辨方法的战略研究一般分析结果较宏观。

还有学者采用数据统计的方法研究西部高校发展战略，而运用数据统计方法的战略研究一般立足于西部高校实际。王成端等运用数据统计和比较方法，从西部地区高校的师资队伍建设、教育经费投入、教学质量状况等方面与全国进行比较，结果发现与东部高校相比，西部高校在招生、就业、优势学科建设、品牌专业发展、办学规模与效益、办学质量与层次等方面竞争力明显偏弱，他认为西部高校要大幅度提高竞争力，需要将工作重心转移到解决教师数量不足、教学过程不规范、管理体制不统一等教学基本建设问题上；需要围绕高校的自身定位和发展目标，深入研究在政府主导下的市场配置高等教育资源的人力资源、物力资源、财力资源机制和共建共享机制④。高东辉运用数理统计的方法发现了西部高校经费投入不足、师资队伍水平整体较低等问题，提出构建多元投资体系、强化师资队伍梯队管理、实施稳定人才和引进人才的策略以及提高科研成果市场适应性等建议⑤。

上述文献虽然在研究方法和研究角度上存在差别，但是对西部高校发展战略基本形成

① 杜育红，王善迈. 西部教育发展新战略、新思想［J］. 内蒙古教育，2000（8）：24－25.

② 刘明贵. 中国西部地方高校定位及发展战略研究［J］. 科技进步与对策，2005（9）：41－43.

③ 周小波，王成瑞，谢鸿全，等. 西部地方院校大学竞争力与发展战略研究［J］. 中国高教研究，2011（1）：63－65.

④ 王成端，孙山，陈一君，等. 西部高校竞争力比较研究［J］. 中国大学教学，2013（2）：83－85.

⑤ 高东辉. 西部高校跨越式发展的现实问题与路径选择［J］. 当代教育科学，2016（3）：37－40.

了以下三个方面的共识：第一，制定西部地方高校发展战略应该以学校现有的优势和劣势资源条件为基础。从已有研究来看，西部高校战略制定的资源基础可以分为两类：一类是人、财、物等一般资源；一类是涉及民族、地域、自然等独有的特殊资源。第二，制定西部地方高校发展战略还应该考虑学校的制度、文化等过程要素。第三，制定西部高校发展战略还要充分考虑外在环境中的机遇与挑战。这些机遇与挑战，一方面来自各级政府的制度和政策，比如西部大开发政策、高等教育发展政策、"一带一路"相关政策等；一方面来自国家、区域或西部经济社会发展的需求，比如人才培养、学术研究项目应与西部市场需求对接等。因此，西部高校发展战略的制定是一个系统工程，需要综合考虑自身资源、过程条件，以及外部环境中市场和政府作用等多个要素。

1.2.1.2 西部高校发展的人才问题

在所有竞争中，人才资源的争夺是最为激烈的。自"西部大开发"战略实施以来，很多学者从不同角度关注西部高校人才问题，并从多个方面提出了看法。从人力资源开发角度，吴德刚、曾天山、邓友超认为人才是深入推进"西部大开发"战略和"丝绸之路经济带"倡议的第一战略资源，目前西部存在人才效能不高，人才资源开发水平总体偏低，高素质人才与东部以及全国平均水平的差距不断拉大等问题，而教育发展程度、收入水平和城镇化发展进程是影响西部人才资源开发的主要因素，该文建议：针对青海、贵州等省份高等教育水平相对偏低的问题，国家需实施倾斜政策，加强中央和地方专项经费支持，加快增列这些省份急需的硕士和博士学位点，不断深化对口支援的形式、层次和重点，通过扶持弱者、弥补缺陷等做法逐步缩小西部各省份高等教育水平的差距。优先发展特色专业，紧密结合西部地区资源优势，优先发展西部高等教育冶金、矿产、民族旅游、生态保护等特色学科专业等；按照市场需要科学预测和规划人才需求，发挥市场在人才资源配置中的决定性作用；实施人才开放柔性管理政策，合理制定培养、评价、激励、流动、使用人才的政策等[①]。刘方成、吴孟桃运用时间序列法和比较分析法，通过对东、中、西部地区高校多年人力资源的数据分析显示：与中、东部地区相比，西部地区高校人力资源的数量最少、低于全国平均水平，且增长速度缓慢，校均高层次人才数量较少，整体科研能力相对较弱。未来西部高校应提升自身竞争力，以人为本，重视师生的发展，吸引并留住人才，同时政府政策应适当倾斜，支持西部高校发展，缩小与中、东部的差距[②]。从人才队伍建设角度出发，甘晖认为，人才队伍是西部高校发展的生命线，但目前与东部和中部地区的高校相比，西部高校在人才竞争中明显处于不利地位。他指出西部高校人才问题产生

---

① 吴德刚，曾天山，邓友超. 我国西部地区人才资源开发战略研究 [J]. 教育研究，2015 (4)：3-41，69.

② 刘方成，吴孟桃. 西部地区高校人力资源现状与发展预测 [J]. 重庆高教研究，2016 (2)：7-14.

的原因主要有：不同地区和不同类型高校之间相同岗位级别的教师待遇差别较大、同质化办学、一把尺子量不同学科和学校、人才计划各自为政等，建议今后应大幅提高教师保障性收入比例，制订西部重大研究专项人才计划，调整专项人才调节津贴，建立人才支持条件倍增政策、年薪指导意见等①。唐兴芳和郝婷通过对教育部直属西部、东部高校的人才队伍现状进行数据对比发现：西部高校存在人才基础薄弱、流失严重、队伍结构不合理、高层次人才严重缺乏、人才引进困难、人才队伍创新能力不足等问题。要加强人才队伍建设需在国家层面上争取政策倾斜、项目支持，在高校自身层面上树立正确的人才观念、改进引人措施、完善人才制度等②。从人才流失角度出发，向雪琴和向晓红指出人才流失问题一直是制约和困扰我国西部高校发展的难题，人才观念的更新与认识的正确是解决这一问题的关键，具体策略包括：为人才创造良好的外部条件，激活人才内部因素以及建立政府政策支持和人才流动的保障机制等③。杨子祁认为高层次人才流失和缺乏是制约西部高校发展的严重问题，利益分配上的平均主义、职称评定中的论资排辈、管理中的一些不民主和不科学、经费紧张、待遇偏低、管理体制行政化等都是问题产生的原因，建议多渠道筹集资金、创新高层次人才管理模式和激励机制、坚持引进和培养人才相结合来加以解决④等。从人才引进的角度出发，周瑞超认为，西部高校高层次人才引进还没有达到预期效果，要最大限度地激发和挖掘引进人才的科研热情和潜力，需要西部高校进一步完善学校高层次人才引进的考察和考核机制，不断提升高层次人才引进的效益⑤。

从上述研究来看，长期以来，西部高校一直存在人才基础薄弱、高层次人才匮乏且流失严重、人才创新能力不足等问题，近年来这些问题愈加严重，而且有些学者认为制约西部高校发展的最大瓶颈就是人才问题，它不仅影响到西部高校的整体学术能力提升，还影响了学校人才培养的质量。

1.2.1.3 西部高校发展的政府政策

近十年，国家出台了很多有关促进西部地方经济社会发展的政策，极大加速了西部的发展。与此同时，一系列促进西部高等教育发展的政策也逐步实施。从已有研究文献来看，有关西部高校发展的政府政策研究主要集中于"高校对口支援"政策、"中西部高等教育振兴计划"和国家重点学科建设制度等方面。

① 甘晖. 破解西部高校人才队伍建设难题的战略思考 [J]. 中国高等教育，2017（5）：7-10.

② 唐兴芳，郝婷. 西部高校人才队伍建设存在的问题及对策研究 [J]. 高等农业教育，2017（2）：15-20.

③ 向雪琴，向晓红. 关于我国西部高校人才流失的对策思考 [J]. 西南民族学院学报（哲学社会科学版），2003（2）：284-286.

④ 杨子祁. 西部高校高层次人才流失的问题与对策 [J]. 继续教育研究，2014（1）：84-86.

⑤ 周瑞超. 西部高校高层次人才引进现存问题及其对策 [J]. 广西社会科学，2012（5）：171-174.

1. 高校对口支援政策

"高校对口支援"政策于2001年开始实施，东、中部许多高校先后与西部高校建立了对口支持联系，并取得了很好的效果。解群认为我国高校对口支援呈现出明显的政策主导特征，虽然高校对口支援政策已实施十余年，特色发展在多方面体现出来，总体成效也良好，但还存在局部政策执行难、政策执行偏差行为时有发生等问题。他指出通过对政策的监控和政策的评估能纠正这些偏差，高校对口支援政策更好地实施应注意以下四个问题：第一，加强调研，保障高校对口支援政策决策科学化；第二，力求共赢，提高政策执行的有效性；第三，借助社会，建立健全政策评估体系；第四，借鉴国外，完善政策体系①。李延成认为对口支援政策打破了正式教育制度安排的"垂直性"，使得区域间教育可以发生交流和互动，它是在正式教育制度安排之外实行的一种补充性教育制度。他指出对口支援是一种制度创新，政府起到了主导作用，发挥了支援高校积极性，但这一制度安排也带来一些问题：对口支援超出了支援部门和学校的日常工作，对口支援的针对性和适用性有待改善，即硬性将经验"植于"受援对象的效果问题等②。刘晓光等人指出，从支援学校的收益情况看，政治方面的正收益最大，学术方面只有很小的正收益或零收益甚至负收益，而经济方面则完全是负收益；受援高校的收益情况稍好，但是不同学校的收益情况也存在差距，有时因为政策运行的资源不足，会出现支援学校和受援学校的资源消耗不能及时得到补充的情况，导致个别高校失去继续参与对口支援工作的热情和动力③。蔡文伯、燕晋峰认为受援高校受到东部支援高校的影响，在发展规划、办学思路和机构设置等方面逐渐产生同质化现象，具体表现为：办学目标定位、组织结构、学科专业设置、人才培养模式等方面的同质化，其形成原因是管理体制下的强迫机制、政策导向下的模仿机制以及外部评价下的社会规范机制④。由上述研究可见，政府推行"高校对口支援"政策的初衷很好，但是在实际实施过程中，由于某些不切实际的想法和做法，这种强行的行政性"拉郎配"并不能有效解决西部高校发展的困境。

2. 中西部高等教育振兴计划

2011年教育部提出启动"中西部高等教育振兴计划"，其初衷是通过实施国家的特殊政策来加快中、西部地区高等教育的发展。这一计划在实施过程中虽然取得了显著的成效，但也出现了一些问题。国家"中西部高等教育振兴计划"中的中西部高校综合实力提

① 解群. 中国高校对口支援政策分析 [D]. 上海：华东师范大学，2012.

② 李延成. 对口支援：对帮助不发达地区发展教育的政策与制度安排 [J]. 教育发展研究，2002（10）：16-20.

③ 刘晓光，董维春，唐昕. 对口支援西部高校政策的问题与建议 [J]. 中国高等教育研究，2006（12）：42-44.

④ 蔡文伯，燕晋峰. 对口支援东西部高校同质化研究：基于组织社会学的视角 [J]. 江苏高教，2014（1）：55-57.

升工程和中西部高校基础能力建设工程，近年受到了一些学者的关注。游建军、王成端等人认为推进"中西部高校基础能力建设工程"是为了重点解决西部高等教育布局与资源配置不合理等问题，这项工程对西部地方高校产生了三个方面的积极影响：为入选高校提供了有效的经费支出和物质保障；帮助入选高校成为西部高校的领跑者；提升了西部入选高校的基础能力及社会声誉①。李明忠、邵攀、焦运红认为"中西部高校综合实力提升工程"对14所（其中西部地方高校9所）入选高校产生的积极影响是：进一步明确了区域特色高水平研究型大学的办学定位；加强了高水平师资队伍建设、特色学科和科研平台建设；进一步提升了服务区域经济社会发展的能力。存在的问题是：对区域特色高水平研究型大学的理论研究和实践还缺乏深入的探索；需加强该工程的常态化机制建设和以绩效为导向的管理和评估机制等②。显然，"中西部高等教育振兴计划"这项政策还在推进中不断完善。

3. 国家重点学科建设制度

学科建设是大学发展的基础，一流的大学一定有一流的学科，所以在近年关于大学发展的研究中，学科建设制度研究占有相当的比重。而对于西部高校而言，学科建设正是其学校学术发展的薄弱环节。左兵认为我国西部地方高校学科建设的制度性障碍产生的根源是我国高校学科建设的趋同化和模式化发展倾向。她指出，西部地方高校学科建设之所以模仿国家重点学科建设模式，有三方面原因：一是制度变迁中的路径依赖降低了学科建设制度的建设成本，二是组织趋同中的模仿机制强化了学科建设的价值取向，三是重点学科建设所带来的优质资源和学术声望，加强了西部地方高校选择和模仿国家重点学科建设模式的进程。西部地方高校学科建设要摆脱当前的困境，需要国家创造良好的政策环境，加大对西部地方高校的政策扶持力度，需要依据西部产业结构特点和就业结构需求，适时整合和调整学校的学科结构，还需要充分利用西部地区拥有的民族文化资源，培育和建设具有民族特色的优势特色学科③。

从上述文献分析来看，国家对西部地区高校的各项倾斜制度和优惠政策虽对学校发展有较大帮助，但在实施中还存在很多问题，比如高校对口支援政策存在硬性移植、学术收益小、同质发展、积极性有待提高，以及政策执行难等问题；"中西部高校综合实力提升工程"还需要加强机制建设等；国家重点学科制度建设则存在趋同模仿的制度性障碍。这些问题的出现，说明在我国西部高校的发展过程中，政府制定和实施的西部高等教育倾斜制度或优惠政策仍有很多方面需要反思和完善，尤其是以发达地区高校为发展标杆的高校

① 游建军，王成端，谢华，等."中西部高校基础能力建设工程"及其在西部的有效推进［J］.高等教育研究，2014（1）：46－49.

② 李明忠，邵攀，焦运红."中西部高校综合实力提升工程"的改革成效与深入推进［J］.重庆高教研究，2017（1）：61－71.

③ 左兵.西部地方高校学科建设的制度分析［D］.武汉：华中科技大学，2006.

对口支援政策和重点学科制度，在现实中都给相对落后的西部高校带来了趋同和模仿发展的问题，非常值得关注和研究。

1.2.1.4 西部高校发展的市场作用

在当今的社会发展中，市场犹如一只"看不见的手"，其影响无处不在，影响力也在日益加强。所以高校的学术发展不再仅仅是象牙塔中的孤立事物，它与市场的关系会直接影响其学术发展的状况。一些学者认为西部高校与市场之间是一种相互适应、相辅相成的关系，一方面西部高校的人才培养、科学研究、学科专业建设等应该以地方市场需求或者区域经济社会需求为导向；而另一方面，西部高校的发展也能促进地方或区域经济社会的发展。李凯、尚子翔认为西部高校发展科研创新能力将为西部经济社会发展提供强大的智力支持，也能极大地促进生产力的发展，同时，西部经济发展水平直接影响西部高校的发展速度、规模和质量。西部高等教育与经济社会发展面临一个窘境：西部高校的人才培养与科研成果与地方经济社会发展的巨大市场需求之间仍然存在一定的差距，造成了极大的资源浪费①。张文耀指出，西部高等教育与西部区域经济的协调发展之间具有不容忽视的关联性，高等教育规模的扩大程度会对西部区域经济协调发展的效果产生影响②。他还指出，目前西部高等教育与区域经济的协调度和发展的一致性较差，西部高校应加强与企业和科研院所等部门的联系，充分发挥西部的地区特色，使西部高校的发展目标与西部区域经济发展相协调③。还有一些学者针对西部高校发展与地方、区域市场和经济需求不和谐的现实情况，提出了一些改进建议。郑成通过对西部地区高等教育发展对经济增长的贡献估算发现，西部地区各省、市、自治区高等教育对经济增长贡献率均低于4%，而出现贡献较低的原因主要是西部高等教育投入低、劳动力素质低、人才流失率高，他认为提高西部地区高等教育贡献率的主要途径有：加大西部高等教育投入，建立多元筹资渠道；注重人才培养质量，加强与一流高校的合作；健全人才引进机制，建立开放的用人制度等④。王云贵指出，西部高校与经济协调发展主要存在高等教育经费投入与区域经济增长、高等教育规模与区域经济发展要求、高等教育结构与区域经济结构、高等教育机构不平衡与区域经济均衡发展等矛盾，提出要取得国家政策支持，加强同地方政府、地方经济社会的联系，使高等教育投入与区域经济发展速度、教育目标与区域经济发展要求、教育结构与区域经济结构相适应等对策⑤。显然，虽然很多学者都认识到西部高校发展应结合当地的经

① 李凯，尚子翔．西部高等教育与经济社会发展的关系 [J]．教育评论，2010（5）：114－117.
② 张文耀．西部高等教育与区域经济协调发展的关系分析 [J]．财政研究，2013（5）：25－29.
③ 张文耀．西部高等教育与区域经济协调发展研究 [D]．西安：西北大学，2013.
④ 郑成．西部高等教育发展对经济增长贡献的问题研究 [J]．重庆高教研究，2017（4）：30－38.
⑤ 王云贵．西部高等教育与区域经济协调发展存在的矛盾与对策 [J]．辽宁教育研究，2006（4）：26－28.

济发展和市场需求进行，但是在现实中两者的结合还存在较多的矛盾。

综上所述，学者对西部高校的发展战略、人才问题、政府政策和市场作用等多个方面提出了很多好的观点，给本研究带来了不少启示。但在对上述文献进行分析的过程中，笔者也发现了一些不足。首先，与地方高校在西部地区的重要性相比，研究西部地方高校发展的研究成果并不多。截至 2016 年，西部地方高校在数量上已占西部高校总数的 97.4%，是西部地区高等教育的主要组成部分。但是在知网上，笔者以关键词"西部地方高校发展"进行搜索，仅获得相关文献 65 篇，而以关键词"西部高校发展"进行搜索，共获得相关文献 379 篇，"西部地方高校发展"的相关研究只约占"西部高校发展"的相关研究的 17%。这种情况说明，西部地方高校虽是西部地区人才培养和科学研究的主体，但是关于这方面的专题研究不多，还亟待丰富。其次，已有研究对西部地方高校发展的探讨不多，而其中对西部地方高校学术发展的相关研究更少，大多数研究是以政策研究为基点，涉及人才、发展战略、发展制度和政策等，有关学术发展的相关研究则是凤毛麟角，而关于学术竞争力（或学术优势能力）的研究基本没有，这表明西部地方高校学术竞争力的专题研究亟须丰富和完善。再次，已有研究虽对西部地方高校发展的人才、战略、制度和政策等有一些探讨，还提出了一些具有建设性的观点，但这些研究主要还是围绕西部地方高校学术发展的外在环境和条件而展开，主要是对西部地方高校发展宏观问题进行研究，真正以西部地方高校内在因素为基础寻求发展的微观研究非常少。而在现实中，西部任何一所高校，尤其是西部地方高校的发展不仅一直受到自身因素及其结构约束，而且它们本身也有一些其他地区高校没有或者相对较丰富的优势存在，但就目前情况来看，基于西部高校，尤其是西部地方高校自身因素及其结构确定的比较优势发展战略的研究很少。最后，已有西部高校发展战略的研究大多强调超常规发展战略、跨越式发展战略等，这些战略的实施经常以模仿追赶式发展路径为主，在实施过程中经常陷入越模仿越难赶上的困境，并没有真正改变西部地方高校学术发展的边缘和落后状况。因此，笔者认为在当前国家"西部大开发"战略和"一带一路"倡议的实施过程中，在当前众多高校聚焦"双一流"大学建设、不断提升自身学术竞争力的关键时期，西部地方高校需要转变发展思路，积极结合自身优势条件，推动学术竞争力发展。

1.2.2　高校学术竞争力研究

直接以高校学术竞争力为主要研究内容的文献并不多，但相关的研究却非常丰富。由于关于这一问题的研究文献非常分散，且国内外研究的角度有较大差异，因此本节的综述分成国外和国内两个方面进行。

1.2.2.1　国外研究

从 Springer 文献库检索的结果看，国外直接研究学术竞争力（Academic Competitiveness）的文献不多，但探讨学术研究竞争力（Academic Research Competitiveness）、学术优势能力（Academic Advantage Ability）的成果较丰富，通过 Springer 外文数据库直接查阅到的英文文献主要集中在大学排名与高校学术竞争力、高校学术竞争力发展战略、高校教师学术竞争力发展，以及高校学术竞争力发展的政府政策、市场作用等方面。

1. 大学排名与高校学术竞争力

大学排名所用指标最主要的是学术性指标，它基本能反映出大学的学术发展水平，相应地，一所大学在排名中的位置也成为高校提升国际竞争力的重要内容。因此大学排名与一流大学学术竞争力提升是近年国外学者关注的焦点。

（1）大学排名与高校学术竞争力要素。

一些学者从大学排名出发，探讨了高校学术竞争的要素指标体系。古柏突（Gualberto Buela-Casal）等人从国际比较视角出发，运用五种选择标准对国际上公认的四个大学排名的学术要素指标进行分析，结果显示，在各类排名中所涉及的二十余项要素指标中权重总值从高到低依次是：ISI 数据库文章、同行评价、ISI 数据库文献人均引用次数、师生比、获得诺贝尔奖和菲尔兹奖的教师人数、《科学》和《自然》杂志的论文出版、获得诺贝尔奖和菲尔兹奖的校友、聘任人员评价、机构大小等；从学术角度对上述要素指标进行再次分类后显示，学术研究质量在所有排名中权重最高，由此可以认为，尽管各种排名的要素指标很不相同，许多甚至是独一无二的，但是学术产出质量毫无疑问在要素指标数和所占权重上都是最重要的[①]。阿古赞·阿拉舍尔（Oğuzhan Alaşehir）等人通过对中东理工大学 2012 发布的 URAP 大学学术绩效指标体系进行研究发现，其指标包括：论文发表数量、教师人均论文发表数量、引文数量、教师人均引文数量、科技出版数量、教师人均科技出版数量、博士生数量、博士生占比、生均教师数等 9 个要素。该研究认为 URAP 要素指标存在不足：第一，绝大部分的土耳其高校的学术绩效指标较低，这项排名更适合于世界大学排名，对像土耳其这样的发展中国家而言可利用的信息少；第二，要素指标体系存在不足，比如，无法用来比较规模大的高校与小而多产的高校；第三，要素指标评价标准化问题，比如，在土耳其的医学类大学就比其他类大学具有明显的优势[②]。

（2）大学排名与学术竞争力发展。

国外一些学者认为大学排名对高校学术竞争力的提升起到了一定的推动作用，但也有一些学者认为大学排名导致了一种"学术军备竞赛"，排名的标准成为引导大学学术竞争的支配模式。坎特韦尔·布伦丹（Cantwell Brendan）和巴雷特·J. 泰勒（Barrett J. Taylor）认为世界大学排名系统不仅标志大学的发展水平，同时还激励着大学的学术竞

① BUELA－CASAL G，GUTIÉRREZ－MARTÍNEZ O．Comparative study of international academic rankings of universities［J］．Scientometrics，2007（3）：349－365．

② ALAŞEHIR O, ÇAKIR MP. URAP－TR：a national ranking for Turkish universities based on academic performance［J］．Scientometrics，2014（1）：159－178．

争，而随着全球排名日益受到关注，很多学者开始检验大学排名是否给大学内部或大学之间带来不断增长的不公平问题，他们在运用 TOBIT 模型对大学进行交互分层和组织分类评估后发现，大学排名能在一定程度上预测美国研究型大学的地位①。阿古赞·阿拉舍尔等人认为大学学术绩效排名可以为土耳其政府决策提供参考，为高校提升学术水平、制定战略提供依据，为学生选择适合的高校提供参考等②。奥多利卡（Imanol Ordorika）和劳埃德（Marion Lloyd）认为大学排名加强了大学精英教育的支配模式，盎格鲁—萨克森成为全球大学研究的标准，这一过程表明布迪厄和华康德被美国文化霸权所垄断，而这种排名范式正面临越来越多的批评和抵制尤其是拉丁美洲一些地区的机构正被迫进入一个昂贵的、高风险的、以更多压迫优先发展为代价的"学术军备竞赛"当中③。

2. 高校学术竞争力发展战略

蒂若伦（Tirronen Jarkko）和泰尔西（Nokkala Terhi）等人对当前教育全球化、国际化、商业化背景下的芬兰大学提升竞争力的战略工具进行了研究，认为在芬兰高等教育系统中芬兰大学可以通过三种结构性发展来提高学术竞争力，分别是：大学之间的机构合作与合并；分层和分化；治理和领导能力的变化④。博·格拉森（Bo Göransson）等人认为，大学要拥有对产业创新有益的高质量研究环境，其基础是大学管理应该是一种线性的融合战略，即既强调学术自组织又强调创新系统，还要强调高校学术研究系统和经济重点产业系统的交互⑤。泰·费锡（Tie Fatt Hee）认为奖励院士（或大学教师）在高水平期刊上发表论文是提升大学全球学术竞争力的一个重要策略，他还探讨了马来西亚一所公立大学如何通过加强学术出版来提升自己在国际大学学术排名中的地位的例子⑥。巴扬·尤瑟夫·法尔汉（Bayan Yousef Farhan）认为提升高校竞争力有两种基本战略，即低成本供给战略和差异化战略，如果高校采用其中的一种精准战略会有利于构建自身的竞争优势，并获得

---

① CANTWELL B A, TAYLOR B J B. Global status, intra – institutional stratification and organizational segmentation：a time – dynamic tobit analysis of ARWU position among U. S. Universities［J］. Minerva, 2013（2）：195 – 223.

② ALAŞEHIR O, ÇAKIR M P. URAP – TR：a national ranking for Turkish universities based on academic performance［J］. Scientometrics, 2014（1）：159 – 178.

③ ORDORIKA, LIOY D M. International rankings and the contest for university Hegemony［J］. Journal of education policy, 2015（3）：385 – 405.

④ TIRRONEN J, NOKKAIA T. Structural development of fnnish universities：achieving competitiveness and academic excellence［J］. Higher education quarterly, 2009：219 – 236.

⑤ GÖRANSSON B, Universities in transition：the changing role and challenges for academic institutions［M］. International Development Research Centre, 2011.

⑥ TIE F H. Research publication as a strategy to improve international academic ranking［J］. International journal of leadership in education, 2012（4）：437 – 450.

更多潜在学生的关注①。

3. 高校教师学术竞争力发展

美国斯坦福大学前校长唐纳德·肯尼迪（Donald Kennedy）认为："学术是一种竞争性活动，在自然科学领域尤其如此。教师间的学术竞争不仅仅表现为学术与商业活动之间日益密切的联系，而且也表现为学校在实施晋升和其他奖励措施时越来越注重学术声望，而这种竞争还影响到教师之间的交流方式。因为竞争，很多科学家拒绝与其他学者交换资料的现象已经司空见惯。"② 阿特巴赫则从学术中心与边缘的角度分析了教师学术发展的不同处境，以及学术竞争力的巨大差异，他认为处于中心的小部分美国教授，因站在复杂的知识体系的顶点控制着知识分配体系，支配着科学与学问，以及大部分科学领域的重要杂志③。理查德·温特（Richard Winter）对澳大利亚一所综合性大学学者的学术生活质量的调查结果显示：学术生活积极的学者表现出角色定位清晰、积极工作、低水平的自我疏离等特征；学术生活消极的学者则表现出角色超负荷、低水平的工作回馈、影响大学决策机会的有限等特征。他指出，许多学者对学校学术管理的信条和实践感到失望和沮丧，认为综合性大学在发展战略上存在不协调的问题：一方面希望通过提高成本效率维护学校的学术声誉，而另一方面则希望通过服务不同的市场领域加强其收入基础④。

4. 高校学术竞争力发展的政府政策

乌戈·奥尔塔（Hugo Horta）探讨了政府在提升著名国内大学国际化和竞争力水平方面所扮演的角色，他指出全球大学排名大多以研究为压倒性标准，但研究表明，国际化的研究型大学的研究生人数也是增强高校科研能力的重要依据，这一发现进一步强化了在这类大学中国际化的学术人员和国际化的学生人数之间的积极联系，而尤其是博士研究生的数量起着不可忽视的作用，最后他指出国家对大学的公共资金支持为大学参与全球竞争起到了至关重要的作用⑤。乌戈·奥尔塔还运用数据动向统计计量的方法对一些显示高校比较优势的指标，比如出版数、引文数等进行统计和分析，发现中国香港的学术系统正丧失在全世界的竞争优势，将面临来自诸如新加坡高校的极大挑战，他认为学术竞争力下降的原因是香港特别行政区政府支持学术和研究的经费严重不足，如果这种情况持续发展，香

---

① FARHAN B Y. Examining competition in ontario's higher education market ［J］. Interchange, 2017 (1)：1-25.

② KENNEDY D. Academic duty ［M］. Cambridge：Harvard University Press, 1997.

③ AITBACH P G, Arnove R F, Kelly G P. Comparative education ［M］. New York：Macmillan Publishing Co. Inc. , 1982.

④ WINTER R , TAYLOR T , SARROS J . Trouble at mill：quality of academic worklife issues within a comprehensive Australian university ［J］. Studies in higher education，2000 (3)：279-294.

⑤ HUGO H. Global and national prominent universities：internationalization, competitiveness and the role of the State ［J］. Higher education, 2009 (3)：387-405.

港的学术竞争力将更加落后于发达经济体，甚至被快速发展的发展中国家赶上①。理查德（Richard Watermeyer）对英国以绩效为基础的政府卓越研究框架对大学学术发展的影响进行研究，他认为该政策框架是政府迷恋高等教育竞争的一种表现，工具化了学术研究，减少了学术自由、自治和学术的钻研性②。迪尔（Dill David D.）等人在《国家改革和学术研究事业：全球视野的公共政策分析》一书中指出，在当今全球化市场中，创新是一个国家最有价值的财富，世界各国政府比以往更重视对学术研究、博士教育和知识转化的投入，政策制定者们认识到学术事业是一种保持国际竞争力的手段③。

5. 高校学术竞争力发展的市场作用

博·格拉森认为，在过去的半个世纪，尤其是产教结合以后，高校扮演的帮助经济发展的角色已经深入政策制定者的思想中和学术界，而经济发展对大学学术研究的直接影响也有目共睹。他以农业大学为例探讨了市场与高校学术发展之间的关系，他认为从产教结合开始，农业大学通过研究多样的新种子、抗病毒作物等，已经为农业生产力提高和农民增收方面提供了巨大的帮助，科技和相关知识的推广服务也成为大学学术研究实现商业化的主要渠道④。在他看来，高校学术发展与市场的关系是一种相互适应的共赢关系。泰国学者加密蓬（Jomphong Mongkhonvanit）认为，在以知识为基础的经济社会中，高校作为除企业和政府以外的第三极，扮演着一个提升区域竞争力的合作和竞争者的角色，高校通过产研结合能把高校高端学术产品与市场对接，有效且高效地满足市场的需求，也有益于地区竞争力的提升⑤。乔纳森（Jonathan W. P. Goh）运用资源优势理论探讨了高校学术竞争优势，他认为高校在资源上的比较优势可以导致在市场上的竞争优势，这种竞争优势可以让高校有更好的学术绩效，而资源的异质性和动态性可以帮助高校在市场上获得竞争优势⑥。F. E. 博德斯顿（F. E. Balderston）指出："高校是个有着非同寻常的弹性和灵活性的组织。目前经费紧缩及资源的需求也是高校内部面临的严峻压力。今天的高校已经集社会团体、企业组织、服务机构三者于一身，高校的活动和运行范围也更为广阔，与其他组

① HUGO H. The changing academic profession in Hong Kong［M］. Cham：Springer International Publishing，2017：193 −204.

② WATERMEYER R. "Excellence" and exclusion：the Individual costs of institutional competitiveness［J］. Minerva，2016（2）：201 −218.

③ DILL D D，FRANS V V National innovation and the academic research enterprise：Public Policy in Global Perspective［M］. Mary land：Johns Hopkins University Press，2010.

④ GÖRANSSON B，BRUNDENIUS C. Universities in transition：the changing role and challenges for academic Institutions［M］. International Development Research Centre，2011.

⑤ MONGKHONVANIT J. Coopetition for regional competitiveness：the role of academe in knowledge − based industrial clustering［M］. The Author（s），2014.

⑥ GOH J W P. The resource advantage theory of competition：implications for higher educational institutions in Singapore［J］. Educational research for policy and practice，2003（2）：93 −106.

织的活动及运行范围之间的边界变得模糊起来。"① 这些学者一致认为，随着时代的变化，大学必须融入社会、进入市场而进行各种资源的竞争。

1.2.2.2 国内研究

就国内研究来看，直接研究高校学术竞争力的文章较少。在中国知网中输入主题词"学术竞争力"进行搜索，共获得相关文献 160 篇，直接以大学/高校/院校/学校学术竞争力为主题词的期刊论文仅 28 篇，博硕论文仅 4 篇。对以上文献进行归类整理，有关高校学术竞争力的研究主要集中于高校学术竞争力概念与要素、提升策略和评价等方面。

1. 高校学术竞争力概念与要素

直接讨论大学学术竞争力概念的主要是杨自杰和朱浩两位学者，杨自杰认为大学学术竞争力是大学的核心竞争力，它是大学利用所掌握的资源创造出新的思想、方法和产品，并且把它们转化为社会价值、经济价值和财富的能力，主要体现为大学学术声誉、学术水平和学术成果。结合大学学术的要素，大学学术竞争力有四个相互关系的要素，即发现的、应用的、综合的和传授的学术②。朱浩指出一流大学学术竞争力是大学在长期的教学、科研、社会服务活动中不断吸取、整合、优化、开发各种资源，逐步培育形成的以学术文化为内核、以优势学科为主干、以学术梯队为支撑、以学术成果与效益为标志的一种整体竞争优势与能力③；从协同视角来看，朱浩认为学术竞争力是由多个竞争力构成的超常能力体系，主要包括学术资本竞争力、学术组织竞争力、学术文化竞争力、学术成果竞争力和学术（系统）外部关系竞争力等④；从自组织机理出发，他指出大学学术竞争力既受到大学内部因素的协同作用，又离不开外部环境作用的影响，大学学术竞争力是人力、科教、文化、组织与社会五种（知识）资本学术竞争力的整体协同涌现⑤；朱浩强调，高校学术竞争力是高校优势学科与特色专业建设的核心内容与标志，是由多个竞争力构成的超常能力体系，是一个包含多个竞争力子系统的复杂系统⑥。

从上述学者对高校学术竞争力的定义来看，高校学术竞争力应具有如下三个特点：第一，它是高校竞争力的核心；第二，它是一种由多种要素子系统构成的高校学术综合优势与能力系统，主要包括学术资本、学术梯队、学术文化、学术成果等要素；第三，它以高校优势学科与特色专业为核心内容和标志。

① BAHTERSTON F E. Managing today's university：Strategies for viability，change，and excellence ［M］. San Francisco：Jossey – Bass，1995：1.
② 杨自杰. 学术竞争力：大学核心竞争力的核心 ［J］. 中国市场，2009（22）：104 – 105.
③ 朱浩. 学术竞争力：世界一流大学的重要标志 ［J］. 高教发展与评估，2011（6）：16 – 20.
④ 朱浩. 从协同学看我国大学学术竞争力的打造与提升 ［J］. 学术论坛，2007（3）：193 – 197.
⑤ 朱浩. 基于知识资本的大学学术竞争力自组织机理研究 ［J］. 运筹与管理，2012（2）：234 – 238.
⑥ 全国教育科学规划领导小组办公室. "协同学视域下高校学术竞争力研究"成果报告 ［J］. 大学（研究版），2015（10）：84 – 89.

2. 高校学术竞争力提升策略

朱浩认为，协同学理论可以提升我国一流大学大学学术竞争力和创建优势学科群，以及推动学科专业建设等提供一把理论钥匙。他指出，我国大学学术竞争力提升的前提条件是系统的开放与营造非平衡态，内在动力是构建非线性的竞争与协同机制，关键是序参量的形成与支配作用①。在协同理论的指引下，朱浩认为大学学术竞争力的具体提升对策有：加大大学学术系统对外开放；建立流动型、协作型、学习型、创新型的跨学科学术组织；构建既竞争又合作的非线性运行机制；打造优势学科群，发挥序参量的导引与支配作用；明确学校的发展定位，构造办学特色；构建政府政策引导与自主自发相结合的协同创新模式等②。常姝以教育部直属的四所农业大学为例对行业特色型大学学科学术竞争力进行研究，他指出，对于保持传统优势学科的学术竞争力来说，行业特色型大学需要采用差异化和专一化的发展战略，其提升要点在于合理利用学科的不同资源，大力推进产学研合作，利用独特性学科资源进行有效的成果转化③。刘磊等人从 ARWU 排行榜出发，对我国高校与世界一流大学的学术竞争力差距进行研究，结果显示：与世界一流大学相比，我国高校学术竞争力整体发展水平仍存在较大差距，学术竞争力结构优化也存在较大不足，学术核心竞争力也存在明显劣势。针对存在的差距，可以通过积极借鉴别国发展的成功经验；构建科学有效的学术评价体系；集中资源重点资助优势高校和学科，加快一流高校和学科的建设步伐；完善内部治理结构，优化高校资源配置等策略来提升我国"985"高校的学术竞争力④。杜芳、蔡文伯认为新疆高校的学术竞争力普遍不高，其原因是多样的，行政权力过大是主要原因。他们认为新疆高校获得持续发展的重要途径之一是通过大学章程的合理制定来规范内部治理制度并提升学术竞争力⑤。

3. 高校学术竞争力评价

胡德鑫认为高校学术竞争力评估对不断提高高校科学研究质量与创新水平，建设世界一流大学有重要的激励与导向作用，他基于学术资源和学术产出两个一级指标，对 32 所教育部直属"985"大学的学术竞争力作了系统评价，结果显示：北京大学、清华大学、复旦大学、上海交通大学等 7 所高校的学术资源吸引整合能力与学术产出的扩散影响能力

---

① 朱浩. 从协同学看我国大学学术竞争力的打造与提升 [J]. 学术论坛，2007 (3)：193 – 197.

② 全国教育科学规划领导小组办公室. "协同学视域下高校学术竞争力研究"成果报告 [J]. 大学（研究版），2015 (10)：84 – 89.

③ 常姝. 行业特色型大学学科发展战略管理研究：以四所教育部直属农业大学为例 [D]. 南京：南京农业大学，2011.

④ 刘磊，罗华陶，仝敬强. 从 ARWU 排行榜看我国高校与世界一流大学的学术竞争力差距 [J]. 高校教育管理，2017 (2)：41 – 47.

⑤ 杜芳，蔡文伯. 从大学章程的视角论新疆高校学术竞争力的提升 [J]. 煤炭高等教育，2011 (6)：16 – 18.

均较好；其中北大、清华、复旦等大学的学术竞争力最强①。他还以世界公认的 QS、THE、USNEWS 和 ARWU 四个著名大学的排名为基础，从横向、纵向和单项指标三个方面系统评估我国首批"985 工程"重点建设的 9 所高校的表现，同时运用 DEA 分析方法对中外一流高校的学术竞争力进行对比，结果显示：经过多年的发展，这 9 所高校的综合实力取得了显著的进步，但与世界一流大学尚有不小差距，这种差距具体体现在科研总体效率和规模效率等方面；这 9 所高校还存在高水平论文数量少以及论文被引数较低、师资建设投入匮乏、国际合作质量有待提高等问题，因此，他认为，在以质量治理为核心的改革进程中，我国推进世界一流大学建设任重道远②。程莹、杨颉从 ARWU 出发，对我国"985"工程大学的学术竞争力变化进行研究，他们认为，国家十多年持续的重点高校建设，使得"985"大学在世界大学学术排名中进步巨大，其中，清华大学、北京大学在重大原创性成果指标上的表现已经接近世界百强大学的中值，基本达到世界一流大学的平均水平；中国科学技术大学、北京大学、清华大学等在高水平师资指标上已经达到或接近世界百强大学的门槛水平；浙江大学、上海交通大学等十多所"985 工程"大学在科研产出规模指标上已经进入世界百强③。董月玲和季淑娟基于 ESI 数据库、世界大学学术排名和国家科技成果网上的数据，从科研产出、科研影响力和科研创造力三个方面对我国高校的学术竞争力进行评价分析，结果发现：我国高校整体学术竞争力不足，少数高校学术优势明显，我国高校建设一流学科的任务还非常艰巨等④。李志峰也将学术竞争力作为衡量学术职业国际竞争力的重要指标，他认为，学术竞争力是高深知识增量与价值的竞争力指标，主要可用科学研究产出和人才产出来衡量。他指出，因为研究产出是学术职业高深知识的增量，所以增量越大，创造出来的高深知识就越多，国际竞争力就越强；因为高深知识的增量对于培养造就具有竞争性的高水平的人才同样非常重要，所以人才产出也是学术竞争力的观测指标⑤。

从国内外有关高校学术竞争力的研究来看，在国际上众多国家为提升国家竞争力而重视"世界一流大学"建设的情况下，国外学者高度关注的是"世界一流大学""高水平大学"学术竞争力研究；在我国因需要提升国家竞争力而重视"985"工程、"211"工程、"一流学科"和"一流大学"建设的情况下，国内学者高度关注的是"一流大学""985"高校，以及重点研究型大学的学术竞争力研究，显然"世界一流大学"建设是目前国内外

---

① 胡德鑫．教育部直属"985"高校学术竞争力评估研究［J］．山东高等教育，2016（12）：24 - 29.

② 胡德鑫．中国大学距离世界一流有多远：基于大学排名与学术竞争力的视角［J］．现代教育管理，2017（3）：16 - 23.

③ 程莹，杨颉．从世界大学学术排名（ARWU）看我国"985 工程"大学学术竞争力的变化［J］．中国高教研究，2016（4）：64 - 67.

④ 董月玲，季淑娟．我国高校学术竞争力的评价分析［J］．科研管理研究，2013（4）：116 - 120.

⑤ 李志峰．学术职业国际竞争力观测指标的构成与特点［J］．科学学与科学技术管理，2008（1）：26 - 32.

学术界普遍关注的焦点。在国内外学者聚焦于"世界一流大学"学术竞争力研究的同时，学者对欠发达国家和地区的欠发达高校学术竞争力的研究却相对匮乏。在文献中，仅杜芳和蔡文伯研究了我国西部高校学术竞争力[①]，可惜的是，他们的研究只从大学章程建设的角度展开，其结果还不足以解决西部高校学术竞争力发展的很多实际问题。

1.2.3 新结构经济学视角下的高校发展研究

新结构经济学是一个主要由中国的经济学家在近年提出并逐渐发展起来的新的经济学理论，它着眼于欠发达国家和地区的经济发展的道路和模式，特别是对中国经济发展的成功之路从经济学理论上加以总结和概括。由于它是一个新的理论，目前仅有极少数学者将新结构经济学作为理论视角用于高校发展研究。

1.2.3.1 比较优势理论与高校发展研究

白正府、范先佐以新结构经济学的比较优势理论为核心，探讨了在创建高校办学特色过程中需要调整过度强调赶超一流的思想，提出高校要善于发现当地及自身的比较优势，政府应及时搭建互动平台，进而形成比较优势共振的建议[②]。林云、张河森认为，目前地方高校在某些学科、专业、人才培养模式上存在过度趋同的现象，而学界对这一问题的分析则更多地倾向于从引发趋同现象的外部诱因——政府制度出发去寻求解决途径，这一途径显然不能从根本上解决问题。他们认为，现实中地方高校过度趋同的现象是内部因素与外部因素共同作用的结果，地方高校要改变学科专业等的趋同模仿现象，就需要摒弃过去的趋同发展路径，走遵循比较优势发展的新路径[③]。张宏娜从新结构经济学的基本观点出发，提出高校应结合自身优势为当地最优产业结构培养合适的人才，在高校特色创建中应放弃赶超一流的高校扭曲发展战略，应该在政府引导下实现内部竞争化等[④]。

1.2.3.2 自生能力理论与高校发展研究

刘向兵、伍聪、曾丙健以林毅夫在新结构经济学中提出的自生能力理论为基础，对高校对口支援工作进行了分析。研究认为，自生能力理论引入高等教育领域，是指一所大学是否与其所处的社会环境融合并形成比较优势、能否培养出高质量的学生、能否具备高水

① 杜芳，蔡文伯．从大学章程的视角论新疆高校学术竞争力的提升［J］．煤炭高等教育，2011（6）：16－18.

② 白正府，范先佐．比较优势理论在创建高校办学特色中的应用［J］．江苏高教，2013（11）：12－14.

③ 林云，张河森．地方高校趋同现象及化解路径［J］．湖南师范大学教育科学学报，2015（4）：110－114.

④ 张宏娜．新结构经济学在高校特色创建中的应用［J］．经贸实践，2017（14）：220.

平的教学和科研①。他们认为，十余年来受援高校的自生能力得到了提高，今后应围绕融合能力、生产能力和自我推动能力等自生能力三要素不断加大对口支援工作的探索力度。赵亮也从自生能力视角对我国公立高校产权改革进行了探讨。他指出，高校作为非营利性的一种特殊社会组织，也具备自生能力，因为高校和营利性企业一样，也具有社会价值创造力，具有自生能力。他认为，高校要获得自生能力，就要减少政府对高校的干预与控制，而面对当前高校自生能力不足的问题，应建立和完善高校内部产权治理结构，形成经营、监督、决策三权分离且相互制衡的运作机制②。

上述基于新结构经济学理论视角对高校发展战略和路径、对口支援工作，以及产权改革等进行的研究，都给予了本研究很大的启示。但在这些文献中，有基于比较优势理论研究普通高校发展的，有基于自生能力理论研究地方高校发展的，但从新结构经济学的视角出发研究西部地方高校的专题研究基本没有。因此，就我国目前学界的研究情况来看，以新结构经济学为视角的研究，高等教育的相关研究显然不足，尤其是针对欠发达地区的欠发达西部地方高校学术发展的专题研究更少，亟待丰富。

综上所述，笔者有以下认识：第一，西部高校研究成果较丰富，但研究西部地方高校的文献较少，其中涉及西部地方高校学术发展的文献更少，而对西部地方高校学术发展的文献还主要是对发展政策、发展战略等外部环境和条件的研究，真正以西部地方高校内在因素为基础寻求学术发展的研究非常少；第二，对高校学术竞争力的研究，国内外学者高度关注的是"世界一流大学""国内一流大学"学术竞争力的提升和发展，而对处于我国学术圈层边缘的欠发达西部地方高校学术竞争力的提升和发展则较少关注；第三，从新结构经济学视角研究高校发展的文献看，研究西部高校的较少，研究西部地方高校的专题研究基本没有。基于此，笔者认为，首先，提升学术竞争力并不是"一流大学""985"高校的专利，也不应仅是发达地区地方高校要努力的课题，它应该也是欠发达地方高校实现自身进步和价值的立身之本。西部地方高校作为处于我国学术圈层边缘的高校，在国家"西部大开发"战略和"一带一路"倡议实施以后，它们的学术发展对国家和西部地方经济社会发展的重要性已不同往日，显然，学者对西部高校尤其是地方高校学术竞争力提升的相关理论和实践研究仍存在较大拓展空间，亟待丰富和完善。其次，新结构经济学作为当前发展经济学中一个较活跃、较热门的新兴理论，不仅有着非常强大的潜力和生命力，而且它本身就是一个形成于欠发达国家或地区经济发展经验的理论总结，应该说，它对于指导欠发达西部地方高校学术发展更具有理论针对性和实践指导性。此外，这一理论并没有沿袭过往的模仿追赶式发展思路，它为西部地方高校指出的是一条基于自身要素禀赋结构的比较优势发展路径。因此，在"西部大开发"战略和"一带一路"倡议的实施背景

① 刘向兵，伍聪，曾丙健. 以自生能力理论审视高校对口支援 [J]. 中国高教研究，2014 (4)：64 – 67.

② 赵亮. 自生能力：我国公立高校产权改革的新视角 [J]. 现代教育科学，2017 (9)：1 – 5.

下，在当前众多高校聚焦"双一流"建设、不断提升自身学术竞争力的关键时期，我国西部地方高校不仅需要政府的政策、资金投入，还应引入适合的发展理论，结合自身条件、固有优势，有效迎合市场的需求，积极推动学术竞争力发展，而这正是本书关注的核心问题，也是笔者选择以新结构经济学为视角研究西部地方高校学术竞争力发展的重要原因。

1.3 研究设计

1.3.1 研究思路

笔者在经过大量阅读和深入思考的基础上，确立了一个基本价值观念——高校的学术发展是高校发展的根本，其学术竞争力的提升是学校赢得地位和声誉，获得更多资源，从而提高学校教育教学质量的基本保障。基于此信念，如图 1-2 所示，本书首先梳理了西部地方高校概况，然后基于竞争力理论、生产要素理论、高等教育相关理论等，从理论上对西部地方高校学术竞争力的内涵和要素系统进行分析，并重新定义西部地方高校学术竞争力概念；之后为探寻能为西部地方高校学术竞争力提升提供指导的理论，对新结构经济学的提出与发展、主要核心概念和观点进行概括分析，并基于西部地方高校学术竞争力发展的起点、路径、关键点、外部引擎四个方面对新结构经济学视角的理论价值进行了探讨；此后，结合上述四个方面的价值，在运用比较分析法等对东、中、西部地方高校学术竞争力的要素禀赋结构进行分析的基础上，对西部地方高校学术竞争力发展的比较优势、战略选择、学术自生能力，以及有效市场和有为政府的作用等进行诠释，进而搭建了西部地方高校学术竞争力发展的"EASV-MG"分析框架，随后运用这一分析框架，以西部地方高校——广西 H 学院为案例，从理论和实践两方面剖析了该校结合市场和政府作用，遵循基于自身要素禀赋结构所决定的比较优势战略发展学术竞争力的渐进式发展路径的经验；最后从伯顿·R. 克拉克（Burton R. Clark）的"三角协调模式"出发，探讨了西部地方高校学术竞争力发展的问题，以及背后深层根源，并提出发展西部地方高校学术竞争力的政策建议。

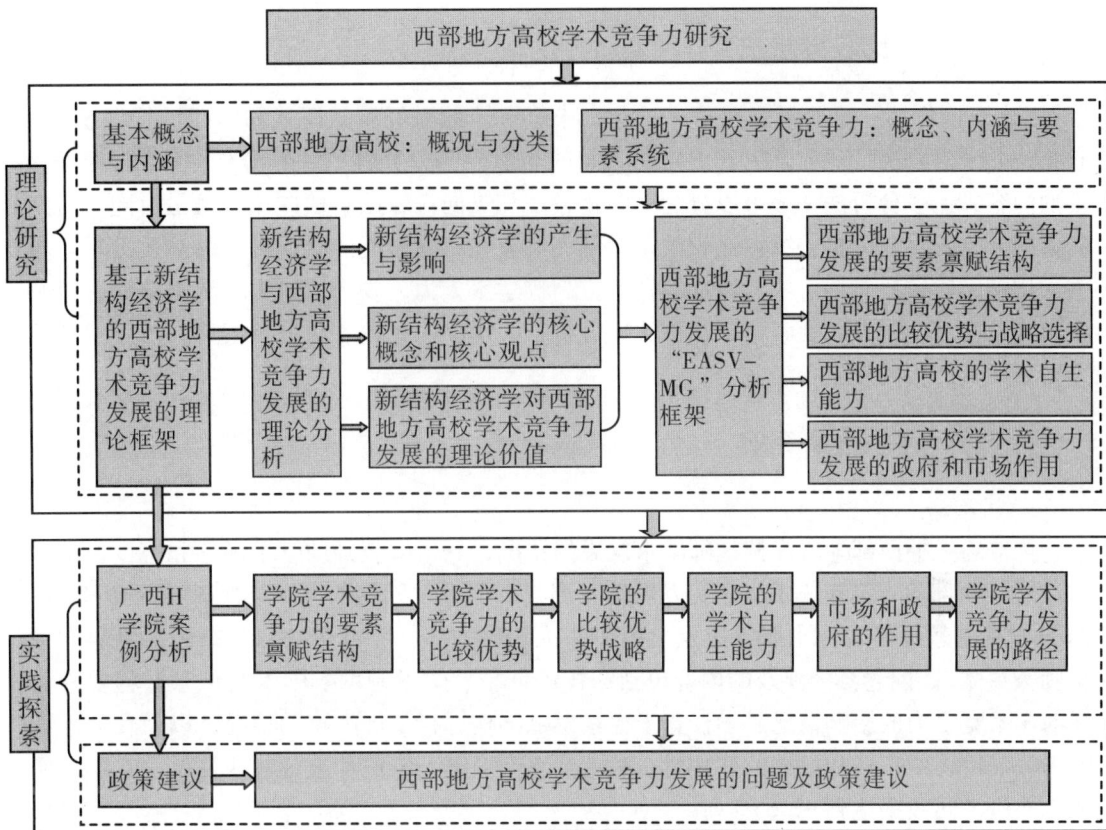

图 1 - 2 本书的研究思路

1.3.2 研究方法

1.3.2.1 文献分析法

文献分析包括历史研究、文献综述以及对实践活动和政策的分析①。笔者运用这一方法查阅和梳理了与西部高校发展、学术竞争力、新结构经济学等相关理论和实践研究的文献，以便为本书的开展提供坚实的理论基础；由于本书的特殊性，需要深入了解国家及省级相关发展战略与政策定位与走向、数据等，笔者还查阅和梳理了大量此类文献，包括档案文件、政策文献、统计资料等；此外，笔者查阅了西部和案例院校的相关政策文件和数据信息，以便深入开展对西部地方高校和案例高校的历史研究、学术实践活动和政策的分析。

---

① 马尔科姆·泰特. 高等教育研究进展与方法 [M]. 候定凯，译. 北京：北京大学出版社，2001：11.

1.3.2.2 比较分析法

"比较视角是一种批判性视角——它意味着审慎地对经验、模式和实践进行评价。"① 它是将几个事物进行对比，以找出它们之间的相似性与差异性的一种分析方法②。根据比较的内容，比较分析法一般可以分为横向比较法和纵向比较法。横向比较法是对同一时期的不同对象的对比分析；纵向比较法是对同一对象在不同时期的状况进行的对比分析。本书采用横向比较法对东、中、西部地区地方高校学术人力、物力、财力等要素禀赋，以及案例高校在某一时点的要素禀赋进行比较分析；采用纵向比较方法分析案例高校学术竞争力要素禀赋结构的发展与变化等。

1.3.2.3 调查研究法

1. 问卷法

为准确把握西部地方高校教师学术发展的状况，并了解教师的学术观念和态度，笔者制作了《西部地方高校学术竞争力发展情况调查》问卷，问卷调查对象为案例高校——广西 H 学院的教师代表（主要以重点学科带头人，国家级、省部级项目获得者，青年优秀教师为主体）。问卷具体涉及的内容包括：技术创新、学术制度、学术文化等过程要素禀赋对学术竞争力的影响情况、学校基于要素禀赋结构选择发展战略的情况，以及在学术竞争力发展过程中市场和政府的作用等。问卷调查于 2017 年 6 月进行，共发放 136 份，回收 126 份，回收率达到 92.65%。

2. 访谈法

为深入了解案例高校教师学术发展的更深层原因，作为问卷调查的补充，本书又对部分教师和管理人员进行了访谈。访谈包括面对面的访谈和利用互联网展开的访谈。通过访谈，主要了解案例高校高水平学术人才选择西部地方高校工作的原因，案例高校发展战略选择情况，以及市场和政府在案例高校学术发展中的作用等。

1.3.2.4 案例分析法

案例分析法是结合实际，以典型个案为素材，研究者进入特定的情景和过程，通过深入具体观察、分析和解剖，寻求解决问题的方案。广西 H 学院近十年发展迅速，学术竞争力提升明显。本书以广西 H 学院作为西部地方高校学术竞争力发展的典型案例对象，探寻 H 学院基于自身要素禀赋结构所决定的比较优势发展学术竞争力的渐进式路径经验，以及市场和政府在这一发展过程中的作用；同时，找出 H 学院学术竞争力发展过程中的问题，并寻求其背后的原因，以便为西部地方高校学术竞争力发展的指导理论和可行路径探索提供可借鉴的方向和经验。

---

① 菲利普 G 阿特巴赫. 比较高等教育：知识、大学与发展［M］. 人民教育出版社教育室，译. 北京：人民教育出版社，2000.
② 林聚任，刘玉安. 社会科学研究方法［M］. 济南：山东人民出版社，2004.

2 西部地方高校学术竞争力基本概念与内涵

本书中的西部地方高校特指地处我国西部地区，由西部地方政府管理、主要为西部地方培养人才的公办高等院校。西部地方高校学术竞争力是西部地方高校在学术发展过程中逐渐形成的一种综合优势能力，其构成结构既包含高校所具有的一般要素，也包括西部地方高校所独有的要素。本章在概述西部地方高校状况的基础上，基于竞争力理论、生产要素理论、高等教育相关理论等，重点对高校学术竞争力和西部地方高校学术竞争力的概念、内涵和要素系统进行了探讨。

2.1 西部地方高校

2.1.1 西部

西部，特指中国西部地区。2001 年 9 月，国务院办公厅转发的国务院西部开发办所发布的《关于西部大开发若干政策措施的实施意见》中明确规定："实施西部大开发若干政策措施和本实施意见的适用范围，包括重庆市、四川省、贵州省、云南省、西藏自治区、陕西省、甘肃省、宁夏回族自治区、青海省、新疆维吾尔自治区（新疆生产建设兵团单列）和内蒙古自治区、广西壮族自治区（上述地区统称西部地区）。其他地区的民族自治州（湖南省湘西土家族苗族自治州、湖北省恩施土家族苗族自治州、吉林省延边朝鲜族自治州），在实际工作中比照有关政策措施予以照顾。"[①] 依据此文件，西部地区既包括陕西、甘肃、青海、宁夏、新疆、四川、重庆、云南、贵州、内蒙古、广西和西藏 12 个省、自治区和直辖市，也包括享受西部大开发政策优惠的湖南湘西地区、湖北鄂西地区、吉林延边地区。因为本书引用的大量数据都是以省为单位进行统计，所以本书的西部地区不包括享受优惠政策的地处东中部的三个民族自治州。

中国西部地区地域辽阔，截至 2018 年底，土地面积约 678 万平方公里，约占全国国土总面积的 70.6%。西部地区人口稀少，根据第六次人口普查数据显示，我国西部人口总数约 3.63 亿人，约占全国总人口的 27.2%，其中，少数民族占比远远高于东、中部地区，是我国主要的少数民族聚集地。西部贫困人口比例较高，全国尚未实现温饱的贫困人口大部分分布于该地区，据 2017 年国家统计局统计数据显示，全国农村贫困

---

① 张婕. 地方高校发展：现实与理想［M］. 武汉：华中师范大学出版社，2010：230.

人口3 046万人，西部地区农村贫困人口1 634万人，约占全国的53.64%。西部地区有着丰富的人文、历史和自然资源，由于基础设施落后，经济基础薄弱，许多地方处于未开发状态。

自2000年"西部大开发"战略实施以来，我国西部地区经济社会发展速度加快，但至今与东、中部地区相比仍存在巨大差距。据2013年统计数据显示，西部地区生产总值为126 002.8亿元，仅占全国GDP比重的20%。2013年，"一带一路"倡议的提出，重新定位了西部在整个国家发展中的战略地位，为新时期西部地区加快对外开放、推动经济社会发展打开了一扇机遇之门。

2.1.2 西部地方高校

2.1.2.1 西部地方高校基本状况

根据《高等教育法》规定，地方高校指"由地方政府（省、市级）管理、为地方培养人才的高等院校，包括地方综合性大学、专业性大学、专科学院和高等职业技术学院"。本书中的西部地方高校指具有本科办学资格的西部公办地方高校。

1. 西部地方高校数量

全国各省、市、自治区所拥有的高校数量差异较大，如表2-1所示，截至2016年5月30日，全国普通高等学校共计2 595所（含独立学院266所），其中，东部有1 116所，占43%；中部有819所，占31.56%；西部有660所，占25.44%。在西部普通高等学校中，部属高校17所[①]，地方高校643所。从地方高校层面看，全国共有2 478所地方高校，东部有1 035所，约占全国地方高校总数的41.8%；中部有800所，约占全国地方高校总数的32.3%；西部有643所，占全国地方高校总数的25.9%。从地方高校在全国各区域中的分布来看，东部地方高校约占东部地区高校总数的92.7%，中部地方高校占中部地区高校总数的97.7%，西部地方高校约占西部地区高校总数的97.4%。因此，从总体来看，与东部相比，西部地方高校呈现出数量偏少的特征；从西部地区内部看，西部地方高校呈现出所占比例高的特征。

---

① 西部17所中央部属高校是：长安大学、西安交通大学、西北农林科技大学、陕西师范大学、西安电子科技大学、四川大学、西南交通大学、电子科技大学、西南财经大学、重庆大学、西南大学、兰州大学、西北工业大学、西南民族大学、西北民族大学、北方民族大学、中国民用航空飞行学院。

表2-1 2016年我国各地区普通高等学校机构数

单位：所

地区	合计	部属高校	地方高校
全国	2 595	117	2 478
东部	1 116	81	1 035
中部	819	19	800
西部	660	17	643

资料来源：根据中华人民教育部《2016年全国高等学校名单》资料整理，http：//www.moe.gov.cn/sr-site/A03/moe_634/201606/t20160603_248263.html；审核部属高校资料来源：中国教育在线.http：//daxue.eol.cn/bushu：shtml。

2. 西部地方高校分布

西部地区各省、市、自治区的高校分布情况差异较大。如表2-2所示，四川、陕西两地不仅拥有西部约30.6%的高校，还拥有约70.59%的部属高校，属于高校分布较集中的地区；而西藏、青海、宁夏三地仅拥有西部约5.5%的高校，5.9%的部属高校，属于高校分布较少的地区。从地方高校看，四川和陕西的地方高校数量最多，分别为103所和87所，两省的地方高校数量约占西部地方高校总数的29.5%；广西、云南、重庆、贵州、内蒙古、甘肃、新疆的地方高校数量在46所至73所之间，这些省、市、自治区的地方高校规模居于西部的中间水平；西藏、青海和宁夏三地地方高校合计35所，只占西部地方高校总数的5.4%，其中最少的是西藏，只有6所地方高校，仅占西部地方高校的1%。

表2-2 我国西部地区各省、市、自治区普通高等学校机构数

单位：所

省、市、自治区	合计	部属高校	地方高校
内蒙古	53	0	53
广西	73	0	73
重庆	65	2	63
四川	109	6	103
贵州	64	0	64
云南	72	0	72
西藏	6	0	6
陕西	93	6	87
甘肃	49	2	47
青海	12	0	12

（续上表）

省、市、自治区	合计	部属高校	地方高校
宁夏	18	1	17
新疆	46	0	46

资料来源：根据中华人民教育部《2016年全国高等学校名单》资料整理，http：//www.moe.edu.cn/srcsite/A03/moe_634/201606/t20160603_248263.html。

2.1.2.2　西部地方高校分类

西部643所（含高等专科院校和民办高校）地方高校的功能在现实中呈现出多样化状况，不同类型西部地方高校的人才培养类型、规格，毕业生所从事的职业具有多样性；研究领域和研究活动以及研究服务地方的对象和方式也具有多元性。西部地方高校功能的多样化和复杂性决定了分类是合理定位众多西部地方高校学术竞争力发展目标的前提。

目前，在国际上较有影响力的高校分类方法主要有两种：一是美国卡内基的分类方法，二是联合国教科文组织的分类法。美国卡内基分类法以高校的功能或角色为主要依据，将高校所授予学位的层次和数量、学科的覆盖面、研究的任务等作为标准进行分类，大致按照所授予学位的层次将高校分成"博士""硕士""学士""副学士"授予权高校四大类。联合国教科文组织的分类法主要根据教学计划中的"教育级别"和"学科"两个可变因素进行交叉分类，在纵向上将高等教育做出两个维度的划分，这两个维度分别为5和6，5相当于专科、本科和硕士生教育，6相当于博士生教育。我国学者潘懋元、马陆亭、陈厚丰、武书连、刘献君等分别就中国高校分类方法提出了自己的见解。比如，潘懋元和吴玫兼顾年限长短和学位高低，以高校培养人才的职能为分类基础，提出了三种高校基本类型：综合性研究型大学（培养拔尖创新人才）、多科性或单科性专业型大学或学院（培养应用型高级专门人才）、多科性或单科性职业技术型院校（培养生产、管理、服务第一线专门人才）[①]。

因为本书的研究对象是西部地方高校学术竞争力，所以笔者认为本书应依据学位授予层次对西部地方高校进行分类。一方面依据学位授予层次分类是国际上通用的一种分类方法，对西部地区地方高校而言具有明显的包容性；另一方面该分类依据在一定程度上也接纳了依据人才培养层次和依据科研规模和水平两种分类方法，因为一所高校的学位授予级别在一定程度上就代表了该校的人才培养层次和学术发展水平。

本书的研究对象是具有本科办学资格的西部公办地方高校，因此，在具有高等学校本科办学资格的西部地方高校中，按照学位授予级别不同，可以将其分为具有博士学位、硕

---

① 潘懋元，吴玫. 高等学校分类与定位问题［J］. 黄河科技大学学报，2005（1）：1-5.

士学位、学士学位三类。剔除 363 所专科院校和 90 所民办本科院校，根据各地方高校达到的具有相应学位授予级别的差异，西部公办地方本科高校分类情况如表 2 - 3 所示：

表 2 - 3　依据学位授予级别分类的西部公办地方本科高校情况

单位：所

省、市、自治区	博士学位授权	硕士学位授权（不含博士学位授权）	学士学位授权（不含博硕学位授权）	总计
内蒙古	7	3	5	15
广西	6	7	11	24
重庆	5	6	4	15
四川	7	11	11	29
贵州	4	4	11	19
云南	8	4	10	22
西藏	1	2	0	3
陕西	9	10	10	29
甘肃	5	3	7	15
青海	2	1	0	3
宁夏	2	1	0	3
新疆	6	5	2	13
合计	62	57	71	190

资料来源：根据中华人民教育部《2016 年全国高等学校名单》资料（http://www.moe.edu.cn/srcsite/A03/moe_634/201606/t20160603_248263.html）和各西部地方高校 2016 年上半年官方网站公布资料（其中联合培养博士和联合培养硕士单位未计入拥有博士或硕士学位授权点单位）整理。

在表 2 - 3 中，西部地区公办高校有 190 所。其中，具有博士学位授予权的公办地方高校有 62 所，约占 32.6%；具有硕士学位授予权的公办地方高校有 57 所，占 30%；拥有学士学位授予权的公办地方高校有 71 所，约占 37.4%。根据表 2 - 1 所示，西部地区共有高校 660 所，具有本科以上学位授予权的公办高校仅占约 28.8%，说明西部地区高校以专科层次为主，比较综合性的公办本科院校不到 1/3。

2.2　西部地方高校学术竞争力

研究西部地方高校学术竞争力，首先需要在理论上厘清高校学术竞争力的内涵和要素系统，然后才能在此基础上构建提升西部地方高校学术竞争力的理论分析框架，从而为后续研究提供论证基础。本节从学术、竞争力等概念入手，以竞争力理论、生产要素理论、高等教育理论为基础，基于学术生产活动对高校学术竞争力的资源要素、过程要素、结果要素进行探讨，并在充实西部特殊资源要素的基础上对西部地方高校学术竞争力概念进行了明确定义。

2.2.1 学术

"学术"是一个不断发展、变化的概念，这种变化表现为在不同历史时期、不同空间范围对"学术"概念和内涵的不同理解。在我国古代，"学"和"术"是两个不同的概念。《说文解字》中"学"与"教"同义，指学习，引申为讲学、学识、学问等；"术"指道路，引申为技术、技艺、方法等。从《礼记·乡饮酒义》开始，将"学"与"术"并为一词，谓"德也者，得于身也。故曰：古之学术道者，将以得身也"。这是古人将知和行结合来讨论学术的特点。后来，郑玄和孔颖达将"术"释为"艺"，由此得出"学术"是指学习与技艺，引申为学说与方法、道理与技艺、学识与方法等。学术是"学"与"术"的观点在我国近代得到了进一步的延续。中国近代的启蒙思想家严复在《原富》中指出："盖学与术异，学者考自然之理，立必然之例；术者据已知之理，求可成之功。学主知，术主行。"[①] 梁启超《学与术》中指出："学也者，观察事物而发明真理者也；术也者，取其发明之真理而致诸用者也。" 蔡元培认为，"学和术可分为两个名词，学为学理，术为应用"；"不论何种学问，都是先有术后有学"；"学必借术以应用，术必以学为继承，两者始可并进"；"学为基本，术为枝干，不可不求其应用"。显然，在我国古代和近代，学者对学术的理解倾向于既重学理，也重技术，认为"学术"是理论和应用的有机结合。

在我国当代，《辞海》将学术解读为："较为专门、有系统的学问"[②]；最新版《现代汉语词典》将"学术"定义为"正确反映客观事物的系统知识"。可见，我国当代对"学术"的解释已经接受了西方学界关于学术的观念，主要是指理论的系统学问，它与我国传统学术概念既包括理论也包括实用有较大不同。

西方对"学术"（academic）一词的理解源于"academy"，意思是"学院的"。而"academy"则来自拉丁文"academia"，这个词源于地名"akademeia"，这个地名因柏拉图的学习中心而闻名。延伸开来，"academic"一词可以用来指"知识的累积"，在17世纪英国、法国的宗教学者眼中是指高等教育机构。《牛津高阶英汉双解字典》（1989年版）中解释"学术"可作形容词和名词，"学术"作为形容词有三层意思：一是学校的、学院的；二是学者式的、非技术性或非实用性的；三是学术的、重视理论的；"学术"作为名词指大中专院校的教师、专业学者。《剑桥国际英语辞典》（1995年版）将学术解读为

---

① 李慎之. 中国传统文化中有技术而无科学［N］. 中国经济时报，1997－12－31.

② 夏征农. 辞海［M］. 上海：上海辞书出版社，1999：3193.

"与学校、学院、大学有关的，或者与学习和思考有联系的，但与实用技能无关"。在西方学者看来，学术首先是纯理性的，具有与学院有关的、非实用性两个主要特点。这一观点是获得比较普遍认同的"学术"含义，它与中国古代的"学"的含义极为相似。

到了当代，有学者认为西方学者对"学术"的认识出现了两个新的变化。第一，将学术看成是一种创造性智力活动。例如，"学术是由同行证明和交流的创造性智力活动。学术的形式有发现、发展、综合和艺术[①]"；"具备了下面三种成分才能称之为学术：一是公开发表；二是成为圈内人严格评价的对象；三是圈外人士开始使用、参考和发展同行评价"[②]。第二，将学术看成是一种范围更宽泛的大学教育活动。前卡内基教育促进委员会主席欧内斯特·L. 博耶（Ernest L · Boyer）指出："学术意味着通过研究来发现新的知识，通过课程的发展来综合知识，通过理论与实践相结合来应用知识，还有一种通过咨询或教学来传授知识的学术。"[③] 在博耶看来，发现知识是学术，传播知识也是学术。由此，当代的"学术"不再仅仅是纯理性的科学研究，它有着更广泛的内涵，包括发现知识的学术、整合知识的学术、应用知识的学术和教学知识的学术四个既相互联系又相互区别的内容。显然，知识是学术这种创造性智力活动开展的基础要素，发现知识、整合知识、应用知识和传播知识是学术创造性智力活动的主要形式。从学术的传播和应用这个意义上说，它们与中国古代"术"的含义比较接近。

目前，博耶所提出的学术观点已为国内外学术界所认同，本书将"学术"定义为"学者发现、综合、传播和应用高深知识的一种创造性智力活动"。这种创造性智力活动主要包含四个相互联系又相互区别的方面，即发现的学术、综合的学术、传播的学术和应用的学术。学术的这一定义，比较全面地概括了目前学者在高校所从事的活动，对于全面认识学术的复杂性和多样性的特征，以及分析学术竞争力的构成是有重要意义的。

2.2.2 竞争与竞争力

2.2.2.1 竞争

中国古代《庄子·齐物论》中有"有竞有争"；郭象注曰："并逐曰竞，对辩曰争。"[④] 这表明在中国传统文字的意义上，"竞"和"争"在词义上稍有区别，但将其合在一起使用时，"竞争"意指不同参与主体的比赛、角逐、争辩、争执，目的为占得先机，赢得胜利。在西方，"竞争"有动词和名词之分。作为动词（compete）指为赢得某些东西

① 李安方，王晓娟，张屹峰. 中国智库竞争力方略 ［M］. 上海：上海社会科学院出版社，2010：86.

② 王玉衡. 美国大学学术运动 ［M］. 北京：北京师范大学出版社，2012.

③ 欧内斯特 L 博耶. 关于美国教育改革的演讲 ［M］. 涂艳国，方彤，译. 北京：教育科学出版社，2000：210.

④ 夏征农. 辞海 ［M］. 上海：上海辞书出版社，1999：5069.

而与他人进行对抗、比赛（try to win something in competition with someone else）；作为名词（competition）指参与竞争的人（the person or people competing）在力量、技巧、能力等方面的较量（a test of strength，skill，ability，etc.）或竞争行为（the act of competing）。两相对比可知，中外"竞争"词义并无本质差异，都有三层含义：第一，竞争行为一般围绕竞争目标进行；第二，竞争在不同主体间展开；第三，竞争的直接目的是获胜。

近代"竞争"一词进入经济学研究领域，其定义和应用范围也有了更多的扩展，《新帕尔格雷夫经济学大词典》指出："竞争是个人（或集团或国家）间的角逐；凡两方或多方力图取得并非各方均能获得的某些东西时，就会有竞争。"① 可见，在经济学领域中，竞争更多是指因稀缺资源而针对某一（或某些）竞争目标产生的不同竞争主体间的角逐和较量。本书正是将竞争的这一含义运用于教育领域。

2.2.2.2 竞争力

尽管"竞争"概念是经济学研究的基本概念，但目前在经济学界尚未形成完全统一的认识。一般在经济学领域讨论该问题时，都是在某个特定范围内特指某种竞争力，如：国家竞争力、产业竞争力、企业竞争力、国际竞争力等。哈佛大学商学院迈克尔·波特（Michael E. Porter）在《国家竞争优势》一文中提出，一个国家的竞争优势是由生产要素、国内外需求、相关产业与支持性产业以及企业的战略、结构和竞争对手四个关键要素，以及政府和机会两个辅助要素所共同决定②。波特教授在这里所指的竞争优势也就是一种国家层面的竞争力。我国学者金碚认为，国际竞争力是在国际间自由贸易或排除贸易壁垒假设的条件下，一个国家的某个特定的产业能向国际市场提供符合消费者需求的产品，且产品相对于他国有更高的生产力，并且持续获得赢利的能力③。盛世豪指出，产业竞争力是一种综合能力，由产业的供给能力、价格能力、投资赢利能力构成④。陈晓声认为，产业竞争力指通过对生产要素和资源的高效配置及转换，某一产业或整体产业能稳定持续地生产出比竞争对手更多财富的能力⑤。显然，不论是国家竞争、国际竞争，还是产业竞争，竞争力实质上都是一个由多个要素、多种能力构成的超越竞争对手的综合优势能力。

关于企业竞争力是竞争力研究的热点，国内外学者研究较多，也做出了多种界定。沃

---

① EATWELL J，MILGATE M，NEWMAN P. The new palgrave：a dictionary of economics [M]. London：The Macmillan Press Limited，1987：531.

② PORTER M E. The competitive advantage of nations ：with a new introduction [M]. Hound mills，Hampshire ：Macmillan Press，1998.

③ 金碚. 中国工业国际竞争力：理论、方法与实证研究 [M]. 北京：经济管理出版社，1997：22－27.

④ 盛世豪. 产业竞争论 [M]. 杭州：杭州大学出版社，1999.

⑤ 陈晓声. 产业竞争力的测度与评估 [J]. 上海经济，2001（6）：45－47.

纳菲尔特（Birger Wernerfelt）认为，企业拥有不同的有形和无形的资源，他认为这些资源可转变成独特的能力，并且这些独特的资源和能力是企业获取持久竞争优势的源泉①。美国学者多萝西·伦纳德·巴顿（Dororthy Leonard - Barton）认为企业核心竞争力是指该企业所拥有的具有企业特性的，能够为企业带来不同于竞争对手的竞争优势的知识体系，这种知识体系包括：企业成员所掌握的知识和技能、企业的管理系统知识、企业的技术系统知识、企业的价值观系统知识②。美国管理学会院士杰恩·巴尼（Jay B. Barney）认为企业之间可能存在一些异质和差异，正是这些差异使得一些企业能保持竞争优势，他指出企业获得持续优势的四个基本特征为：价值性、异质性、难以模仿性和不可等效替代性③。在他看来，价值性指能很好地实现顾客看重价值的能力从而给企业带来的竞争优势；稀缺性是仅有少数企业拥有的能力；不可替代性指企业在创造价值过程中所具有的发挥着不可取代作用的能力；难以模仿性指企业特有的，竞争对手难以复制和转移的能力。巴尼显然重视的是差异性资源对企业保持竞争优势的作用。拉法和佐罗（Raffa & Zollo）认为企业竞争力蕴藏于企业的文化当中，并无形地渗透到组织的各个角落，它是企业技术核心竞争力、组织核心竞争力和文化核心竞争力的有机结合④。这一观点突出了竞争力中的技术、组织、文化等因素的作用。瑞柏克（Rebecca Henderson）和爱恩（Iain Cockburn）认为竞争力是元件能力与构架能力的组合，其中元件能力由资源、知识技能和技术系统等构成，构建能力由管理制度、价值标准等构成⑤。两位学者强调竞争力中的技术创新、管理制度、价值标准等要素。我国学者胡大立、卢福财、汪华林认为企业竞争力是企业在有限的市场资源配置中，通过自身要素的优化及与外部环境的交互作用，占据相对优势，进而实现良性循环的可持续发展状态的能力⑥。他们强调的是企业内外要素的交互作用形成的相对优势能力。

虽然国内外学者对竞争力的概念界定并不完全一致，但综合上述学者观点，本书对竞争力内涵做如下归纳概括：

第一，竞争力是一种综合的优势能力。上述学者从不同角度对竞争力进行了定义，有

---

① WERNERFLT B. A resource：based view of the firm ［J］. Strategic management journal, 1984 (11)：662 – 678.

② LEONARD – BARTON D. Core capabilities and core rigidities：a paradox in managing new product development ［J］. Strategic management journal, 1992 (3)：111 – 125.

③ 杰恩·巴尼. 获得与保持竞争优势 ［M］. 王俊杰，杨彬，李启华，等译. 北京：清华大学出版社，2003.

④ 刘雪梅. 中国特色企业文化竞争力研究 ［M］. 武汉：湖北人民出版社，2012.

⑤ HENDERSON R，COCKBURN I．Measuring competence? Exploring firm effects in pharmaceutical research ［J］. Strategic management journal，1994 (15)：63 – 84.

⑥ 胡大立，卢福财，汪华林. 企业竞争力决定维度及形成过程 ［M］. 管理世界，2007 (10)：164 – 165.

强调资源和能力的，有强调制度的，有强调产品和技术创新的，有强调文化的，还有强调内外要素的交互作用的。事实上，不论是哪一种观点，这些定义的内涵要素或维度在整个竞争力理论系统当中既存在区别，也有联系。存在区别是因为这些观点的侧重点不同，存在联系是因为竞争力本身在现实中具有复杂性，例如人们在具体谈论某一经济体的竞争力时就很难严格将资源同其组织制度、知识、技术、文化等要素完全割裂开来。因而，从这个意义上说，竞争力应是一个综合的、系统的概念，是各种优势能力的综合，是各类优势要素系统的有机结合。有关竞争力的某一观点所代表的某一类能力或要素，就如同一个经济体整体竞争力的某个具体方面一样，综合搭建出竞争力的优势能力和要素系统。综合各种竞争力理论观点看，竞争力涉及的主要要素有资源、知识、技术、制度、文化等。

第二，竞争力以"比较"为基础，比较的重要目的是找出竞争主体间的差异；竞争力以"超越"为特征，这种超越主要表现在资源、产品、环境等多个方面的优势。竞争力虽是一种综合优势能力，但跟通常所说的一般能力有所区别。能力原本属于心理学范畴，指个体顺利完成某项活动所必备的个性心理特征，是对个体当前能够完成某种活动的心理特征的一种评估；竞争力源于竞争，它以竞争主体的相互比较和较量为基础，突出超越的特征。因此，竞争力虽是一种能力，但它是一种通过比较和较量而产生的超越竞争对手的综合优势能力，而非一种心理特征。

第三，竞争力是一种相对指标。相对与绝对对应，指一个事物与另一事物相比较而存在或变化，表示的是事物间所具有的某种相关关系。任何事物都是绝对与相对的统一。相对优势是参与者双方或多方的一种角逐或比较而体现出来的综合能力，是对象在竞争中显示出来的能力，且必须通过竞争才能表现出来。竞争力有大有小、或强或弱，因此它是一种随着竞争变化着的，通过竞争而体现的能力。竞争力既包含对象的现在的能力，也包含对象未来可以展示的能力。

基于上述研究，本书认为竞争力是一个复杂性概念，在不同领域有各自具体的内涵和要素，但是作为竞争力最基本的内涵并无本质差异，"角逐获胜"是竞争的基本特征。因此，基于本书研究的主要问题特点和性质所确定的竞争力概念定义，主要是参照经济学的理论观点，强调竞争力是竞争主体在获取稀缺资源、争夺地位声誉的角逐中所表现出来的一种相对于竞争对手的综合优势能力。

2.2.3　高校学术竞争力

2.2.3.1　高校学术竞争力内涵与要素系统反思

高校学术竞争力作为竞争力的一种类型，是高校在获取学术资源、获得更高声誉的竞争中表现出来的一种优于竞争对手的综合优势能力。但目前教育领域对高校学术竞争力的概念和内涵的认识还主要集中于高校排名研究和一流大学建设方面，停留在对主要评价指标和构成要素的探讨上，相对于经济领域的有关企业竞争力的研究，特别是对如何获取和提升学术竞争力的探讨还很欠缺。国内教育领域直接以高校学术竞争力为主要内容的研究文献较少，只有杨自杰和朱浩等少数研究者专门对高校学术竞争力概念进行了界定。杨自杰指出学术竞争力是高校核心竞争力最核心的本质，是高校利用所掌握的资源创造出新的思想、方法和产品，并且将其转化为社会价值、经济价值和财富的能力①。朱浩主要从一流大学角度探讨了高校学术竞争力概念，他认为学术竞争力是高校在长期的教学、科研、社会服务活动中不断吸收、整合、优化各种资源，逐步培育形成的以优势学科为主干、学术梯队为支撑、学术文化为内核、学术成果与效益为标志的一种整体竞争优势与能力②，具体包括学术资本竞争力、学术文化竞争力、学术组织竞争力、学术成果竞争力和学术系统外部关系竞争力五部分③；此外，他从自组织理论出发，认为高校学术竞争力既受到高校内部因素的协同作用，又离不开外部环境作用的影响，是高校人力、组织、文化、科教与社会五种（知识）资本学术竞争力的整体协同涌现④。刘磊等人从一流大学建设的角度也指出："作为学术水平核心要素的学术竞争力是世界一流大学的核心指标和核心标志，世界一流大学问题在很大程度上就是学术竞争力问题。"⑤

这些学者的观点都支持高校学术竞争力是以资源为基础，以高校成果和效益为标志，以高校各学术要素子系统协同作用形成的整体优势能力这一观点，但由于研究视角和关注重心不同，具体的定义也不完全相同。主要观点的差异在于：杨自杰的学术竞争力的内涵显得过于宽泛，类似于高校竞争力；朱浩的观点则将高校竞争力在学术（知识）方面的特征呈现出来，如学科、人力知识、学术文化、学术梯队、科教知识等。而刘磊等人的研究重心在于一流大学建设，而对于大学学术竞争力并没有进行过多分析。笔者认为高校学术竞争力应是高校竞争力的一个重要组成部分，它在许多方面与企业竞争力有相似之处，但正是学术的独有特征决定了教育领域的高校竞争力与经济领域的企业竞争力有所不同。尽管都是讨论竞争，但是高校基本职能的学术发现与学术传播，与一般企业的产品生产和销售的经济活动中的竞争不能完全等同。因此，笔者赞同以学术特征来定义高校学术竞争力。但朱浩的观点也有片面性，他从一流大学角度所提出的定义虽较全面地反映出了学术竞争力的主要学术方面，但他更看重的是学术竞争力的组织形式和外在表现，对学术活动主体——学者这一核心要素的关注还不够；朱浩基于自组织理论所定义的学术竞争力将知

① 杨自杰. 学术竞争力：大学核心竞争力的核心［J］. 中国市场，2009（22）：104 – 105.

② 朱浩. 学术竞争力：世界一流大学的重要标志［J］. 高教发展与评估，2011（6）：16 – 20.

③ 朱浩. 从协同学看我国大学学术竞争力的打造与提升［J］. 学术论坛，2007（3）：193 – 197.

④ 朱浩. 基于知识资本的大学学术竞争力自组织机理研究［J］. 运筹与管理，2012（2）：234 – 238.

⑤ 刘磊，罗华陶，仝敬强. 从 ARWU 排行榜看我国高校与世界一流大学的学术竞争力差距［J］. 高校教育管理，2017（2）：41.

识看成是一种有价值的资本，并将学术竞争力看成是内外五种（知识）资本的整体协同涌现，这一概念虽然突出了知识资本的重要性，也将人力资本作为重要因素考虑了进来，但这一概念并没有揭示出人力资本怎样跟知识资本结合，以及通过怎样的作用形成和发展学术竞争力。因此，有关学术竞争力的概念、内涵及其要素系统的研究仍有待深入和完善。

2.2.3.2 高校学术竞争力内涵与要素系统再认识

高校学术竞争力是高校各种学术优势能力的综合，是各类学术竞争要素子系统的有机结合，因此，它是一个综合、多维、系统的概念。高校作为一个独立的、开放的学术组织，不仅内部由许多学术竞争力子系统构成，而且外部也同社会环境系统发生作用。一方面，高校需要调动和吸收外界的各种资源要素不断丰富和完善自身的学术优势能力结构。另一方面，它也需要在环境改变的过程中，创造出适合自身发展的更好的学术环境。与企业竞争力不同的是，高校学术竞争力是孕育于高校组织中的一种综合优势能力，高校学术竞争力系统中的资源、知识、技术、制度、文化等要素在什么情况下混合出现，高校对它们的依赖有多大，这些要素之间如何相互作用，这些问题都需要回到高校学术竞争力形成和发展的最主要要素——学者及其所开展的学术生产活动中来探讨。

1. 学术生产活动——学术竞争力形成和发展的基本途径

高校学术竞争力的形成和发展离不开学者的学术生产活动。学术生产活动是学者发现、综合、传播和应用高深知识的一种创造性智力活动。这种以知识为工作对象的创造性智力活动要产出高水平成果就需要学者不断地对知识进行发现、综合、传播和应用，也正是在这种学术生产活动中，一所高校才能发展出新知识，创新出新成果，实现学术水平的不断提升。究其根本，如果一所高校没有学者的"学术生产活动"，就不可能有整个高校的"学术竞争力"。学者只有通过学术生产活动产出优势的学术成果，才能在社会上获得优势的学术声誉，才能形成和发展学校的学术综合优势能力。因此，学术综合优势能力是在学者的学术生产活动中形成和发展的，学者的学术生产活动就是高校形成和发展学术竞争力的基本途径。

高校学术生产活动不同于企业物质生产活动，它有自身的特殊性。首先，高校学术生产活动是一种以探索和创新知识为目的的生产活动。这种生产活动本身是一种求真的活动，并不带有任何功利性的营利目的和确立明确的要战胜的竞争对手。在这种生产活动中，知识既是活动的对象，又是活动的目的，这是由学术生产的本质和传统所决定的。但是不可否认的是，近代以来，随着高校与社会关系的日益拉近，市场经济法则对高校及其学术的侵蚀也就不可避免，市场竞争的法则也就成为学术生产的法则之一。特别是在资源成为学术生产不可或缺的要素时，当声望和地位成为获取资源的最有利途径时，此时学者对高深知识的探索和创新就是高校产出新知识、形成竞争优势的基本途径。企业物质生产活动虽也需要知识要素参与，也具有创造性，但它不是以知识为核心的创造性活动，而且其创造性还依赖于学术生产活动的创造性①。其次，高校学术生产活动是一种具有自由性特征的生产活动。知识生产是一种思想和精神的生产，思想生产离不开思想自由②。因为知识生产是一种创新性的智力活动，当思想受到禁锢和压抑时，就不可能产生自由的思想。从人类文明的发展历程看，所有创新的生产成果皆源于此。这也正是高校从诞生之日起，就始终坚守和捍卫的学术信念和准则。在企业物质生产活动中，生产者一般按部就班，自由度较小，产出产品有统一的规格和标准；而学者每一次成功的学术生产活动都是一次思想的自由碰撞和迸发，其生产过程和产出的产品都具有不确定性，更具有新颖性和独特性。最后，传统的学术生产活动，作为生产者可能并不特别关注其应用性，但是今天的学术已大相径庭，高校学术生产活动不仅重视经济效益也重视社会效益。高校三大功能之一的服务社会功能，使得高校作为一个具有公益性特征的学术组织，也必须与市场、社会需求紧密相连，因此其知识生产不仅要强调对社会的学术贡献，还需要实现一定的经济价值。而企业的物质生产活动一般以营利为目的，如果企业不营利，也无法在市场中继续生存。

高校学术生产活动与企业物质生产活动也存在某些共通之处。首先，众多生产要素的协同作用是两种生产活动顺利完成的基础。高校学术生产活动与企业物质生产活动虽然所涉及的生产要素不同，但这两种生产活动显然都需要多种生产要素的参与，并协同发生作用。即便是一个学者独立进行一项学术研究（实际上今天这样的学术研究已越来越少），但也离不开物力、财力等多种要素的支持。其次，高校学术生产活动与企业物质生产活动一样，在选择生产要素上都存在成本的差异。在市场上，高校学术生产活动所需要的要素也与企业物质生产活动所需要的要素一样，存在一个相对价格体系，在学术领域可以用"价值体系"替代，尤其在不同区域间，这种生产要素的相对价格体系还存在一定的差异，而这种差异将导致学术生产活动成本的差异。比如，高校学术生产活动开展的物质基础——土地资源，我国东部高校购买的土地价格就比西部高校购买的价格要高很多，因为东部土地资源相对稀缺，而西部土地资源相对丰富，土地资源在不同区域市场上有不同的价格。在学术领域用价值替代价格时，强调的是一项学术生产活动价值如何，也就是这项活动开展的意义大小。如果有意义而且意义重大，就会吸引更多的研究者进入；如果意义不大就可能无人问津。从这个意义上说，它与物质生产的价格确有相同之处。

2. 高校学术组织——学术竞争力形成和发展的基本工作单元

学者开展学术生产活动都是以高校的学术组织——学科为基本单元进行的。学者进行学术创造、人才培养和履行社会服务职能的基本组织单元就是学科。高校内各个学科的学术工作都要由学者来完成，在高校中将学者组织起来并整合各种学科资源与各种学术力

---

① 贾永堂，杨林玉. 对我国大学学术生产力的思考 [J]. 高教发展与评估，2014（3）：51.
② 贾永堂，杨林玉. 对我国大学学术生产力的思考 [J]. 高教发展与评估，2014（3）：52.

量，以提高学术活动的效率和效益是高校提升学术水平的基本途径。这种"组织起来"的学科资源与学术力量，就是各种"学术组织"，是学者从事学术工作的各种单元和机构。高校、学院、学系、教研室，以及其他各种从事学术工作的机构，都是基于学科而发展起来的"学术组织"。

学科作为高校的基本学术组织，既是学者学术生产活动的基本载体，也是聚集学者形成和发展学术竞争力的基本工作单元。伯顿·R. 克拉克曾这样描述高校学术生产活动："当我们把目光投向高等教育的生产车间时，我们所看到的是一群群研究一门门知识的专业学者，这种一门门的知识被称作'学科'，而组织正是围绕这些学科确立起来的。"[1] 冯向东也指出："大学中的学科是高等教育系统中最基本的学术组织，是大学各种功能的具体承担者。"[2] 这些论述清楚地表明，高校学术生产活动的主体是专业学者，对象是学科知识，工作单元是学科。高校学术生产活动是学者根据学科这一基本学术组织而聚集开展相同或相近知识领域的一种知识创造活动，这种活动以学者为活动主体，学科为工作单元，以学科知识为具体工作材料，在不断发现、综合、传播和应用知识过程中产出新思想、新产品。这种创造性学术生产活动正是高校学术竞争力形成和发展的基础，因为如果没有学者的创造性学术生产活动，高校就难以在人才培养、科学研究和服务社会等方面取得高水平的学术成果，更难以与东、中部地方高校相比形成自身学术优势能力。从这个意义上说，学科不仅是学者开展学术生产活动的重要载体，而且还是学校学术竞争力形成和发展的基本工作单元，它贯穿于高校学术竞争力发展的各个环节，它的动态提升变化正是高校学术竞争力发展水平在不同时期的现实表现。

3. 基于学术生产活动的高校学术竞争力要素系统

要素和系统作为一组哲学概念，相关又有区别。通常来说，要素是具有共同特性和关系的一个统一的综合体。它不仅是构成事物必不可少的因素，同时又是组成系统的基本单元，并在很大程度上决定了系统的性质。所谓系统，就是由一定数量且相互联系的要素所组成的具有特定结构和功能的有机整体。而结构是系统内部各要素的排列组合方式，每一个系统都有自己特定的结构，它以自己的存在方式规定了各个要素在系统中的地位与作用，结构的变化制约着系统整体的发展变化。因此，对要素的准确把握也就是对系统准确把握的基础。值得注意的是，同一要素在不同系统中的性质、地位、作用各不相同，这就要求针对不同事物、不同系统进行具体分析，对要素进行科学而准确的归纳、提炼和选取，这对于系统功能作用的有效发挥起着至关重要的作用。

经济学理论中关于生产系统构成要素的讨论很多，生产要素理论认为，要素是生产活动的基础，生产要素是进行物质生产所必需的一切重要因素及其环境条件，即进行社会生

---

① 伯顿 R 克拉克. 高等教育新论：多学科的研究［M］. 王承绪，等译. 杭州：浙江教育出版社，1988：119.

② 冯向东. 张力下的动态平衡：大学中的学科发展机制［J］. 现代大学教育，2002（2）：67－71.

产活动时所需要的各种社会资源，它包括劳动力、土地、资本、技术、信息等内容，而且这些内容随时代的发展而不断发展变化。不同的经济学理论对生产要素的构成有不同的看法，但通常是把生产要素简括为：人的要素、物的要素及其结合的要素，其中劳动者和生产资料是物质资料生产的最基本要素，特别是作为人力的资本要素的作用越来越大，人的素质和知识、才能等对经济发展越来越具有决定性意义。经济学家威廉·配第（William Petty）于 1662 年指出"土地为财富之母，而劳动则为财富之父和能动的要素"①，他认为生产活动有土地和劳动两个基本要素。让·巴蒂斯特·萨伊（Jean Baptiste Say）于 1803 年在《政治经济学概论》中指出："无数事实证明，所生产出来的价值都归因于劳动、资本和自然力这三者的作用和协力，其中以能耕种的土地是最重要的因素。"② 萨伊提出生产活动有土地、劳动、资本三个生产要素。19 世纪末 20 世纪初，阿尔弗雷德·马歇尔（Alfred Marshall）在《经济学原理》中，将组织作为劳动、资本、土地之外的第四生产要素提出，"生产要素通常分为土地、劳动和资本三类"，"资本大部分是由知识和组织构成的……知识是我们最有力的生产动力，组织则有助于知识，……把组织算作一个独立的生产要素，似乎最为妥当。"③ 后来有学者将马歇尔提出的组织要素看成"企业家才能"要素；也有学者把马歇尔提出的知识单列出来，称之为技术，以强调知识和技术的重要性④。20 世纪 80 年代，徐寿波提出生产活动有人力、财力、物力、运力、自然力和时力六种生产要素⑤。其中，人力指参与生产的各种劳动人员，财力指生产过程需要的各种资产，物力指生产过程需要的各种物资，运力指劳动和生产过程必需的运输能力，自然力指劳动和生产过程需要的各种自然资源和自然条件，时力指劳动、生产过程需要的时间。张鹏侠和张一鹤指出："传统的劳动者、劳动资料和劳动对象的生产三要素理论只注意到企业的有形要素，而忽视了企业中不可或缺的无形要素即知识要素和制度要素。"⑥ 他们认为，知识是人类对自然和人类本身的本质和运动规律的认识成果；制度是约束和激励人和组织行为的规则体系，它是一类可以协调人与人生产关系并发挥特殊作用的知识。商海岩则将传统的土地、资本、劳动等要素看成生产活动中的"硬要素"，将文化要素看成生产活动中的"软要素"，他认为，文化要素是一种协调人与人之间关系的软要素，可以在生产协调分工、挖掘劳动者潜力方面提高生产效率⑦。从上述有关生产要素的观点来看，人力、财力和物力是生产活动的传统要素，它们是完成生产活动必须具备的基础要素；技术、制

① 威廉·配第. 赋税论［A］. 配第经济著作选集［M］. 北京：商务印书馆，1981：66.

② 萨伊. 政治经济学概论［M］. 陈福生，陈振骅，译. 北京：商务印书馆，1997：76.

③ 马歇尔. 经济学原理［M］. 朱志泰，陈良璧，译. 北京：商务印书馆，1997：157–158.

④ 李利军. 环境生产要素管理研究［D］. 天津：天津大学，2009：40.

⑤ 徐寿波. 技术经济学［M］. 南京：江苏人民出版社，1984：94–119.

⑥ 张鹏侠，张一鹤. 论知识与制度的内涵及其作为生产要素的依据［J］. 社会科学辑刊，2012（3）：160–163.

⑦ 商海岩. "文化要素"：一个生产要素学说的扩展研究［J］. 社会科学研究，2012（5）：39–43.

度、文化等要素是随着环境变化而产生的新要素，它们在生产过程中对提高生产效率起到了一定的作用；知识要素在现代社会中尤为重要，它既是最有力的生产动力，也是一种生产成果。

高校学术竞争力的提升是以高校学者对知识发现、综合、传播和应用的学术生产活动为基本途径来实现的，而高校学术生产活动是一种具有创造性、自由性，兼顾经济效益和社会效益的特殊生产活动。高校在通过学术生产活动提升学术竞争力时，也需要众多要素的协同作用。首先，必须具备如学者、学术资金、学术物资等基础要素；其次还需要具备在学术生产活动过程中发挥影响生产效率作用的组织要素，比如技术、制度、文化等；最后还应有高校学术生产活动产出的在学术市场具有竞争优势的学术成果，比如各种新知识、新技术、新思想等。基于学术生产活动及其产出的特征，笔者将从生产资源要素、产出成果要素、生产过程要素三个方面来分析和探讨高校学术竞争力的要素系统。

（1）高校学术竞争力的生产资源要素。

在各种生产活动中，资源性要素都是最基本和最重要的要素，特别是当把人力作为一种资源时，资源的重要性更加凸显。根据一般经济学关于资源的理论分析，学术人力、学术物力和学术财力等资源要素是高校学术竞争力形成和发展的基础性必要条件。

第一，学术人力是高校学术生产活动的能动性资源要素，是学术竞争力形成和发展的基础条件。学术人力资源指高校的学者个体或群体，因为不论是高水平成果的诞生，还是学术声誉的获得，学者都与高校的学术水平、声誉紧密相连。无论是发现学术真谛、提升学术水平，还是传播学术思想、应用学术成果，学者都扮演着最为重要的能动性角色，从根本上推动着高校学术竞争力的形成和发展。曾任斯坦福大学校长的唐纳德·肯尼迪谈到，在当前大学之间竞争越来越激烈的情形下，大学为"声誉"而进行的竞争，"通常是用大学教师在全国的声望来衡量的"[1]。梅贻琦也曾道："大学者，非谓有大楼之谓也，有大师之谓也"。[2] 所谓大师即高水平的学者，他们在高校学术竞争中发挥着不可替代的重要作用。人力资源是高校中唯一具有主观能动性的资源，不仅承载知识，而且能够创造知识。也就是说，学者这种人力资源是一种活的资源，它可以生长、发展，不断产生和扩大新的资源。现代增长经济学认为，与自然资源相比，人力资源更能决定一个国家或地区的竞争力，因为自然资源是随时间的推移而逐渐枯竭的资源，而人力资源则是竞争力发展的不竭动力[3]。正因为人力资源的智能和能动特征，学术人力成为连接学术物资和知识的不可或缺的能动性桥梁，通过这一桥梁，学术人力为高校学术竞争力的产生和发展提供不竭的动力。比如，学者以学术物质资源为基础，通过对知识的不断探究、传播、整合和应用，产出新知识，形成新成果，而新的学术成果又成为高校获得更多学术物质资源的有利

① 唐纳德·肯尼迪. 学术责任 [M]. 阎凤桥，等译. 北京：新华出版社，2002：58.
② 黄延复. 梅贻琦与清华大学 [M]. 太原：山西教育出版社，1995：24.
③ 李雪飞. 美国研究型大学竞争力发展策略研究 [D]. 上海：华东师范大学，2008.

条件，也同时成为高校知识资源的重要来源。

第二，学术财力是高校完成学术生产活动的必要条件，是高校学术竞争力的条件性资源要素。所谓"巧妇难为无米之炊"，学者开展学术活动，如果没有充足的学术经费作为支撑，根本难以完成各项学术任务，更难以产出高质量、高水平的学术成果，也难以提升高校整体学术竞争水平。具体而言，学术财力主要指高校开展学术生产活动所需的经费。从高校归属关系来看，我国公办高校主要分为中央和地方两类。总体来说，中央部属高校作为我国政府重点支持的高校，从中央财政拨款、科学项目研究等方面获得的学术经费较多。正如阿特巴赫曾指出的那样，重点高校学术竞争力的提升对国家形成竞争优势有重要作用，而在竞争世界中要建立和维持这些重点大学学术竞争力所需的费用却十分高昂。尤其地方高校获得学术经费较少，并且各个地区地方高校获得学术经费金额的差异还较明显，这主要因为地方高校一般从地方财政获得学术经费，而许多地方政府，特别是经济欠发达地区的地方政府财政收入不高，这使得一些欠发达地区地方高校在发展学术竞争力的过程中出现学术财力资源严重不足的情况。

第三，学术物力也是高校开展学术生产活动的必要的、支撑性的要素，是高校学术竞争力的资源性要素。高校学术竞争的主体——高校学者，他们在提升和表现学术竞争力的学术活动中通常需要一定的物质资源作为支撑条件，而在众多的物质资源中，学术设施和设备、学术资料和信息是高校学者从事学术活动必不可少且非常重要的支撑性物质条件。没有学术物力资源作为支撑，显然学者的学术生产活动难以开展，高校也难以生产出具有优势的学术产品。

综上所述，从学术生产活动的基础资源要素出发，高校学术竞争力是学术人力、学术财力、学术物力等在以学科为基本工作单元的高校系统内相互作用，并有机结合的综合优势能力。其中，学术人力是高校学术竞争力的能动资源要素；学术财力是高校学术竞争力的条件资源要素；学术物力是高校学术竞争力的支撑资源要素。

（2）高校学术竞争力的产出成果要素。

博耶曾指出：知识并不都是以线性方式发展的，学术的内涵应得到拓展，学术应该包括发现的学术、综合的学术，应用的学术和传播的学术四个不同且相互重叠的功能①。在博耶看来，发现的学术是学者对纯粹知识的探求，它有助于新知识的发现与积累；综合的学术是学者在跨学科综合知识背景中发现新问题和形成新思想；应用的学术则是学者运用理论知识与实践应用结合来服务社会，这三类学术活动的描述与通常的科学研究活动比较接近。传播的学术则是学者对教与学实践进行审视并将研究结果公开，在同行间交流、反思、评价②的过程中建构新知识的一种学术活动，这种活动的对象除了知识以外还有学生，

---

① BOYER. Scholarship reconsidered: priorities of the professorate [M]. San Francisco: Jossey - Bass, 1990: 16 - 24.

② 王玉衡. 美国大学教学学术运动 [M]. 北京：北京师范大学出版社，2012：58.

因此这类学术活动更贴近高校的人才培养活动。

高校产出的优势学术发现、综合、传播和应用的成果是一所高校具有学术竞争力的外在表现。因为，高校的学术成果的影响力就如同高校在社会上的一面重要旗帜，会让高校在学术竞争中形成一种品牌效应。一般而言，高校学术成果在社会上的影响力越大，高校的学术声誉就越高，也越能吸引优秀学术人才和获得优质学术资源。从博耶的四维学术观出发，高校的学术生产活动就是学者发现、综合、应用、传播知识的一种创造性智力活动，代表高校学术竞争力的学术活动知识成果也可以分为四种类型，即知识发现的成果、知识综合的成果、知识应用的成果和知识传播的成果。这四种知识成果的获得途径并不一样。知识发现的成果可以通过实验和发展理论来获得；知识综合的成果可以通过多学科视角发展知识来获得；知识应用的成果可以通过高校将教学和科研中累积的新思想和新产品服务于社会来获得；而知识传播的成果虽然跟其他成果一样，具有公开、交流、评价和建构等特点①，但它主要通过高校人才培养来获得。因此，高校学术竞争力虽然具体表现在知识发现、综合、应用和传播四个方面所形成的优势学术成果上，但学术发现、综合、应用的成果的获取途径是我们通常理解的学者的科学研究，而知识传播成果的获取渠道则主要通过高校的人才培养。从这个意义上说，高校学术竞争力具体可以用科学研究优势成果和人才培养优势成果两个方面来衡量。一般而言，发现、综合、应用的学术成果一般用论文和专著等形式体现，它需要高水平即前沿的、独特的、有见地的科学研究等，通过同行评价来确定其水平。传播的学术成果主要体现在对学生的教育培养上，培养出高水平的学生，有高的社会声誉，就业率高等。

（3）高校学术竞争力的生产过程要素。

上述高校学术竞争力的要素分析主要是静态的，对于我们详细剖析高校学术竞争力的生成过程，或者说从获取和利用学术资源到学术成果产出中间应该有一些动态生成的问题，这些应是高校学术竞争力形成和发展中所应重视的生产过程要素。

高校学术竞争力是孕育于高等教育系统当中的一种综合优势能力，它的生成与发展存在自身特点。伯顿·R. 克拉克将高等教育系统看成是由生产知识的群体构成的学术组织，并以"知识"为分析起点，以"工作""权力"和"信念"三要素为核心范畴，分析高等教育及其组织"整合"与"变革"的规律。按照发生学的观点，"工作"是高等教育系统最先出现的现象，因而是高校活动最基本的表现形式；"权力"是高等教育工作发展到一定阶段所需要的更高层次的运作保障；"信念"则是人们经过一段时间的实践之后，对事物形成的一种系统的、理性的认识，反映了对实践工作的深层反思和追问，又反作用于工作和权力②。而"整合"与"变革"类似于我们常用的"发展"与"改革"概念，表

---

① 王玉衡. 教学成为学术：当代国际大学学术文化的新探索 ［J］. 大学（研究版），2011（11）：40－44.

② 陈何芳. 大学学术生产力引论 ［D］. 武汉：华中科技大学，2005：55.

明了高等教育系统的动态变化过程，前者说明高等教育动态系统如何以实现良性运转为目标，将各方面复杂的因素联系起来；后者表明了高等教育系统在变革时期所发生的各种状况。通过对上述五个范畴的理解，笔者认为，"整合"与"变革"这两个范畴是高校学术竞争力通过高等教育学术动态系统中各种要素的相互联系，并实现良性运转以达到学术发展的目的；"工作""权力""信念"这三个范畴对应的是高校学术竞争力发展中最为关键的三个要素——"技术创新""学术制度"和"学术文化"。它们分别从技术、制度、文化三个角度搭建了学术"技术—制度—文化"的生产过程要素系统。

如果我们将学术活动转换成动态的视角观察，技术创新是影响高校学术活动产出效果的直接因素，它是高校学术优势能力形成和发展的直接原因；"学术制度"作为约束和激励学者行为的规则体系，在协调人与人的学术生产关系当中发挥着特殊作用，也影响着学术生产活动的效果；"学术文化"作为一种协调人与人之间关系的软要素，在学术生产的协调分工、挖掘学者的学术潜力方面，都影响了学术产出效果。因而，高校学术竞争力的形成和发展受到高校具体的学术"工作"中的技术创新、有形的组织"权力"中的制度结构、无形的组织"信念"中的文化心理等多种优势资源集合的影响。因此，"技术创新""学术制度"和"学术文化"是学术竞争力形成与发展中影响产出效果的生产过程要素。

4. 高校学术竞争力内涵和要素系统的新阐述

根据上述对高校学术竞争力的资源、成果、过程要素的理解，笔者尝试对高校学术竞争力的内涵及其要素系统构成做出如下新阐述：

第一，高校学术竞争力是由多个竞争力子系统构成的优势能力体系。从静态学术活动出发，高校学术竞争力由学术资源要素子系统和学术成果要素子系统构成，其中，学术资源要素子系统是高校开展学术生产活动以形成和发展学术竞争优势能力的基础；高校学术成果要素子系统是高校开展学术生产活动产出有价值成果以形成外在影响力的重要表现。从动态学术活动过程出发，"技术"层面的技术创新、"制度"层面的学术制度以及"观念"层面的学术文化共同构成了高校学术竞争力的学术生产过程要素子系统。高校学术生产活动的过程要素子系统与高校学术活动的资源要素子系统相互作用与配合的效果，共同决定了高校学术竞争力成果产出要素子系统的发展水平。

第二，高校学术竞争力是一个综合、多维、系统的概念。从学术生产资源要素出发，高校学术竞争力是学术人力、学术财力、学术物力在高校系统内相互作用，并有机结合的综合优势能力；从学术生产成果要素来看，高校学术竞争力是学者在学术发现优势能力、学术综合优势能力、学术传播优势能力和学术应用优势能力等多个维度上表现出来的产出成果优势；从学术生产过程要素来看，高校学术竞争力是高校技术创新、学术制度和学术文化等要素系统的集合。如图2-1所示，三组十个维度的竞争力都是决定高校学术发展水平的关键因素，它们共同构成了高校学术竞争力的要素层次结构系统。

第三，学科作为高校学术活动开展的基本工作单元，不仅承载着学术工作的资源要素，而且还是各类学术成果要素的综合体现，即它是学术发现竞争力、学术综合竞争力、学术传播竞争力和学术应用竞争力的具体的、综合的表现；它贯穿于高校学术竞争力发展的各个环节，它在不同时期的动态提升变化情况正是高校学术竞争力不断发展的现实表现。

第四，综上所述，高校学术竞争力应是学者获取和利用学术设施、资金、设备等，在技术创新、学术制度和学术文化的影响下，以学科为基本单元，在发展知识的学术活动中表现出来的一种集学术发现竞争力、学术综合竞争力、学术传播竞争力和学术应用竞争力为一体的综合优势能力。

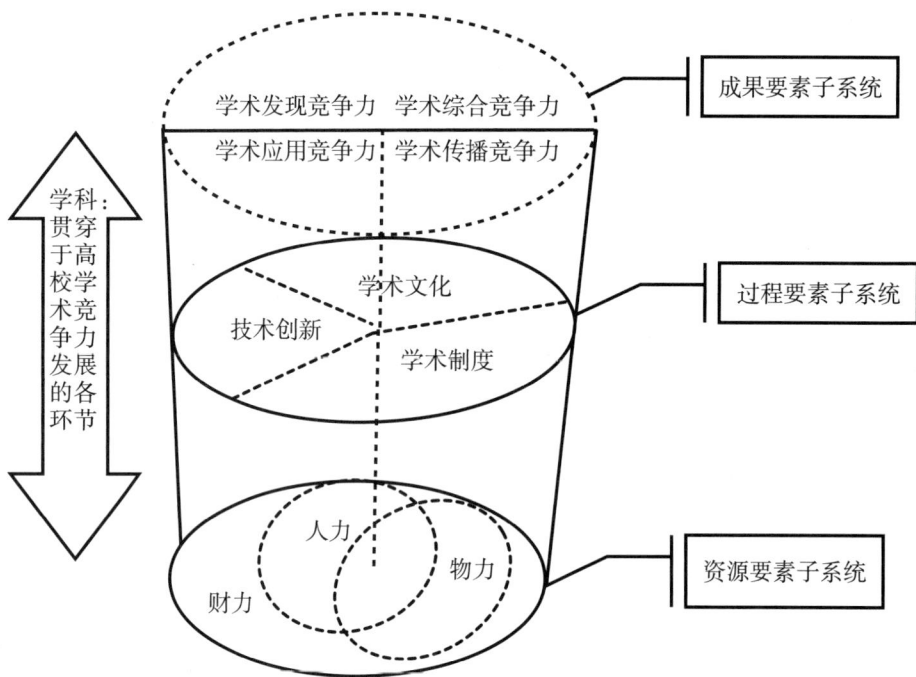

图 2 - 1　高校学术竞争力的要素系统层次结构

2.2.3.3　相关概念辨析

随着学术内涵的变化，对于高校学术竞争力的概念及其相关概念的界定也需要进行进一步的厘清，高校科研竞争力和高校竞争力尤其值得探讨和关注。因为，学术概念拓展后，高校学术竞争力的内涵很容易同科研竞争力和高校竞争力混淆。而国内较多的研究集中于科研竞争力和学校竞争力，对于学术竞争力研究较少，但在许多研究科研竞争力和学校竞争力的文章中也常提到学术竞争力。因此在对学术竞争力进行深入研究时，很有必要区分这些意思相近的概念内涵与外延。

1. 科研竞争力与学术竞争力

（1）科研与学术的关系。

科研即科学研究，我国教育部对其的定义是：为了增进知识包括关于人类文化和社会的知识以及利用这些知识去发明新的技术而进行的系统的创造性工作[①]。杨德广认为："科学研究一般分为基础研究、应用研究和开发研究三大类，而且这三类研究在同一高校不是并驾齐驱的。"[②] 各高校会根据自身定位和科研实力的不同而在三种科研活动中选择各有取舍、各有侧重的科学研究类型。科研是以知识为基础，探索和认识未知知识的一种创造性智力活动。可见，科研与学术存在着某些相同和不同之处。相同之处在于：科研和学术一样都是以知识为基础的一种创造性智力活动，都包含了对知识的发现、整合、应用研究；不同之处在于：科研强调新产品、新技术的发现，新知识的增进；而学术则不仅强调发现知识、整合知识、应用知识，还强调传播知识。显然，学术的范围更加宽泛，而科研的范围比较窄，学术与科研相比，有着更为宽泛的内涵。

（2）高校科研竞争力与学术竞争力的关系。

国内外学者对科研竞争力的解释在一定程度上揭示了它与学术竞争力之间的关系。国外学者通常用高校获取科研资源，尤其是获取联邦政府科研资源的多少来衡量一所高校科研竞争力水平，例如美国国家科学基金会（NSF）明确指出科研竞争力是"为获得一定比例的竞争性研究基金的能力"[③]。国内学者邱均平、周兆透等对科研竞争力的论述较具代表性。邱均平等人以科研投入、产出、效益为主线，将高校科研分为"科学技术"（含自然科学和工程技术）与"人文社会科学"两个学科领域，按照"同类比较，分类评价"的原则对不同类型高校科技创新竞争力与人文社会科学研究竞争力进行评价[④]；还提出世界大学科研竞争力应由科研生产力、科研影响力、科研创新力、科研发展力四个部分构成，其中科研生产力用 ESI 论文发表数，科研影响力用总被引数、高被引论文数和进入排行的学科数，科研创新力用热门论文，科研发展力用高被引论文占有率，来衡量世界大学的科研竞争力水平[⑤]。周兆透、李三福则将高校科研竞争力分为"潜科研竞争力"和"显科研竞争力"，认为前者是指高校在争取科研发展的优势地位上所具有的能力，其大小可

---

① 张焱. 诱惑、变革与守望：我国学术场域中的大学教师行为研究［M］. 南京：南京大学出版社，2014：65.

② 杨德广. 高等教育管理学［M］. 上海：上海教育出版社，2006：243.

③ HAUGER M. Strategies for competitiveness in academic research［M］. Washington D. C. ：American Association for the Advancement of Scienece，2000.

④ 邱均平，赵蓉英，余以胜. 中国高校科研竞争力评价的理论与实践［J］. 高教发展与评估，2005（1）：31－35.

⑤ 邱均平，赵蓉英，马永胜，等. 世界一流大学及学科竞争力评价的意义、理念与实践［J］. 科技进步与对策，2007（5）：138－142.

由能力构成要素——高水平的教研人员、研究生教育的规模水平、图书设备、科研机构的设置以及科研管理体制等来体现；后者则是指高等学校持续赢得一定比例的竞争性科研基金的能力①。国内学者倾向于从高校现有科研资源和实力出发来理解高校科研竞争力，认为科研竞争力是高校科学发明和技术创新及其应用和转移的能力。国内外学者的诠释在让我们更好地理解科研竞争力的同时，也加强了对它与学术竞争力的异同的认识。其相同点在于：两者本质上都是一种以资源为基础的综合优势能力；高校的人、财、物、信息等资源要素既是科研竞争力构成的基础，也是学术竞争力构成的基础，尤其是政府经费资源在科研竞争力中强调得更多。其不同点在于：两者涵盖的内容不一样，高校科研竞争力是高校学术竞争力的重要组成部分；高校科研竞争力事实上反映的是高校承担知识创新、发展、应用、转移、储备条件及其管理效果等的综合能力，涉及的主要是学术竞争力当中的知识发现和知识应用能力，而高校学术竞争力不仅包括这些，还包括知识的综合和传播能力。

事实上，高校科研竞争力是学者获取和利用科研资源，在发现、综合知识的活动中表现出来的一种创造新知识、新技术、新产品并将其应用和转移的优势能力。而高校学术竞争力是学者获取和利用学术资源，以学科为基本单元，在发展知识的学术活动中表现出来的一种集学术发现、综合、传播和应用知识为一体的综合优势能力。显然，高校科研竞争力是高校学术竞争力的重要组成部分。

2. 高校竞争力与学术竞争力

学术性是高等学校区别于其他社会组织的根本属性，基于此，是否高校学术竞争力就是高校竞争力？厘清这一问题，有利于我们更清晰地认识高校学术竞争力的内涵与外延。

上述分析提到，高校学术竞争力是学者获取和利用学术设施、设备、资金、信息等物资，以学科为基本工作单位，在发展知识的学术活动中表现出来的一种综合学术优势能力。显然，高校学术竞争力并不像高校竞争力那样是以高校各类资源为基础形成和发展起来的，它是以学者、学科、资金、信息等学术资源为基础形成和发展而来的。例如，我们不能将高校中的所有工作人员都认为是学术"人"的资源，因为高校中还存在很多后勤人员，他们并不以学术为生，他们中有一些人甚至根本没有从事过与学术相关的工作，但高校后勤工作作为高校整体工作的重要部分，后勤人员服务师生的质量和水平也是高校竞争优势能力的具体表现。再如，并不是高校中所有的信息资源都是有关学术工作或者是对学术研究有利的，高校中的不真实信息就是很好的例证。因此，就资源而言，"高校竞争力"比"高校学术竞争力"形成和发展的资源基础更加广阔。

就笔者目前所掌握的相关文献来看，不论是对高校核心竞争力的要素进行探讨，还是

① 周兆透，李三福. 三维视角下的大学科研竞争力及其发展研究［J］. 研究与发展管理，2006（3）：100－105.

对整个高校竞争力的要素进行研究，都倾向于将高校学术竞争力看成是高校（核心）竞争力的重要组成部分。张泽麟、左权文认为："高校的核心竞争力应该是一所院校办学理念、办学特色、办学优势、人力资源、管理体制和校园文化等诸要素的有机整合和整体和谐所体现出来的独具特色的优势与能力。"[①] 在这一定义中，高校核心竞争力显然囊括了高校的学术竞争力，因为学术工作本身就是高校工作的重要组成部分。刘向兵对高校核心竞争力的理解更为深刻，他指出："大学核心竞争力的构成要素是大学的人才培养能力和学术研究能力，这两种能力具备稀有性、难以模仿、无可替代等核心竞争力的特点。"[②] 刘向兵实际上将学术竞争力看成是高校核心竞争力的重要组成部分。高宏认为："大学核心竞争力通过硬实力和软实力表现出来，硬实力主要体现为师资、科研、学科等方面；软实力主要指以大学精神为内核的大学文化以及品牌声誉等。"[③] 高宏的论述也从侧面揭示了师资、科研、学科、文化以及品牌声誉等学术竞争力要素就是高校核心竞争力的重要组成部分。

其实，学术性是高校组织区别于其他社会组织的本质所在[④]，因为学术及学术活动的特点，本质地规定着高校的产生、发展、功能与行为[⑤]，所以决定了高校的学术工作是高校所有工作的核心，是高校整体工作中最重要组成部分。正因为高校学术竞争力是高校竞争力最核心的本质[⑥]，所以高校学术竞争力是高校竞争力的核心组成部分。

2.2.4 西部地方高校学术竞争力内涵分析

西部地方高校学术竞争力与一般高校学术竞争力的要素系统一样，也是由多个竞争力子系统构成的优势能力体系，具体包括学术资源要素子系统、学术成果要素子系统和学术过程要素子系统。从生产资源要素出发，西部地方高校学术竞争力是学术人力、学术财力、学术物力等要素有机结合所形成的综合优势能力；从产出成果要素来看，高校学术竞争力表现为学术发现、综合、传播和应用知识的综合优势能力；从生产过程要素来看，西部地方高校学术竞争力是高校技术创新、学术制度和学术文化等要素协同作用所体现出来的综合优势能力。以上三组十个维度的优势要素构成了西部地方高校学术竞争力在一般意义上的要素层次结构，属于西部地方高校学术竞争力要素系统当中的一般要素系统。

但在一般高校学术竞争力要素之外，西部地方高校学术竞争力还拥有一些特有的优势

① 张泽麟，左权文. 高校核心竞争力培育途径初探［J］. 大学教育科学，2006（5）：100-102.

② 刘向兵. 大学核心竞争力构成要素辨析［J］. 中国人民大学学报，2007（2）：143-148.

③ 高宏. 大学核心竞争力的要素及其培育［J］. 教育发展研究，2012（9）：51-55.

④ 田汉族，孟繁华. 从行政化到去行政化：大学管理本质的回归［J］. 高等教育管理，2011（3）：11-16.

⑤ 朱浩. 基于知识资本的大学学术竞争力自组织机理研究［J］. 运筹与管理，2012（11）：234-238.

⑥ 杨自杰. 学术竞争力：大学核心竞争力的核心［J］. 中国市场，2009（22）：104-105.

要素。中国社会科学院农村发展研究所所长、中国社会科学院西部发展研究中心主任魏后凯认为，西部地区在资源和要素禀赋上具有明显的比较优势。首先，西部地区是我国工业发展的原材料和能源供给基地，自然资源人均拥有水平远超其他区域，而且随着勘探技术水平的不断提高，这种自然性资源的储备和有待开发的优势还在不断加强；其次，西部的特色资源也让其发展具有其他区域没有的比较优势，比如民族旅游等①。西部所拥有的这些比较优势对西部地方高校学术竞争力的发展具有重大现实意义。宁夏大学党委书记齐岳在接受记者采访时指出，西部地方高校在确定重点学科或专业过程中，不仅需要与地方经济社会发展的重大需求结合在一起，还需要考虑学校的办学传统、资源条件、特色和优势，应遵循比较优势原则，通过自我评价和校际评价比较找准自己的位置②。他认为一个学科如果没有地域特色和比较优势的话，发展难度则较大。他以宁夏大学的西夏学和回族学的建设经验为例，提出西部地方高校是可以通过基于自身比较优势发展特色优势学科从而在全国高校学术竞争中获得一席之地的。很多学者也认为西部地方高校与其他区域地方高校在学术竞争中拥有特色资源方面的比较优势。比如周小波、王成瑞等人指出，西部地方高校在天然资源、文化底蕴、地理位置等方面有比较优势③；李俊义认为西部高校具有多民族文化、拥有东部高校不可比拟的发展空间（西部有大量的土地、矿产、旅游、生物、水等资源未有效开发）等比较优势④；祁占勇、陈雪婷认为西部高校有自然条件良好、多民族文化丰富等优势⑤。

因此，笔者认为，在发展学术竞争力的学术生产活动中，西部地方高校除了可以拥有学术人力、学术物力、学术财力、学术制度、学术文化等一般高校学术竞争力要素以外，还拥有自己独有的、具有比较优势的特殊资源。从西部地区特有资源来看，与西部地方高校学术生产活动最相关的特殊要素有：地域性要素、民族性要素和自然性要素。这三个要素构成了西部地方高校学术竞争力的特殊要素系统。综合上述分析，西部地方高校学术竞争力的要素系统应该由一般学术生产要素子系统和特殊生产要素子系统两个重要组成构成，如图2-2所示。

① 魏后凯．西部大开发"十三五"总体思路研究［M］．北京：经济管理出版社，2016.

② 田慧生．高端访谈：关于现代大学的思考：第3辑［M］．北京：教育科学出版社，2015：195.

③ 周小波，王成瑞，谢鸿全，等．西部地方院校大学竞争力与发展战略研究［J］．中国高教研究，2011（1）：63-65.

④ 李俊义．基于区位视野下的西部高校发展探析［J］．现代教育科学，2009（5）：51-53.

⑤ 祁占勇，陈雪婷．"一带一路"背景下西部高校发展的SWOT战略分析［J］．集美大学学报（教育科学版），2017（4）：50-55.

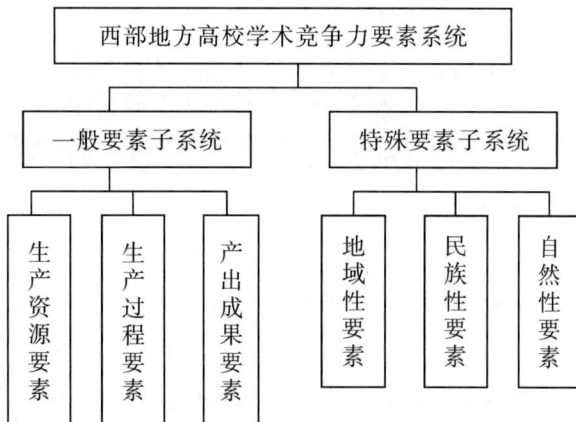

图 2-2　西部地方高校学术竞争力要素系统结构

在上述对高校学术竞争力的定义的基础上，笔者提出西部地方高校学术竞争力的概念：西部地方高校学术竞争力是西部地方高校学者获取和利用学术设施、资金、设备，以及西部地区特有学术资源等，在技术创新、学术制度和学术文化的影响下，以学科为基本单元，在发展知识的学术活动中表现出来的一种集学术发现竞争力、学术综合竞争力、学术传播竞争力和学术应用竞争力为一体的综合优势能力。

3 新结构经济学与西部地方高校
学术竞争力发展理论分析

在我国，西部地方高校因受自身条件的限制，其学术竞争力难以跟东部和中部的地方高校相比。近年相关的研究有很多，但是这些研究大多是以东部高校为目标模板，以追赶为策略，但实际效果是东西部高校的差距并没有根本性改变，特别是地方高校与部属高校的差距还在扩大。因此，西部地方高校特别需要一种不囿于"先决条件不足"，能从自身实际情况出发的发展理论来指导其学术竞争力发展。新结构经济学是继结构主义和新自由主义之后的第三波发展经济学理论，是由我国的经济学家林毅夫专门针对欠发达地区经济发展而提出的新经济学理论，它可以为欠发达的西部地方高校学术竞争力发展提供一条崭新的理论和实践路径。

3.1 新结构经济学的产生与影响

3.1.1 理论的产生

新结构经济学最早发轫于 20 世纪末林毅夫及其合作者对于发展中国家计划经济体制本质的探索。1988 年因中国经济过热，国内首次出现了两位数的通货膨胀，这促使人们反思计划经济体制的问题。林毅夫在考察了印度等国家的经济发展情况后认为，导致中国以及其他发展中国家经济绩效低下的根本原因是这些国家在资本稀缺的要素禀赋结构下，实行了资本密集的重工业优先发展的赶超战略，而这种战略使得企业在开放竞争的市场体系中难以获得自生能力。此后，林毅夫等人进行了深入研究。在《中国的奇迹：发展战略与经济改革》这一经典之作中，从发展战略与要素禀赋的矛盾出发，提出了决定一个国家提升经济绩效的关键是所选择的发展战略是否与该国要素禀赋的特征相一致的观点。2001年，林毅夫在芝加哥大学经济系举办的 D. 盖尔·约翰逊年度讲座上做题为"发展战略、自生能力与经济收敛"的报告时提出，一个经济的产业和技术结构是由其要素禀赋结构所内生决定的，只有当发展中国家的政府以比较优势作为产业发展的基本准则时，这个经济才会有运行良好的市场①。2007 年，在剑桥大学的年度马歇尔讲座上，林毅夫发表了题为"经济发展与转型：思潮、战略与自生能力"的演讲，完整地提出了一套新的发展经济学

---

① 林毅夫. 发展战略、自生能力和经济收敛 [J]. 经济学（季刊），2002（1）：272.

和转型经济学理论体系，获得了包括诺贝尔经济学奖获得者加里·贝克尔等世界一流经济学家的关注和极高的评价。

2009 年 6 月，林毅夫以《中国的奇迹：发展战略与经济改革》和马歇尔讲座的理论框架为基础，在出任世界银行高级副行长兼首席经济学家一周年的一个内部研讨会上反思了发展经济学理论进程和发展中国家经济发展与转型的成败经验，提出了"新结构经济学"。他认为：新结构经济学是继结构主义和新自由主义之后的第三波发展经济学思潮。第一波"结构主义"强调政府的作用，忽视市场的作用，主张发展中国家要建设和发达国家一样的产业结构；第二波"新自由主义"强调市场的作用，忽视政府的作用，主张发展中国家要选择和运用跟发达国家一样的市场制度安排；第三波"新结构经济学"则认为"有效市场"和"有为政府"缺一不可，它们在发展中国家经济发展过程中应协同发挥作用，其中，"有效市场"起到资源配置的基础性作用，"有为政府"则起到因势利导、完善软硬基础设施和解决外部性问题等作用①。2011 年 3 月，林毅夫在耶鲁大学著名的库兹涅茨（Simon Kuznets）年度讲座上，以"新结构经济学：反思发展问题的一个理论框架"为题阐述了新结构经济学理论的基本框架和主要观点，演讲全文发表在 2011 年出版的《世界银行研究观察》第 26 卷第 2 期，向世界经济学界宣告了新结构经济学的诞生，获得了包括迈克尔·斯宾塞、约瑟夫·斯蒂格利茨等诺贝尔经济学奖得主在内的多位国际经济学家的高度评价②。

综上所述，新结构经济学从产生之日起研究的就是发展中国家经济发展的计划经济体制问题，而在对这一问题的探索中，在 21 世纪初，林毅夫等人就已经清晰地认识到发展中国家要遵循自身要素禀赋结构所决定的比较优势来发展产业，并认为这是一条推动发展中国家经济快速发展的正确道路。应该说，作为发展经济学的第三波思潮，新结构经济学本身就是对众多发展中国家经济转型和发展的经验总结，这一理论显然也能为发展中国家和欠发达地区经济发展提供理论指导。

3.1.2 理论的影响

新结构经济学自正式提出以后，其理论体系不断发展完善，很多相关著作相继出版。在新结构经济学理论体系不断发展和完善，并为中国的经济发展提供理论指导的同时，也为世界其他发展中国家和欠发达地区的经济发展提供了理论指导。埃塞俄比亚原来是非洲最贫穷落后的国家，2011 年开始，该国前总理梅莱斯接受林毅夫的建议，借鉴了中国以工业园克服软硬基础设施瓶颈，筑巢引凤和一把手亲自抓招商引资的经验，并根据新结构经济学"增长甄别和因势利导"选择了具有潜在比较优势的加工出口产业推动经济结构的转

---

① 林毅夫. 新结构经济学的理论基础和发展方向［J］. 经济评论，2017（3）：4 - 8.

② 林毅夫. 新结构经济学学科简介［EB/OL］. http：//www. nse. pku. edu. cn/about/index. aspx？ nodeid = 5.

型，在短短两三年内，埃塞俄比亚的制鞋和成衣等加工出口产业迅速发展，目前已成为非洲最具活力的轻加工业出口基地①。埃塞俄比亚的成功案例，引起了非洲、亚洲和东欧等发展中国家政府和经济学界对新结构经济学的高度关注，许多国家的政府邀请林毅夫前去讲学、提供咨询。2016 年，波兰政府公布的长期发展规划——莫拉维茨基发展规划，就是借鉴了新结构经济学所倡导的"有效市场"与"有为政府"共同发力推动经济发展的思想，"增长甄别与因势利导"框架也被应用于甄别波兰具有潜在比较优势的产业等②。2017 年，林毅夫与华沙大学管理学院院长 Alojzy Z. Nowak 合作出版了《低水平先进国家的新结构经济学》，马泰乌什·莫拉维茨基（Mateusz Morawiecki）在为此书撰写题为"波兰面临的挑战与解决方案"的序言时，特别对采用新结构经济学作为波兰发展战略理论基础的原因进行了说明。上述实例说明，新结构经济学理论已在国际上用于指导发展中国家经济发展实践，并获得了较大的肯定。

在国内，林毅夫倡导的"新结构经济学"也得到了政府的肯定。2015 年 9 月 26 日，中国国家主席习近平在联合国大会上的发言强调"各国要根据自身禀赋特点，制定适合本国国情的发展战略"；次日，在联合国南南合作圆桌会上，习近平又指出各国"要发挥各自比较优势"。事实上，改革开放后，我国摒弃了政府赶超战略指导下的计划经济，转而实行政府比较优势发展战略指导下的社会主义市场经济，获得了长达三十余年的经济快速增长，这是新结构经济学理论指导发展中国家经济快速发展的最好例证。事实表明，新结构经济学作为建立在对中国等发展中国家经济发展与转型成败经验总结基础上的一门发展经济学理论，确实可以为同样处于发展中国家和欠发达地区的发展提供有益的借鉴。

3.2　新结构经济学理论概述

近年就整个学术理论界看，经济学理论研究非常活跃，各种新理论层出不穷，不仅为世界经济发展提供了有力的指导，更重要的是经济学理论被广泛地引入其他领域，这种学科交叉的学术研究新趋势促进了很多学科的理论和实践发展。新结构经济学作为继结构主义和新自由主义之后提出的第三波发展经济学新思潮，目前虽然还存在一些争议，但由于它是从发展中国家的成败经验中总结出来的一套新的经济发展和转型的发展理论，对处于转型发展时期的发展中国家和地区发展具有较强的指导意义。新结构经济学作为发展经济学的一个新的理论，有一套复杂的概念和理论体系，由于新结构经济学的理论观点和战略思想非常契合本研究的初衷和问题，本书仅就该理论体系核心的部分，特别是与本研究密

---

① 新结构经济学在波兰经济发展中借鉴与运用［EB/OL］. 北京大学国家发展研究院 . http：// www. nsd. pku. edu. cn/home/xinwen/2017/0210/28219. html.

② 新结构经济学在波兰经济发展中借鉴与运用［EB/OL］. 北京大学国家发展研究院 . http：// www. nsd. pku. edu. cn/home/xinwen/2017/0210/28219. html.

切相关的理论进行解读，希望将其作为西部地方高校解困的理论钥匙。

3.2.1 新结构经济学核心概念

3.2.1.1 要素禀赋结构

新结构经济学认为，要素禀赋指的是一个经济体在某一时点所拥有的资本、劳动力和自然资源的数量[①]。在新结构经济学看来，要素禀赋是经济体在某一时点所拥有的各种生产要素的多少。要素禀赋结构则是一个经济中自然资源、劳动力和资本等存量的相对份额[②]。所谓相对份额，就是一个国家或地区所拥有的不同生产要素禀赋的相对丰裕和相对稀缺程度。不同国家或地区间所具有的生产要素禀赋结构是不同的。对本书而言，要素禀赋指西部地方高校学术生产活动得以进行所必须具备并协同发挥作用的主要要素的多少，要素禀赋结构则是西部地方高校所拥有的不同生产要素禀赋的相对丰裕和相对稀缺程度。

3.2.1.2 比较优势

比较优势最早是古典经济贸易理论中的一个专有名词。大卫·李嘉图认为，比较优势是一国生产某种产品的机会成本低于另一国家[③]。比较优势是一种基于国家间外在生产条件的相对差别而产生的生产成本相对差异。新结构经济学认为，比较优势指在某行业中经济体的工资、资本等生产要素成本在国际的比较当中处于最低的水平[④]。在某一时点上，比较优势由经济体在该时点的要素禀赋结构所决定[⑤]，而经济体的要素禀赋结构一旦发生变化，其比较优势也会随之发生改变；资本积累是要素禀赋结构和比较优势动态变化的过程中的核心要素[⑥]。因此，在新结构经济学看来，比较优势是因各种生产要素成本差异而产生的有利条件，"比较优势"有静态和动态之分。

本书借鉴新结构经济学的理论观点，比较优势是西部地方高校因拥有的学术生产要素的丰裕或稀缺导致的相对价格差异而产生的相对有利条件。"静态比较优势"是西部地方高校因拥有要素的相对稀缺或相对丰裕程度在某一给定时期的生产条件差异而产生的相对

---

① 林毅夫. 新结构经济学：发展经济学的反思与重构 [N]. 人民日报，2013 – 11 – 10 (5)：1 – 3.

② 林毅夫，孙希芳. 经济发展的比较优势战略理论：兼评《对中国外贸战略和外贸政策的评论》[J]. 国际经济评论，2003 (11 – 12)：12 – 17.

③ 大卫·李嘉图. 政治经济学及赋税原理 [M]. 郭大力，王亚南，译. 北京：商务印书馆，1976.

④ 玛雅. 理论自信 世界新秩序的中国思想贡献 [M]. 北京：外文出版社，2015：30.

⑤ 干春晖. 中国经济转型与产业升级：结构、制度与战略 [M]. 上海：上海人民出版社，2016：176.

⑥ 林毅夫，李永军. 比较优势、竞争优势与发展中国家经济的发展 [J]. 管理世界，2003 (7)：21 – 28，66.

有利条件；"动态比较优势"则是由变量的介入导致西部地方高校在要素累积、学科专业等方面发生变化所表现出来的相对有利条件。

3.2.1.3 比较优势战略与违背比较优势战略

新结构经济学中将发展中国家经济发展战略划分为两种：第一种是遵循比较优势的发展战略，该战略的特点是在经济发展过程中政府帮助企业选择这个国家具有比较优势的产业和技术；第二种是违反比较优势的发展战略，该战略的特点是政府人为刺激企业选择该国不具有比较优势的产业和技术[①]。在新结构经济学看来，违反比较优势战略有两种情况，一种是赶超战略，主张政府人为地提升经济系统中的产业、技术结构；另一种是政府在某些利益集团的驱动下对落后产业提供保护的战略[②]。遵循比较优势发展战略的国家，市场在资源配置中起主导作用，政府的重要作用是对经济因势利导；而违反比较优势发展战略的国家在经济发展中政府起主导作用。

3.2.1.4 自生能力

林毅夫给企业自生能力下的定义是："如果一个企业通过正常的经营管理预期能够在自由、开放和竞争的市场中赚取社会可接受的正常利润，那么这个企业就是有自生能力的。否则，这个企业就是没有自生能力的。"[③] 从这一定义看，企业自生能力是企业在开放、竞争的市场中，不依靠政府资助，凭借自身能力的提升而获得的一种企业生存和发展的能力。企业获得自生能力的标志为是否具有维持企业正常运营的正常利润水平。在本书中，研究对象是西部的公办地方高校，虽然这类高校是为实现国家和社会的公共利益而存在的公益性组织，但它们的学术活动因跟社会需求紧密相连，所以其学术产品在市场上也拥有一定的利润。因此，本书的"自生能力"是西部地方高校在减少或不需要政府资助的情况下获得社会生存价值和一定经济利润的一种能力。

3.2.1.5 有效市场和有为政府[④]

新结构经济学认为，"有效市场"是指能够通过价格信号达到帕累托资源有效配置的

---

① 林毅夫. 国家发展战略的选择方式与绩效验证［J］. 江海学刊，2002（3）：64 - 67.

② 林毅夫，孙希芳. 经济发展的比较优势战略理论：兼评《对中国外贸战略和外贸政策的评论》［J］. 国际经济评论，2003（11 - 12）：12 - 17.

③ 林毅夫. 发展战略、自生能力和经济收敛［J］. 经济学（季刊），2002：272.

④ 2016年11月1日，北京大学新结构经济学研究中心学术副主任王勇在第一财经日报第A11版发表题为"不要误解新结构经济学的'有为政府'"的一文中提出，新结构经济学中的"有效市场、有为政府"都是理想状态的概念，都是目标，要实现都需要各种条件，而未见得都已经是现实的。介于我国经济、社会、教育都处于转型发展时期，所以本书对"有效市场"和"有为政府"的概念界定也是在理想状态下的一种界定。

市场机制①。只有在充分公平竞争的有效市场中，各种生产要素的相对价格才能充分反映其相对稀缺性，因而有效市场是甄别生产要素相对价格，按照比较优势发展经济的制度前提②。

新结构经济学指出，"有为政府"既非"不作为"，亦非"乱为"政府，它是在经济体不同发展阶段能因地制宜、因时制宜、因结构制宜的政府，它是在经济体发展过程中有效培育和补充市场，纠正市场失灵，促进社会公平，增进社会各阶层长期福利水平的政府③。对起点是计划经济的强势政府而言，要成为一个有为的政府，首先应该能勇于反省纠错，真正愿意锐意改革，还应该向市场进行适度的简政放权。此外，对于一个转型发展的欠发达经济体，有为政府还应同时是一个培育有效市场的政府④。

本书是对西部地方高校学术竞争力的研究，因而，在本书中，"有效市场"是指能够通过价格信号达到帕累托资源有效配置的学术市场机制。"有为政府"是指在经济体的各个不同发展阶段能够因地制宜、因时制宜、因结构制宜地有效培育学术市场机制，促进学术的区域均衡发展的政府。

3.2.2　新结构经济学核心观点

自 20 世纪 90 年代至今，林毅夫等经济学家在反思发展经济学自建立以来涌现的结构主义和新自由主义两波思潮的基础上，一直致力于构建一个旨在为"发展中"国家获得可持续增长，消除贫困，缩小与发达国家收入差距的发展经济学理论框架⑤。该理论框架重点强调由欠发达国家或地区的要素禀赋结构和比较优势的改变驱动的结构变化推动的经济发展，故被学界称为"经济发展过程中结构及其变迁的新古典框架"或者"新结构经济学"。"新结构经济学能给成功的发展中国家为何成功提供解释。⑥"新结构经济学并非西方主流经济学以最发达国家或地区作为参照的发展经济学理论，而是从发展中国家自身禀赋条件有什么、能够做好什么出发、对发展中国家提出的如何成功发展经济的理论总结，因此，深入了解和梳理这一理论的核心观点对于本书想要解决提升西部地方高校学术竞争力的问题能有所启发和借鉴。

---

①　付才辉，华秀萍.详论新结构经济学中"有为政府"的内涵：兼对田国强教授批评的回复[J].经济评论，2017（3）：17-30.

②　厉以宁，艾丰，石军.时论中国［M］.北京：中国工人出版社，2014：113.

③　付才辉，华秀萍.详论新结构经济学中"有为政府"的内涵：兼对田国强教授批评的回复[J].经济评论，2017（3）：17-30.

④　王勇.不要误解新结构经济学的"有为政府"［N］.第一财经日报，2016-11-01（A11）.

⑤　林毅夫.新结构经济学：重构发展经济学的框架［J］.经济学（季刊），2010，10（9）：1-32.

⑥　LIN Y F. The Washington Consensus revisited：a new structural economics perspective［J］.Journal of economic policy reform，2014（2）：96-113.

3.2.2.1 发展中国家经济发展的起点是其要素禀赋结构，且其要素禀赋及结构会随着发展阶段的不同而不同[①]

沿袭古典经济学家观点，新结构经济学认为土地、劳动力和资本等企业生产所需要使用的要素构成了发展中国家的要素禀赋结构。这一禀赋结构为什么会是发展中国家经济发展的研究起点？因为，在某一特定时点，发展中国家的总预算和生产要素间的相对价格是这一时点的要素禀赋结构所决定[②]，而生产要素的相对价格又决定了发展中国家在选择技术和产业上生产成本的差异[③]。在新结构经济学看来，如果发展中国家所选择发展的技术和产业与自身要素禀赋结构的特征相适应，那么企业的生产成本就会较低，就会具有比较优势。进而，如果发展中国家所选择发展的产业或技术都是符合自身比较优势的，那么企业的生产要素的成本会最低，其经济也会呈现出巨大的竞争力。因而，对发展中国家而言，当基于要素禀赋结构决定的比较优势与其产业结构相适应时，在该时点上发展中国家的产业结构是最优的，所以新结构经济学才将某一时点上给定的要素禀赋及其结构作为发展中国家或地区经济发展研究的切入点。

新结构经济学认为，"随着时间的推移，要素会发生变化，人口、资本等要素都可以发生变化，要素禀赋结构也随之改变"[④]。也就是说，在某一给定时期发展中国家的要素禀赋及其结构是给定的，但随着时间的推移，要素禀赋发生变化后，其要素禀赋结构也随之发生变化。在新结构经济学看来，发展中国家经济发展的本质是一个以要素禀赋结构变化引起的比较优势结构、技术和产业结构、基础设施结构和政府制度结构等一系列变化的过程。所以，一个落后的国家或地区要快速发展经济，首先需要确定自身的要素禀赋及其结构，并据此确定发展的比较优势战略。

3.2.2.2 发展中国家某一时点的比较优势应由其要素禀赋结构所决定，其经济快速发展的良方是遵循比较优势战略

林毅夫等学者认为："发展中国家要赶上发达国家，从表面看，是发展中国家的收入要赶上发达经济国家，从深层看，则是发展中国家产业结构要赶上发达国家的产业结构，而更深一层看，是发展中国家的要素禀赋及其结构必须要赶上发达国家的要素禀赋结

① 林毅夫. 新结构经济学：反思经济发展与政策的理论框架［M］. 苏剑，译. 北京：北京大学出版社，2014：10.

② 林毅夫. 新结构经济学的理论基础和发展方向［J］. 社会科学文摘，2017（3）：53 - 56.

③ 林毅夫. 新结构经济学的理论基础和发展方向［J］. 经济评论，2017（3）：4 - 16.

④ 林毅夫. 新结构经济学的理论基础和发展方向［J］. 经济评论，2017（3）：4 - 16.

构。"① 在他们看来，"欠发达国家与发达国家之间的根本差别在于要素禀赋结构的差别。"② 他们认为，一个国家的产业结构内生决定于其要素禀赋结构，如果发展中国家的收入和劳动生产率要赶上发达国家，就必须要以要素禀赋结构为起点追赶发达国家的产业结构。因此，发展中国家要缩短与发达国家要素禀赋结构之间的差距，就必须充分认识到按照自身要素禀赋结构所决定的比较优势发展的重要性，因为，只有与发展中国家要素禀赋结构所决定的比较优势相适应的产业结构才是该时点上的最优产业结构，一旦发展中国家产业结构达到最优，那么其经济将具有最大的竞争力。

那么，政府在基于要素禀赋识别比较优势的过程中选择什么样的发展战略能让发展中国家实现经济快速持续发展？在新结构经济学看来，遵循比较优势是快速发展的处方。某一时点上的比较优势由该时点的要素禀赋结构所决定，发展中国家消除贫困、实现经济快速发展和收入收敛的最好办法就是遵循本国要素禀赋结构所决定的比较优势来发展技术和产业③。

自 20 世纪 90 年代末以来，林毅夫等学者通过对发展中国家"经济发展战略"进行的大量历史考察得出：战略抉择是国家经济发展的关键，发展中国家应纠正过往赶超战略的错误，遵循比较优势战略发展经济。早在 1992 年，林毅夫和李周认为，不管是社会主义经济或是资本主义经济，只要发展中国家推行重工业优先发展战略，无一例外地会陷于经济发展困难重重或无法跃迁到现代经济增长阶段④。1994 年林毅夫等人在分析各国成败经验和教训后又指出，无论是社会主义国家还是资本主义国家，只要推行了赶超战略，经济增长与发展都不理想。他们认为，决定经济发展绩效的关键因素是经济发展战略，而我国正处于经济改革的战略转轨时期⑤，即由赶超战略向比较优势战略转轨时期。此后 1999 年，林毅夫、蔡昉、李周在归纳东亚五国经济发展奇迹经验的基础上提出，日本和亚洲"四小龙"实现经济成功的重要经验除实施了赶超型发展战略以外，还基于本国实际实施了一种更为成功的经济发展道路——比较优势战略⑥。至 21 世纪初，林毅夫进一步指出：从其他发展中国家和地区的经验同样可以看出，推行赶超战略的发展中国家，其经济发展绩效都不如人意，比如印度、菲律宾等国，而借助市场机制

① 林毅夫. 新结构经济学的理论框架研究 [J]. 现代产业经济，2013（2）：18-23.

② 林毅夫，孙希芳. 经济发展的比较优势战略理论：兼评《对中国外贸战略和外贸政策的评论》[J]. 国际经济评论，2003（11-12）：12-17.

③ 林毅夫. 新结构经济学的理论基础和发展方向 [J]. 经济评论，2017（3）：4-16.

④ 林毅夫，李周. 战略抉择是经济发展的关键：二战以后资本主义国家经济发展成败的透视 [J]. 经济社会体制比较，1992（1）：1-5.

⑤ 林毅夫，蔡昉，李周. 对赶超战略的反思 [J]. 战略与管理，1994（6）：56-59.

⑥ 林毅夫，蔡昉，李周. 比较优势与发展战略：对东亚奇迹的再解释 [J]. 中国社会科学，1999（5）：4-20.

作用、发挥比较优势的国家则实现了经济的快速发展，比如亚洲"四小龙"等①。而对于我国，林毅夫及其追随者总结道：在计划经济时代，我国政府在发展经济的过程中主要实施了赶超战略，这种战略通过政府作用人为压低了各种生产要素的价格，把有限的资本配置到国家优先发展的一些资本、技术密集型的产业中；改革开放以后，我国政府在给予没有比较优势的产业一定的保护和补贴的同时，放开了以往那些被限制但符合自身比较优势的产业，这种渐进式的改革探索，不仅维持了国家的稳定，还取得了经济的快速增长②。他们认为，正是我国遵循的比较优势战略造就了国家经济发展的奇迹，使我国在改革开放后维持了长达 30 多年的快速增长③。从上述发展中国家和地区发展战略选择的经验与教训可以看出：新结构经济学对发展中国家的战略抉择的重要性认识非常到位，他们不仅指出发展战略是发展中国家经济改革和发展成败的关键，还认识到发展中国家要发展经济须摒弃过往的赶超战略，走基于自身禀赋结构的比较优势战略的发展道路。应该说，经过世界各国经济发展战略选择和执行的实践检验，新结构经济学认为的发展中国家经济发展应遵循比较优势战略的思想，给世界众多发展中国家经济发展提供了新的选择路径。

3.2.2.3 发展中国家政府依据要素禀赋结构所决定的比较优势战略引导企业进入具有比较优势的产业，企业将获得自生能力，经济会实现快速发展

"自生能力"作为新结构经济学的微观分析基础④，是新结构经济学理论体系中的一个重要概念。企业自生能力是指一个企业能在开放、竞争的市场中，获得维持企业生存预期利润的能力；而企业无自生能力则是一个企业没有获得企业生存预期利润的能力，它只能依靠外力的支持才能生存，而这种外力往往来源于政府给予的政策性补贴和保护等。在新结构经济学理论中，企业有无"自生能力"是检验发展中国家在竞争市场中是否遵循"比较优势战略"发展的关键一环。林毅夫在 2002 年指出，在一个开放、竞争的市场经济当中，企业只有进入这个具有比较优势的产业或产业区段中，它的产品和服务才能跟其他同类产品和服务竞争，也只有这样的企业才能在没有政府保护的情况下获得生存和发展⑤。林毅夫认识到了企业的自生能力是检验企业是否在竞争市场中遵循比较优势发展的关键点，他在 2008 年强调，发展中国家只有真正认识到自身落后的原因是要素禀赋结构的差

① 林毅夫. 比较优势与中国经济发展 [J]. 经济前沿，2005（11）：4 - 7.

② 林毅夫，玛雅. 中国发展模式及其理论体系构建 [J]. 开放时代，2013：194 - 211.

③ 林毅夫，蔡昉，李周. 中国的奇迹：发展战略与经济改革 [M]. 上海：生活·读书·新知三联书店上海分店，上海人民出版社，1994.

④ 林毅夫. 新结构经济学、自生能力与新的理论见解 [J]. 武汉大学学报（哲学社会科学版），2017（6）：5 - 15.

⑤ 林毅夫. 自生能力与改革的深层次问题 [J]. 经济社会体制比较，2002（2）：32 - 37.

距，并据此制定符合比较优势的产业政策，企业才会获得自生能力，经济也才能充分发挥后发优势①。他还指出，发展中国家如果能够根据自身所拥有的要素禀赋情况制定比较发展战略，即使当时制度框架非常弱，经济也有可能取得快速增长。显然，他认为发展中国家比较优势战略的制定需要依据其经济的要素禀赋结构，也只有遵循了基于自身要素禀赋结构所决定的比较优势，企业才能获得自生能力，经济也才能得到快速发展。2017 年，他进一步解释了发展中国家遵循比较优势战略的原因，他指出：当企业所投资的产业和使用的技术遵循的是一国经济的比较优势时，企业的生产要素成本会降到最低，企业会获得自生能力，形成最强的竞争力。可见，林毅夫已经认识到遵循比较优势发展产业，是企业实现要素生产成本最低、获得自生能力的重要战略。

综合上述分析，林毅夫等学者以经济体的要素禀赋结构为起点将发展中国家宏观的比较优势战略与微观的企业自生能力联系起来，将发展中国家选择比较优势战略作为企业能否获取企业自生能力、经济能否实现增长的不可或缺的关键点，并在它们之间建立起一种因果关系。在这样一种因果关系中，要素禀赋结构是发展中国家经济发展的逻辑起点，基于要素禀赋结构确定的比较优势是政府确定比较优势战略的依据，比较优势战略是发展中国家为经济发展制定的目标及围绕该目标执行的制度或政策，企业自生能力的有无是关系到发展中国家宏观发展战略在微观竞争市场中运行成败的关键一环，而经济增长则是发展中国家经济发展的最终目的。因此，在发展中国家的经济发展过程中，"要素禀赋结构—比较优势—比较优势战略—企业自生能力—经济增长"构成了一种内在逻辑关系。

对于很多发展中国家实施过的违背比较优势的战略，新结构经济学也提出了自己的看法，尤其是对"赶超战略"的认识非常深刻，认为它不利于企业"自生能力"的获取，也不利于发展中国家经济的发展。林毅夫指出，很多转型的发展中国家企业在获取自生能力方面存在问题，就是因为该国经济和该国的企业遵从了赶超发展战略。林毅夫等人认为，赶超战略是一种违背比较优势的战略，它是一种通过人为地扶持不具备比较优势的产业来发展经济的战略，会使企业在市场上难以具有自生能力，缺乏竞争优势。事实上，第二次世界大战以后，受当时主流思想结构主义的影响，大部分发展中国家虽然取得了政治和经济的独立，但在追求经济发展时大多采用了赶超发展战略，这种战略的主要思路是：在资本短缺的农业经济的基础之上建立现代化的产业，尤其优先发展资本密集、技术先进的大型重工业。在这种战略指导下，优先发展的企业一般靠政府投资，生产活动靠政府保护和补贴，在市场上没有自生能力，而政府的保护和补贴往往衍生出许多诸如资源错配、寻租、腐败等问题。可以说，在较长一段时间内，中国和其他发展中国家的经济发展曲折就是因为遵循了这一发展战略。因此，赶超战略从本质上说是一种忽视自身要素禀赋结构

---

① 林毅夫．发展与转型：思潮、战略与自生能力 ［J］．北京交通大学学报（社会科学版），2008（4）：1 – 3.

约束，不遵循自身比较优势，难以让企业在竞争市场中获得自生能力，也难以从根本上推动经济良性发展的"拔苗助长型"战略。

3.2.2.4 发展中国家经济发展本质上是一个动态结构变迁的过程，在这个过程中既要有"有效的市场"，也要有"有为的政府"

新结构经济学在理论上分别从"静态"和"动态"两个角度对发展中国家的经济发展进行了解释。"静态"角度的诠释以发展中国家某一时点的要素禀赋结构为经济发展的制动点，以遵循本国某一时点要素禀赋结构决定的比较优势作为经济发展的加速器，而政府和市场在该时点起外部引擎作用。而"动态"角度则是将发展中国家经济发展置身于长期的历史和现实背景当中，将深层次的结构变迁看成是推动经济发展的核心问题，政府和市场在不同时期发挥着相应的外部引擎的作用。"动态"角度呈现出的并不是发展中国家某一时点的经济发展，它呈现出的是发展中国家在历史和现实的长河中的不同时点所表现出来的结构变化，这种结构变化既包括各个时期要素禀赋结构的变化，也包括因要素禀赋结构变化所带来的各个时期比较优势结构、比较优势战略变化、技术和产业结构改变，以及基础设施结构和制度结构的动态变化等。在新结构经济学看来，发展中国家经济发展本质上就是一个随着其要素禀赋结构变化，而带来的一系列结构变迁的过程①。

新结构经济学指出，在这一动态结构变迁过程中，发展中国家要根据要素禀赋结构来识别自身比较优势的先决条件是：具有一套能够反映各种生产要素在禀赋结构中相对稀缺性的相对价格体系。这种相对价格体系只存在于开放的竞争性市场中，即"有效市场"当中。而通常来说，很多发展中国家还不具备这样的"有效市场"条件，因此，政府首先有必要采取措施来完善市场制度以创造、保护产品和要素市场的有效竞争②；其次还有必要在这一过程中通过合理的战略和政策引导，让微观企业进入到具有比较优势的产业当中，通过不断的产业结构升级，实现经济快速持续发展；最后还必须在这一过程中处理外部性问题和帮助完善基础设施条件等。

在新结构经济学看来，大多数企业的目标是利润最大化，在其他条件不变的情况下，这取决于投入要素的相对价格，因为企业通常是根据资本、劳动力和自然资源的相对价格来选择产业和技术的。要想企业自发地根据经济的比较优势来选择技术和产业，其前提条件就是各种生产要素的相对价格要能够充分反映该国要素禀赋结构的真实情况。迄今为止，只有在竞争性的市场中才能够产生反映要素禀赋结构中各种要素相对丰富程度和稀缺程度及其动态变化的相对价格信号③。因此，一个完善的市场制度，或者说一个有效的市

① 林毅夫. 新结构经济学的理论框架研究 [J]. 现代产业经济，2013 (2)：18－23.

② LIN Y F. The Washington Consensus revisited：a new structural economics perspective [J]. Journal of economic policy reform，2014 (2)：96－113.

③ 林毅夫，付才辉，王勇. 新结构经济学新在何处 [M]. 北京：北京大学出版社，2016：47.

场，应成为发展中国家经济遵循自身要素禀赋结构所决定的比较优势发展的必要前提条件。而发展中国家要准确识别要素禀赋结构决定的比较优势，必须确保这一有效市场在资源配置过程中发挥好基础性作用。

新结构经济学还指出，在一个国家要素禀赋结构变迁、比较优势变化、产业结构升级的动态过程中，必须要有一个有为政府根据自身比较优势的变化来引导企业选择新的技术和产业，并设法缓和协调问题和外部性问题①。发展中国家根据自身要素禀赋结构特征选择比较优势的产业发展经济，随着国家产业结构的升级，会发生很多变化，比如，所采用的技术越来越复杂，资本的需求量不断增加、生产和市场规模需求扩大等。因而，为了能让新升级产业中的企业能在发展初期站住脚跟，政府需要在软硬件基础设施建设方面为这些企业提供一定的帮助，以降低这些先行企业的成本，使它们达到生产的可能性边界。此外，一旦发展中国家的禀赋结构发生变化，其显性的和潜在的比较优势也将发生变化，政府也需要帮助企业进入符合比较优势的新产业解决信息不足的问题。当一些先驱企业尝试去解决这些问题时，不论其成功或失败，他们带来的信息都具有外部性，因此，政府应该给予他们补偿。

3.3 新结构经济学对西部地方高校提升学术竞争力的理论价值

从上述关于新结构经济学的核心概念和核心观点的分析来看，笔者认为，新结构经济学作为发展经济学的第三波理论，与前两波"结构主义"和"新自由主义"理论相比，在很多方面提出了新的创见，尤其以发展中国家或欠发达地区的发展起点、发展战略、自生能力、市场和政府作用等对本书具有较大的指导和启发意义。正如林毅夫等在《新结构经济学新在何处》一书中指出：新结构经济学拓展了新古典研究范式，构建了包含结构变迁的经济增长理论，推进了经济学研究视角结构的转向，给发展中国家制定有竞争力的产业政策提供了重要的理论指导，具有很强的现实意义。② 笔者试图结合新结构经济学相关理论，从发展起点、路径、关键点和外部引擎四个方面论述新结构经济学对提升西部地方高校学术竞争力的理论价值。

3.3.1 有利于认识西部地方高校学术竞争力发展起点：要素禀赋结构

因历史、地域、制度、文化等原因，西部地方高校一直是我国一类"发展中"的高校。相对于发达的东、中部地区地方高校，西部地方高校很多方面还处于"发展中"，尤其这类高校的学术发展还远离我国学术圈层的中心，处于边缘状态，发展水平和层次较低且相对落后。过去，学者比较关注西部地方高校学术竞争力提升的制度、环境等外在因素，其内在要

---

① 林毅夫，苏剑. 新结构经济学，反思经济发展与政策的理论框架 ［M］. 北京：北京大学出版社，2014.

② 林毅夫，付才辉，王勇. 新结构经济学新在何处 ［M］. 北京：北京大学出版社，2016.

素禀赋结构变化带来的学科专业结构变迁并不被大多学者关注，因此特别需要一个关注内在要素禀赋的理论指导其发展。与过去强调外在因素的理论相比，新结构经济学是一个基于内在要素禀赋结构研究欠发达国家和地区经济发展的重要理论，它有利于深挖西部地方高校学术竞争力发展的内在因素，即深挖西部地方高校学术竞争力发展的内在要素禀赋及其结构，并通过与发达地区地方高校要素禀赋及其结构的比较，甄别出西部地方高校自身的比较优势，从而从根本上找出欠发达的西部地方高校学术竞争力发展的起点和落后根源。

新结构经济学认为，"国家经济发展的起点是其要素禀赋结构"，"落后国家与发达国家之间的根本差别在于要素禀赋结构的差别"，[①] 也就是说，在新结构经济学学者看来，发展中国家与发达国家经济出现差距的根本原因是它们要素禀赋结构的差异，而一个发展中国家要赶上发达国家，要素禀赋结构就是其发展的起点。从新结构经济学出发，笔者认为，欠发达西部地方高校与发达地区东部和中部地方高校学术竞争力产生差异的根本原因是它们的要素禀赋结构的差异，而提升西部地方高校学术竞争力的要素禀赋结构就是它追赶发达地方高校学术竞争力的起点。

众所周知，东、中、西部地方高校在提升学术竞争力的过程中拥有各自不同的学术生产要素禀赋结构。这种要素禀赋结构的差异一般会使得不同区域高校在教育竞争中获得这些要素禀赋的相对价格存在差异，从而导致其学术生产成本的高低不同。一般而言，与东部和中部地方高校相比，西部地方高校的要素禀赋在学术人力和财力要素方面相对不足，但在自然、民族要素方面却相对丰裕；而东部和中部地方高校的情况则恰好相反，它们学术人力和财力要素相对丰裕，自然和民族等要素却相对稀缺。在与东、中部地方高校竞争过程中，如果西部地方高校在学术生产过程中采用自己相对丰裕的要素，那么其学术活动的成本会相对降低，也更容易形成学术的比较优势和竞争优势；如果采用自己相对稀缺的要素，那么其学术活动的成本会相应提高，难以形成学术的比较优势和竞争优势。因而，对西部地方高校而言，以相对资源丰裕的要素为基础，发展符合自身比较优势的学科和专业显然更容易提升学术竞争力，因为这类具有比较优势的学科和专业在当地的生产要素成本较低，其竞争力也相对较强。正因为西部地方高校所拥有的不同学术生产要素禀赋的相对丰裕和相对稀缺程度，即要素禀赋结构决定了西部地方高校在该时点具有比较优势学科专业结构，以及最优学科专业动态变化，所以笔者认为，学术生产要素禀赋结构就是西部地方高校学术竞争力发展的起点，也是西部地方高校学术竞争力落后于发达地区地方高校的根源。

3.3.2 促进确定西部地方高校学术竞争力发展路径：遵循比较优势战略

在《战胜命运——跨越贫困陷阱，创造经济奇迹》一书中，林毅夫和塞勒斯汀·孟加

---

① 林毅夫，孙希芳. 经济发展的比较优势战略理论：兼评《对中国外贸战略和外贸政策的评论》[J]. 国际经济评论，2003（11－12）：12－17.

指出：新结构经济学颠覆了长期以来认为成功发展总是基于一定先决条件的传统经济发展理论，即使在物质和人力资本匮乏、制度基础薄弱的条件下，经济增长与转型也有可能发生①。书中所指的这种"先决条件不足"的发展改变了以往"不具备什么和没有做好什么就完善什么"的思维模式，而是立足"自身有什么和哪些方面可以有作为"的思路来处理欠发达国家和地区的经济发展问题。新结构经济学作为对发展中国家和欠发达地区经济发展的理论总结，它关注的焦点是发展中国家和欠发达地区在"先决条件不足"的情况下通过发掘自身要素禀赋结构所决定的比较优势带来的经济发展。因而，选择新结构经济学这一源自实践的理论有利于帮助西部地区地方高校在面临学术人力、学术财力等条件不足的情况下探索获得快速发展的新实践通道。

西部地方高校学术竞争力处于我国学术圈层的边缘地带，属于我国学术竞争力"欠发达"的一类高校。虽然欠发达地区经济发展与"欠发达"高校学术竞争力发展存在不同，但在本质上，这两种由"欠发达"逐步到"发达"的发展都需要在实践中经历一个自身要素禀赋结构和比较优势的改变驱动的结构变迁过程，政府和市场在这一变化进程中都可以发挥协同推进的作用。因此，新兴的发展经济学理论——新结构经济学能为"欠发达"的西部地方高校学术竞争力发展提供新思路，即从"先决条件不足"切入，按照新结构经济学提出的"要素禀赋—比较优势—发展战略—企业自生能力—制度结构—发展绩效"②的理论分析框架探寻"欠发达"西部地方高校学术竞争力发展的实践路径。新结构经济学指引下的这一发展路径与过去模仿追赶路径有着完全不同的思路：第一，它立足于西部地方高校学术竞争力的要素禀赋结构实际发展学术竞争力，而不是像模仿追赶路径那样以发达高校学术竞争力的理想目标为导向发展学术竞争力；第二，它遵循高校学术竞争力发展的内在规律，即结合自身实际从基础做起，慢慢形成比较优势，逐渐由比较优势发展为竞争优势；而模仿追赶路径则是通过政府或高校强制性的战略或政策推动高校学术竞争力的跨越式、超常规发展，但实际实施效果并不如预期。因此，新结构经济学理论天然地有助于西部地方高校探索一条从自身要素禀赋结构出发、遵循比较优势发展战略的"渐进式"学术竞争力发展道路。而这一发展路径既结合了西部地方高校欠发达的实际，也遵循了学术竞争力发展的内在规律，所以，在实践中显然更具有操作性和有效性。

新结构经济学的"发展中国家某一时点的比较优势应由其要素禀赋结构所决定"的观点，帮助笔者更加清醒地认识到西部地方高校学术竞争力在某一时点的比较优势应由其自身要素禀赋结构所决定。众所周知，东、中、西部地方高校的学术竞争力水平存在较大差异，那是因为它们各自的学术要素禀赋结构也具有不同特点。一般来说，西部地方高校虽然学术人力和财力较稀缺，但自然、民族资源相对丰富，因而以相对资源丰富的要素为基

---

① 林毅夫，塞勒斯汀·孟加 . 战胜命运：跨越贫困陷阱，创造经济奇迹［M］. 北京：北京大学出版社，2017.
② 林毅夫 . 经济发展与转型：思潮、战略与自生能力［M］. 北京：北京大学出版社，2008.

础，发展符合自身比较优势的学科和专业显然更容易提升学术竞争力，因为这类具有比较优势的学科和专业在当地的生产要素成本较低，其竞争力也相对较强。也就是说，如果西部地方高校选择的学科和专业与自身要素禀赋的结构特性相适应，该校发展学术竞争力的生产成本就会较低，则具有比较优势；进而如果所有西部地方高校的学科和专业都符合比较优势，那么生产要素价格会最低，整个西部地区地方高校就会表现出巨大的竞争力。因此，西部地方高校学术竞争力要提升，不只是缺什么补什么，更应基于"自身要素禀赋有什么""比较优势是什么"来发展。

西部所拥有的特殊地理位置、丰富的自然资源、独特的民族文化和历史传承等特殊潜质，为西部地方高校遵循基于自身要素禀赋结构所决定的比较优势战略发展学术竞争力提供了现实基础。这些独有的、具有优势的资源，为西部地方高校在自身学术竞争力禀赋结构具备比较优势的专门领域通过结构变迁升级实现弯道追赶提供了可能。事实上，在新结构经济学理论指引下的这种基于自身禀赋结构升级确定的学科专业比较优势发展战略在现实中比基于政府推动的模仿超越式发展战略更为可行，在实践中已被很多西部地方高校有意或无意地采用。比如，从 2001 年起，在复旦大学援藏教授钟扬的带领下，西藏大学依托青藏高原拥有的国家最大生物"基因库"，坚持用 16 年的时间将植物学发展为具有生态学博士点，拥有博士教师，拥有西藏第一个生物学教育部创新团队，以及生态学科入选国家"双一流"建设一流学科名单的西部地方高校。再如，新疆师范大学依托地缘优势、人员优势建设中亚与中国西北边疆政治经济研究中心，该中心围绕中国西北边疆政治经济研究形成了中国西北边疆政治发展与政府管理研究、新疆民族宗教问题研究和中国西北边疆经济可持续发展研究三个研究特色，为维护和促进中亚及我国西北边疆地区的安全、稳定和发展提供了智力支持，其成果在西北边疆地区、中亚地区都产生了较大影响①。上述例子说明，"发展中的""欠发达的"西部地方高校也是一类具有"比较优势"的高校，它们的学术竞争力发展走的就是基于自身要素禀赋结构所决定的比较优势发展学科专业的路径。

3.3.3 促进认清西部地方高校学术竞争力发展关键点：学术自生能力

企业自生能力作为新结构经济学的微观分析基础，是新结构经济学提出的一个新概念，这一概念引入高等教育领域，其内涵也应该相应发生变化，这是因为企业是营利性组织，而高校是公益性组织，其学术产品在市场上具有一定的营利能力也是因为高校有服务社会的职能。在本书中，西部地方高校学术自生能力与企业自生能力存在差别。企业自生能力强调的是企业在无须政府帮助的情况下赚取正常利润以维持生存的能力。而西部地方高校作为服务西部地方经济社会发展的一类公益性社会组织，其获取学术自生能力并非完

---

① 中亚与中国西北边疆政治经济研究中心简介［EB/OL］. http：//bjzz. xjnu. edu. cn/2908/list. htm.

全表现为获得在学术竞争市场中的生存利润，还应该表现为对国家和地区经济社会所做出的学术贡献。因此，西部地方高校的学术自生能力也就是西部地方高校通过对知识的发现、综合、传播和应用等学术活动，在减少政府扶持的情况下，甚至不需政府的帮助下，在市场和社会中获得能维持学术生存的一定的经济利润，实现应有的学术社会价值和学术地位的一种能力。

从新结构经济学出发，遵循比较优势战略发展是发展中国家竞争市场中企业有无"自生能力"的决定性因素，因此企业自生能力的有无是检验企业实施比较优势战略发展成败的关键点。笔者认为，新结构经济学的上述观点可以帮助西部地方高校认清一个问题——学术自生能力是衡量其学术竞争力是否获得发展和发展到什么程度的关键。其原因在于：西部地方高校有无获得学术自生能力，是衡量政府学术因势利导政策和西部高校比较优势战略实施成败的关键。如果政府实施的学术政策能顺利将西部地方高校引导至遵循基于自身要素禀赋结构所决定的比较优势发展的路径，那么，显然西部地方高校将更容易在市场上获得学术自生能力，因为当西部地方高校学术竞争力遵循比较优势战略发展时，所需学术生产要素成本最低，学术竞争力最强。如果政府实施的学术政策未能顺利将西部地方高校引导至遵循基于自身要素禀赋结构所决定的比较优势发展路径，那么，西部地方高校将难以在市场上获得学术自生能力，其学术生产要素成本较高，学术竞争力相对较弱。依次类推，如果一所西部地方高校在市场上获得了很强的学术自生能力，那么显然它按照比较优势战略发展就越好，学术竞争力也越强；如果一所西部地方高校在市场上获得的学术自生能力很弱，则说明它有可能在遵循比较优势战略的发展过程中出现了问题，甚至违背了比较优势战略，其学术竞争力自然难以发展。因此，西部地方高校获得学术自生能力的强弱是衡量西部地方高校学术竞争力比较优势战略实施好坏的重要标准，也是检验西部地方高校学术竞争力发展程度的重要指标。

3.3.4 有利于认识西部地方高校学术竞争力发展外部引擎：有效市场和有为政府

新结构经济学对于发展中国家在经济发展和转型过程中如何处理好市场与政府这两个外部引擎之间的关系提出了一些新的思路。新结构经济学认为，过去虽然绝大多数发展中国家将西方主流的发展经济学理论作为国家制定转型与发展政策的重要依据，但在这些理论指导下，发展中国家并没有处理好市场与政府的关系，相反很多国家还陷入到低收入或中等收入陷阱中。"二战"后的第一版发展经济学，即结构主义，它强调政府在资源配置中的作用，忽视了市场作用，导致很多发展中国家出现资源错配、寻租、腐败等问题，经济发展的绩效很差；二十世纪七八十年代的第二版发展经济学，即新自由主义，它强调市场在资源配置中的作用，忽视政府的作用，导致很多发展中国家经济崩溃、停滞，危机不断，经济发展的绩效比改革前还差。在对上述发展经济学理论和实践进行分析的基础上，林毅夫提出，"一个发展成功的国家必然是以市场经济为基础，再加上一个有为的政府。而对于转型中国家，有为的政府尤其重要"。[①] 从上述观点看，新结构经济学并不是对"结构主义"和"新自由主义"的完全否定，而是对它们的一种扬弃，即既要发挥"有效市场"的资源配置的基础性作用，也要发挥"有为政府"的因势利导的作用。他认为，只有同时用好"看不见"和"看得见"这两只手，才能帮助发展中国家形成市场和政府有机统一、相互补充、相互促进经济发展的新格局[②]。

作为发展经济学的升级版和创新版，林毅夫等人在"结构经济学"和"新自由主义"之间找出了一条新的发展之路，这也有助于笔者更好地认识市场和政府的作用及其关系。美国学者伯顿·R.克拉克在《高等教育系统——学术组织的跨国研究》一书中通过对不同国家高等教育系统的分析，提出高等教育微观主体行为主要由三种力量主导：市场、政府和学术权威。对于西部地方高校而言，学术权威的力量存在于高等教育系统内部，学术竞争力外部增长的引擎主要是市场和政府。应该说，从外部动力看，西部地方高校学术竞争力的发展既离不开"有效的市场"，也离不开"有为的政府"。因为如果仅仅依靠市场自发演化，西部地方高校学术竞争力要素禀赋及其结构升级的速度会比较缓慢，效率可能会比较低；如果仅仅依靠政府行政控制，西部地方高校学术竞争力的发展很容易出现信息失真、寻租等问题；较之部属和发达地区地方高校，发展中的西部地方高校更需要政府"有为"，因为在中国高等教育中政府具有绝对主导的作用的现状，特别是公办高校的发展，不考虑政府的作用是不可能的，用好、发挥好"有为政府"的作用是必须的。从这个意义上说，新结构经济学有关"有效市场"和"有为政府"的理论，破除了"结构主义"过度强调政府作用和"新自由主义"过度强调市场作用，能帮助笔者更好地处理政府和市场在西部地方高校学术竞争力发展过程中的关系。

综上所述，新结构经济学为西部地方高校学术竞争力提供了一个以自身禀赋结构为起点，以比较优势战略为路径导向，以获取学术自生能力为关键点，以市场和政府协同作用为外驱动力的合理发展路径。从新结构经济学出发，西部地方高校作为我国一类"发展中的"高校，要发展学术竞争力必须首先以自身"要素禀赋及其结构"为基础，在"有效市场"和"有为政府"的协同作用下确定自身的比较优势，在动态的学术竞争力要素禀赋结构不断升级和学科专业比较优势不断增强的过程中实现学术竞争力的快速发展。

---

① 林毅夫.政府与市场的关系［J］.国家行政学院学报，2013（6）：5-6.

② 林毅夫.中国经验：经济发展和转型中有效市场与有为政府缺一不可［J］.行政管理改革，2017（10）：12-14.

4 西部地方高校学术竞争力发展的 "EASV – MG" 分析框架

由于西部地方高校受到独特的历史、政治、社会、经济和自然等因素的影响，导致西部地方高校及其学术竞争力发展也具有某些独特性，面临特殊的发展问题和困境。随着国家"西部大开发"战略和"一带一路"倡议的实施，给西部地方高校发展带来了严峻的挑战，同时也带来了千载难逢的发展机遇。西部地方高校必须认清自己，探索新的发展思路，乘势而上，走出西部地方高校自己独特有效的学术发展之路。在新结构经济学理论的指导下，西部地方高校应以自身禀赋结构为起点，以比较优势战略为路径导向，以获取学术自生能力为关键点，以市场和政府协同作用为外部引擎，走出一条渐进式学术竞争力发展路径。本章试图从新结构经济学提出的要素禀赋、比较优势、发展战略、自生能力、有效市场和有为政府等概念和相关理论出发，以"要素禀赋结构—比较优势—发展战略—学术自生能力"为内生主线，以"有效市场"和"有为政府"为外引两翼，构建西部地方高校学术竞争力发展的"EASV – MG"分析框架。

4.1 西部地方高校学术竞争力发展的要素禀赋结构

根据新结构经济学的要素禀赋理论，要探索西部地方高校学术竞争力发展的合理路径，首先必须对西部地方高校学术竞争力的要素禀赋及其结构进行深入分析。因为要素禀赋结构不仅是欠发达西部地方高校与发达地区地方高校学术竞争力产生差异的根本原因，更是西部地方高校学术竞争力追赶发达地方高校学术竞争力的起点。

从第 2 章对西部地方高校学术竞争力的要素系统分析来看，西部地方高校学术竞争力的要素系统不仅包括一般高校学术竞争力的要素禀赋，还包括西部独有的特殊要素禀赋。结合第 2 章对西部地方高校学术竞争力的要素系统的分析结果，笔者将西部地方高校学术竞争力的要素禀赋分为一般学术生产要素禀赋和特殊学术生产要素禀赋两类。其中，与西部地方高校学术生产活动最相关的一般要素禀赋有：学术人力、学术物力、学术财力、技术创新、学术制度、学术文化六个方面；与西部地方高校学术生产活动最相关的特殊要素禀赋有：地域性资源要素、民族性资源要素和自然性资源要素等。

4.1.1 一般学术生产要素禀赋结构

一般学术生产要素禀赋指一般高校都应具备的学术生产要素，是评价一所高校学术最基本的标准，因而它们也是西部地方高校在学术生产活动中必不可少的要素禀赋。根据一般要素禀赋在具体学术生产活动中所发挥作用的不同，可以将一般要素禀赋分为资源性学术生产要素禀赋和过程性学术生产要素禀赋。资源性和过程性学术生产要素的多少构成了西部地方高校学术竞争力发展的一般生产要素结构。资源性学术生产要素对应的是第2章高校学术竞争力要素系统中的生产资源要素；而过程性学术生产要素对应的是第2章高校学术竞争力要素系统中的生产过程要素。

4.1.1.1 资源性学术生产要素结构

资源性学术生产要素是西部地方高校学术竞争力发展的条件性要素，它是学术生产不可或缺的要素禀赋，具体包括学术人力、学术物力、学术财力等。

1. 学术人力

学术人力资源尤其是高水平学术人力资源，是保障西部地方高校学术竞争力发展的能动性、基础性条件要素。但多年以来，与发达地方高校相比，这一要素在西部地方高校中呈现出非常不足的状况，不仅在数量上亟待增加，更需要在质量上有较大提升。从《2015年高等学校科技统计资料汇编》数据整理来看，如表4-1所示，23所位于北京的地方高校的研究与发展人员达12 690人（其中全时人员7 613人），科学家和工程师有12 313人；而同样23所位于新疆的地方高校研究与发展人员仅为3 137人（其中全时人员1 882人），科学家和工程师有3 089人。也就是说，东部地区北京23所地方高校科研与发展总人员、全时人员数量是西部地区新疆23所地方高校的4倍多，其中高水平的学术人力——科学家和工程师的数量也是如此。即使是西部高等教育发达的陕西和四川分别统计的31所和33所地方高校，其研究与发展人员、研究与发展全时人员、科学家和工程师的数量与东部地方高校相比也存在较大差距。陕西的31所地方高校仅有5 421名研究与发展人员（其中全时人员3 252人），科学家与工程师5 368人，仅为东部地区北京23所地方高校的40%；四川的33所地方高校仅有7 846名研究与发展人员（其中全时人员4 709人），科学家与工程师7 760人，仅为北京23所地方高校的60%左右。

表4－1　东、中、西部地区地方高等学校学术人力情况统计

地区	省、自治区、直辖市	学校数/所	教学与科研人员/人		研究与发展人员/人		研究与发展全时人员/人	
			合计	其中：科学家和工程师	合计	其中：科学家和工程师	合计	其中：科学家和工程师
东部	北京市	23	30 703	29 161	12 690	12 313	7 613	7 386
	天津市	11	17 053	16 456	7 296	7 164	4 375	4 298
	河北省	50	33 423	32 587	9 614	9 559	5 765	5 733
	辽宁省	40	35 987	35 515	16 373	16 367	9 825	9 821
	广东省	35	37 069	34 553	13 685	13 177	8 210	7 904
	上海市	11	14 735	14 315	7 877	7 746	4 725	4 647
	江苏省	104	48 818	48 078	15 025	15 018	9 013	9 008
	浙江省	27	26 338	25 200	9 396	9 252	5 632	5 548
	山东省	94	46 120	44 379	17 107	16 823	10 261	10 088
	福建省	19	16 508	15 620	5 949	5 762	3 569	3 456
	海南省	14	3 400	3 294	807	807	485	485
中部	山西省	21	15 964	15 334	6 306	6 258	3 782	3 755
	江西省	25	22 971	22 391	6 233	6 177	3 739	3 707
	安徽省	80	31 000	29 676	11 318	11 152	6 790	6 687
	河南省	44	32 040	31 468	5 931	5 909	3 558	3 545
	湖北省	52	24 592	23 797	6 984	6 898	4 193	4 141
	湖南省	63	27 930	26 856	9 908	9 663	5 943	5 797
	吉林省	35	15 614	14 986	7 818	7 762	4 691	4 656
	黑龙江省	33	28 617	28 076	13 043	12 696	7 824	7 615
西部	广西壮族自治区	21	18 924	17 865	10 208	9 733	6 126	5 839
	内蒙古自治区	15	11 496	11 036	5 524	5 477	3 315	3 286
	重庆市	29	14 715	13 997	3 777	3 717	2 267	2 229
	四川省	33	23 056	21 904	7 846	7 760	4 709	4 656
	贵州省	37	12 549	12 382	4 591	4 586	2 757	2 754
	云南省	38	16 693	16 429	5 520	5 484	3 308	3 288
	西藏自治区	3	1 115	1 039	592	592	354	354
	陕西省	31	21 267	20 382	5 421	5 368	3 252	3 220

（续上表）

地区	省、自治区、直辖市	学校数/所	教学与科研人员/人		研究与发展人员/人		研究与发展全时人员/人	
			合计	其中：科学家和工程师	合计	其中：科学家和工程师	合计	其中：科学家和工程师
西部	甘肃省	26	8 415	8 408	2 453	2 453	1 470	1 470
	青海省	8	4 230	4 086	577	559	346	336
	宁夏回族自治区	13	3 162	3 125	1 294	1 293	775	775
	新疆维吾尔自治区	23	13 249	12 978	3 137	3 089	1 882	1 854

资料来源：根据《2015年高等学校科技统计资料汇编》第7页"表4　地方高等学校科技人力"相关数据整理。

　　笔者还通过查阅大量西部地方高校网站发现，虽然同是我国"211"工程高校，但东、中、西部地区的地方高校拥有的学术人力的差异非常大，西部地方高校的学术人力资源最贫乏。如表4-2所示，上海大学、河北工业大学、太原理工大学、延边大学、贵州大学、新疆大学、西藏大学7所高校都是我国"211"工程重点建设高校，在这7所高校中，即使是学校在校生规模相差不大的东部上海大学、中部太原理工大学和西部的贵州大学，在学术人力资源的结构和比例上也存在较大差异。这种差异突出反映在拥有博士学位的教师的数量上，东部的上海大学拥有的博士数量约占整个教师队伍的64%；中部的太原理工大学次之，约占42%；西部的贵州大学最低，仅约占26%。同样的情况也发生在学校学生规模相差不大的东部河北工业大学、中部延边大学和西部新疆大学。在表4-2中，东部的河北工业大学博士数量约占整个教师队伍的54%；中部的延边大学次之，约占48%；而西部的新疆大学仅占31%。在7所地方高校中，博士学位和高级职称教师数量最少的是西部的西藏大学，博士学位教师人数仅45人，不足全体教师的6%，高级职称教师仅299人，约占全体教师的36%。此外，笔者还通过对7所地方高校高端学术人力资源进行研究比较发现，与东、中部地区地方高校相比，西部地方高校的高端学术人力资源不论是规模还是质量更落后。比如，上海大学不仅拥有两院院士6名，还拥有外籍院士4名，而贵州大学的院士仅2名，上海大学不仅在院士数量上超越了贵州大学，而且在高端学术人才的国际化方面也是贵州大学难以匹敌的。而在当前国家高度重视"双一流"高校建设的背景下，西部地方高校在学术人力资源的建设方面还会面临更大挑战。

表 4-2 部分东、中、西部地方高校学术人力资源情况

地区	学校	学校规模	教师总数	博士学位教师数及占比	高级职称人数及占比	高端学术人才
东部（"211"地方高校）	上海大学	全日制本专科生 22 881 人，研究生 12 051 人	2 862 人	1 832 人（64%）	1 699 人（59%）	中国科学院院士、中国工程院院士6人，外籍院士4人；其他国家级、省部级高端学术人才共计270余人次
	河北工业大学	全日制本专科生 15 288 人，研究生 6 586 人	1 410 人	757 人（54%）	777 人（55%）	国家"千人计划"入选者、"长江学者"、"国家杰出青年基金"获得者、国家"万人计划"科技创新领军人才7人，其他国家级、省部级高端学术人才共计260余人次
中部（"211"地方高校）	太原理工大学	全日制本科生近27 000人，研究生5 700余人	2 595 人	1 087 人（42%）	1 152 人（44%）	院士荣誉的特聘教授14名；国家级、省部级高端学术人才共计161人次
	延边大学	全日制本专科生 19 589 人，研究生 3 526 人	1 397 人	665 人（48%）	829 人（59%）	国内外聘请300名知名专家担任学校名誉教授、兼职教授、客座讲授；国家级、省部级高端学术人才共计171人次
西部（"211"地方高校）	贵州大学	全日制本科生 46 237 人，研究生7 202人	2 739 人	717 人（26%）	1 651 人（60%）	中国工程院院士2人，其他国家级、省部级高端学术人才共计107人次
	新疆大学	全日制本科生 20 170 人，研究生4 650人	1 818 人	559 人（31%）	874 人（48%）	1名中国工程院院士，其他国家级、省部级高端学术人才共计142人次

（续上表）

地区	学校	学校规模	教师总数	博士学位教师数及占比	高级职称人数及占比	高端学术人才
西部（"211"地方高校）	西藏大学	普通本专科生9 417人，研究生604人	822人	45人（6%）	299人（36%）	国家级、省部级高端学术人才共计22人

资料来源：根据各高校官方网站的学校概况或简介中的相关数据整理（上海大学.http：//www.shu.edu.cn/Default.aspx? tabid = 10591；河北工业大学.http：//www.hebut.edu.cn/xxgk/xxjj/index.htm；太原理工大学.http：//ie.tyut.edu.cn/cn/xxgk/index.html；延边大学.http：//www.ybu.edu.cn/index.php? id=111；贵州大学.http：//www.gzu.edu.cn/s/2/t/1139/p/1/c/8434/list.htm；新疆大学.http：//www.xju.edu.cn/xxgk/xdjj.htm；西藏大学.http：//www.utibet.edu.cn/news/article_0_33_0.html），数据更新于2016年8月。

2. 学术物力

学术物力资源是西部地方高校形成和发展学术竞争力的重要物质保障，具体包括西部地方高校拥有的土地、校舍、设施和设备、图书资料等。笔者通过查询高校官方网站的学校简介或概况、图书馆概况与介绍等资料，对我国东、中、西部93所地方高校学术物力资源按照学位授予权的不同级别（即按获取博士、硕士、学士学位授予权）进行了搜集和整理。为使数据更具可比性，笔者特选取了具有一定代表性的地方高校，并对考察对象做出了规定：拥有博士学位授予权的地方高校全部考察的是属于国家"211工程"的地方高校；拥有硕士学位授予权的地方高校考察的都是获得硕士学位授权资格10年以上的老牌地方本科高校；仅拥有学士学位授予权的地方高校考察的是获得学士学位授权资格10年以上的一般地方本科院校。

如表4-3所示，在26所（其中东部9所、中部6所、西部11所）入围国家"211工程"的地方高校（以下简称"211"地方高校）中，不论是占地面积、校舍建设面积、教学科研仪器设备总值，还是图书和电子资料等，西部地方高校存在的劣势并不明显，有些西部地方高校甚至在这些硬件建设方面还超过了很多东部和中部地方高校。比如，贵州大学占地面积达6 117.67亩，仅次于东部的福州大学和东北农业大学，超过了绝大多数东、中部地方高校；广西大学的校舍建筑面积达153.55万平方米，教学科研仪器设备总值达15.2亿元，在所统计的这类地方高校中无疑是居前列的。再如，图书馆的藏书量，广西大学、贵州大学、四川农业大学的图书馆文献资源总量分别为755万册、578万余册和625万册，与东、中部绝大多数地方高校相比，数量也是靠前的。此外，因为"211"地方高校很多是本省、市、自治区重点建设的区域高校，因而在"211"地方高校图书馆拥有当地特色图书资源较多，在西部"211"地方高校图书馆中形成特色图书资源库的非常多。

例如，石河子大学以兵团地方文献、中亚文献、古籍文献、硕博论文、石大学子文库及珍稀文献为特色馆藏的各类文献达5.8万余种，10余万册；内蒙古大学图书馆目前已经成为全国最大的蒙古文文献基地，是最大的蒙古学学科信息门户和学科信息服务平台等。总体而言，这一类数据的统计虽存在差异，但比较起来较困难。究其原因有以下三种：第一，土地资源更容易受到学校所处地域本身大小的影响，造成东部的一些大城市土地紧张，使得学校面积狭小；第二，学校面积的大小与学校规模有一定关系，与学术水平不能直接挂钩，因为在狭小的空间里也可以创造出世界级的重大学术成果；第三，更特殊的是中国的土地资源都属国家所有，学校用地都是政府规划划拨，而非办学者自由购置。这些因素都可说明学校的土地并不能完全反映作为资源的物力。但是笔者在实际分析数据时发现，即使是土地这样一个很不直接的学术物力资源数据，还是存在着东西部的差异，这是笔者在深入研究前完全没有预料到的。

表 4 - 3 东、中、西部地区"211"地方高校学术物力资源情况

地区	学校名称	占地面积	校舍建筑面积	教学科研仪器设备总值	图书资料
东部	北京工业大学	1 360 亩	116.43 万平方米	—	纸质图书 100 余万册
	上海大学	3 000 亩	123.2 万平方米	—	纸质图书 392 万余册，电子文献数据库 75 个
	苏州大学	3 751 亩	163 万余平方米	—	纸质图书近 400 万册，中外文数据库 82 个
	南京师范大学	3 015 亩	105 万余平方米	—	纸质藏书 349.24 万册，电子文献数据库 106 个
	辽宁大学	2 196 亩	88.77 万平方米	2.76 亿余元	纸质藏书 283 万册
	福州大学	7 000 余亩	123 万余平方米	10 余亿元	纸质藏书 322 万余册，电子图书 227 万册
	华南师范大学	3 025 亩	155 万平方米	—	纸质藏书 374 万册
	东北农业大学	7 446 亩	123.8 万平方米	5.6 亿元	文献总量 200 余万册，纸质文献 140 余万册，电子图书 66 万余册
	海南大学	5 160 多亩	—	—	纸质藏书和电子图书 327.65 万册

（续上表）

地区	学校名称	占地面积	校舍建筑面积	教学科研仪器设备总值	图书资料
中部	延边大学	4 440 亩	近 62 万平方米	—	各类纸质藏书达 200 余万册
	安徽大学	3 200 余亩	125 万平方米	8.18 亿元	纸质藏书 350 余万册
	南昌大学	4 500 亩	130 万平方米	—	纸质藏书 280 余万册，电子图书 110 余万册
	湖南师范大学	2 700 余亩	119 万余平方米	—	纸质藏书 392 余万册，其中古籍 22 万余册，电子文献数据库 103 个
	太原理工大学	3 200 余亩	120 万平方米	—	纸质图书 180 余万册，电子图书 102 万册，中外文数据库 108 个
	郑州大学	5 700 余亩	—	—	文献总量 797.1 万余册，其中纸本藏书 485.2 万册，电子图书 311.9 万册，中外文数据库 118 个
西部	云南大学	4 551.84 亩	81.4 万余平方米	4.32 亿余元	纸质藏书 342 万余册，电子图书 43 万余册
	西藏大学	1 404 亩	42.4 万平方米	2.25 亿元	图书总藏量 104 万册
	青海大学	3 003.97 亩	65.29 万平方米	4.64 亿元	藏书 159.16 万册
	新疆大学	约 4 363 亩	—	4.4 亿元	图书文献总量 276.95 万册
	石河子大学	2 730 亩	116.97 万平方米	—	纸质图书 300 余万册，电子图书 200 余万种，中外文数据库 135 个，特色藏书 10 余万册
	内蒙古大学	4 646 亩	101 万平方米	7.6 亿元	纸质藏书 375 万册，电子图书 410 余万册
	广西大学	4 605 亩	153.55 万平方米	15.2 亿元	各类藏书 755 万册，其中纸质图书 358 万册，电子图书 372 万册
	贵州大学	6 117.67 亩	—	—	文献总量 578 万余册，其中纸质图书 329 万余册，电子图书 202 万余册
	四川农业大学	4 500 亩	—	—	馆藏文献资源 625 万册

（续上表）

地区	学校名称	占地面积	校舍建筑面积	教学科研仪器设备总值	图书资料
西部	西北大学	2 360 余亩	—	—	累计纸质藏书 326 万册，电子图书 97 万种，中外文数据库 119 个
	宁夏大学	2 938 亩	—	—	纸质文献 180 余万册，电子图书 160 余万册

　　资料来源：根据各高校官方网站的学校概况或简介、各高校官方图书馆概况或介绍等中的相关数据整理所得。数据更新于 2016 年。"—"表示该项在学校官方网站的学校概况和简介中没有相关的数据和信息。

　　如表 4‐4 所示，28 所（其中东部 10 所、中部 8 所、西部 10 所）获得硕士点 10 年以上的老牌地方本科高校，在学术物力资源规模方面显然难以与"211"地方高校相比，它们的学术物力资源拥有情况处于我国地方本科院校的第二层次。

　　对这一层次地方高校进行东、中、西部的比较发现：在占地面积方面，因东部老牌地方高校所在地区土地资源日益紧张，反而西部地方高校在土地占有量上占据一定的优势，比如，处于土地资源紧张区域的北京物资学院仅 600 亩，北京信息科技大学仅 500 亩，2006 年获得硕士点的上海电力学院也只有近 1 000 亩，而西部部分大学如贵州财经大学、广西科技大学等在这方面已超越很多老牌的东、中部地方高校。此外，在校舍建设面积、教学科研仪器设备总值、图书资料等方面，这类西部地方高校跟东、中部相比也不存在明显劣势，有些甚至还有较小量的超越，比如，重庆理工大学就拥有 106 万平方米校舍建筑面积，拥有 430 余万册藏书等。可以说，这类西部地方高校已经有了一定的学术发展基础，是我国当前快速"发展中"的地方本科院校，因西部地大物博，扩展空间较大，这类地方高校未来的发展潜力也非常大。

表4-4 东、中、西部地区获得硕士点10年以上地方高校学术物力资源情况

地区	学校名称	获硕士点时间	占地面积	校舍建筑面积	教学科研仪器设备总值	图书资料
东部	河北科技大学	1985年	2 617亩	89.6万平方米	—	纸质藏书194.4万册,电子图书57.9万种,中外文数据库31个
	北京物资学院	—	600亩	20余万平方米	—	藏书总量112万余册,其中纸质图书108万余册,数据库32个
	天津商业大学	1986年	1 410余亩	52万平方米	3.78亿元	纸质藏书207万余册,中外文数据库79个,电子图书390万册
	北京信息科技大学	1993年	500亩(1 183.6亩建设中)	33.32万平方米	—	纸质图书106万余册,电子图书近178万册,中外文数据库60余个
	苏州科技大学	2003年	2 300亩	近60万平方米	—	纸质藏书169.4万册,中外文电子数据库33个,电子文献268万个
	温州大学	2003年	1 985亩	100.16万平方米	5.21亿元	纸质图书178.8万册,电子图书约177.5万册,中外文数据库72个
	中国计量大学	2003年	1 580亩	60多万平方米	4.2亿元	纸质图书230万册
	广东药科大学	2003年	1 868亩	77.52万平方米	2.47亿元	纸质藏书181万余册
	河北科技师范学院	2006年	1 400余亩	41万平方米	2.6亿元	纸质藏书177万册,电子图书140万册
	上海电力学院	2006年	近1 000亩	—	—	纸质藏书122.48万册,电子图书、学位论文等588万册,数字资源数据库45个

（续上表）

地区	学校名称	获硕士点时间	占地面积	校舍建筑面积	教学科研仪器设备总值	图书资料
中部	安徽工程大学	—	1 500 余亩	50 余万平方米	1.78 亿元	纸质藏书 150 余万册
	郑州轻工业学院	1998 年	1 600 余亩	—	近 6 亿元	纸质图书 216.1 万册，电子图书 1 233.4 万册，中外文数据库 176 个
	湖北师范大学	2002 年	2 002 亩	60 余万平方米	—	纸质藏书 211 万册，电子图书 253 万册
	淮北师范大学	2003 年	3 000 余亩	60 万平方米	2.23 亿元	纸质图书 157 万册，电子文献 110 万册
	赣南师范大学	2003 年	2 200 余亩	80 余万平方米	1.97 亿余元	纸质藏书 220 余万册
	中原工学院	2004 年	1 610 亩	61.7 万平方米	3.63 亿元	文献总量 415.8 万册，纸质图书 136.9 万余册，电子图书 278.9 万余册，中外文数据库 31 个
	武汉轻工大学	—	近 1 500 亩	48 万平方米	2.7 亿元	纸质文献 140 余万册，数据库 54 个
	江西科技师范大学	2007 年	2 162 亩	67.35 万平方米	2.36 亿元	纸质图书 254.07 万册
西部	西华师范大学	1979 年	2 600 余亩	100 余万平方米	2.8 亿元	纸质图书 327 万余册、电子图书 140 余万册，图书馆是四川省古籍重点保护单位
	西华大学	1990 年	近 3 000 亩	—	—	文献总量 370 余万册，是全国高校收藏《中华再造善本》的 100 所高校之一
	广西师范学院	1998 年	1 688.7 亩	46.48 万平方米	1.6 亿元	文献总量 316.92 万册，其中纸质图书 170.92 万册，电子图书 146 万册
	延安大学	1998 年	2 000 余亩	—	—	藏书 119 万册

（续上表）

地区	学校名称	获硕士点时间	占地面积	校舍建筑面积	教学科研仪器设备总值	图书资料
西部	重庆理工大学	2001 年	2 444 亩	106 万平方米	—	文献总量 430 余万册，国内外知名数据库 40 个
	兰州财经大学	2003 年	1 700 余亩	67.1 万平方米	约 0.89 亿元	文献总量 245 万册、数字资源 8 042 GB
	喀什大学	2003 年	2 000 亩	—	1.01 亿元	馆藏图书 121 万册
	贵州财经大学	2005 年	5 106.8 亩	85 万平方米	3.9 亿元	纸质图书共 204.9 万册，电子图书 152 万余册
	内蒙古财经大学	2005 年	2 026.9 亩	57 万平方米	—	馆藏图书 240 多万册，中外文数据库 39 个
	广西科技大学	2006 年	4 700 亩	—	—	文献总量 508.7 万册，其中，纸质图书 212.5 万册，电子图书及博硕论文 296.2 万册，中外文数据库 34 个

资料来源：根据各高校官方网站的学校概况或简介、各高校官方图书馆概况或介绍等中的相关数据整理所得。数据更新于 2016 年。"—"表示该项在学校官方网站的学校概况和简介中没有相关数据和信息。

如表 4-5 所示，39 所（其中东部 13 所，中部 13 所，西部 13 所）仅拥有学士学位授权 10 年以上的地方高校，基本是 2000 年至 2006 年通过合并重组升格的新建本科院校。这一层次的地方高校，在学术物力资源方面与"211"地方高校相比存在较大差距，与老牌地方本科院校相比也存在一定的差距。比如，在这类高校中占地面积相对较大的九江学院的土地面积仅是表 4-4 中老牌地方高校贵州财经大学的 56% 左右，仅是表 4-3 中"211"地方高校福州大学的 41% 左右；再如，在表 4-5 中仪器设备相对较多的安阳工学院仪器设备总值约是表 4-4 中郑州轻工业大学的 61.7%，仅是表 4-3 中"211"地方高校广西大学的 24.3% 左右。因而从整体来看，这类仅有学士学位授予权的地方高校在学术物力资源方面处于我国地方本科院校的第三层次，是"有待更好发展的"地方本科高校。

对仅获得学士授权 10 年以上地方高校的学术物力资源进行分析，如表 4-5 所示，东、中、西部地方高校在土地面积、校舍建筑面积和图书资料等方面差距不明显，比如，绝大多数这一层次地方高校占地面积在 1 000 亩至 2 000 亩之间，而土地面积在 1 000 亩以下和 2 000 亩以上的也有少数出现；再如，绝大多数这类地方高校纸质图书在 100 万册以上，而纸质图书 100 万册以下的也有极个别出现。

表 4 - 5 东、中、西部地区获得学士授权 10 年以上地方高校学术物力资源情况

地区	学校名称	学士授权时间	占地面积	校舍建筑面积	教学科研仪器设备总值	图书资料
东部	嘉应学院	2000 年	1 628 亩	59.97 万平方米	2.14 亿元	纸质藏书 228.57 万册,电子图书 94 万余册
	潍坊学院	2000 年	2 100 亩	84.28 万平方米	2.35 亿元	纸质图书 271 万册、电子图书 25TB
	邢台学院	2002 年	943.16 亩	33.88 万平方米	0.938 5 亿元	纸质藏书 98.4 万册,电子图书 220 余万册
	台州学院	2002 年	1 823.88 亩	54.4 万平方米	2.1 亿元	纸质图书 196.2 万册、电子图书 60 万册、数据库 42 个
	泰山学院	2002 年	1 445 亩	52 万平方米	1.168 亿元	纸质图书 165 万册、电子图书 9 000GB
	常州工学院	2003 年	近 1 300 亩	—	—	纸质图书 117 万余册,电子图书 100 余万种
	邯郸学院	2004 年	699.56 亩	30.85 万平方米	1.45 亿元	纸质图书 111.93 万册,电子图书 200 余万种,数据库 29 个
	上海商学院	2004 年	781.95 亩	—	—	图书馆馆藏总量 121 万余册,电子图书 140 万种,数据库 42 个
	三明学院	2004 年	1 322 亩	33.6 万平方米	1.24 亿元	藏书总量 517.42 万册(含电子图书 382.68 万册)
	枣庄学院	2004 年	1 142 亩	36.8 万平方米	1.37 亿元	纸质图书 138.3 万册,电子图书 195.2 万种
	丽水学院	2004 年	1 008.16 亩	38.74 万平方米	1.44 亿元	纸质图书 156.37 万册,电子图书 64.32 万册,资源数据库 35 个
	金陵科技学院	2005 年	1 473 亩	64.69 万平方米	—	纸质图书 134.5 万册
	徐州工程学院	2006 年	1 990.5 亩	57.22 万平方米	1.79 亿元	纸质文献 183.36 万册、电子图书 178.99 万种、数据库 45 个

（续上表）

地区	学校名称	学士授权时间	占地面积	校舍建筑面积	教学科研仪器设备总值	图书资料
中部	淮南师范学院	2000 年	1 216 亩	48 万平方米	1.3 亿元	文献总量 170 万册
	九江学院	2001 年	2 850 余亩	130 余万平方米	—	纸质图书 300 余万册，电子图书 200 余万种，数据库 80 余个
	怀化学院	2002 年	1 010 亩	40 多万平方米	1.6 亿元	馆藏图书 128 万册，电子图书 232 万册
	巢湖学院	2002 年	1 324.5 亩	31.2 万平方米	1.07 亿元	文献总量 265.72 万册，其中纸质图书 98.97 万册
	黄山学院	2002 年	1 800 亩	45.19 万平方米	2.016 8 亿元	藏书 133.7 万册
	湖南城市学院	2002 年	1 568 亩	53.4 万平方米	—	纸质图书 182 万册
	长沙学院	2002 年	1 968 亩	33 万平方米	1.638 5 亿元	藏书 133 万册
	河南城建学院	2002 年	1 730 亩	63 万多平方米	2.2 亿多元	纸质藏书 150 余万册，电子图书 60 余万册，数据库 45 个
	湘南学院	2003 年	1 542.16 亩	75.34 万平方米	—	纸质藏书 140 万册
	绥化学院	2004 年	600 亩	22.5 万平方米	0.989 1 亿元	纸质藏书近 95.3 万册
	安阳工学院	2004 年	1 400 余亩	64.3 万平方米	3.7 亿元	纸质图书 170 万册、电子图书 46 万种
	南洋理工学院	2004 年	1 760 亩	59 万平方米	2.6 亿元	纸质图书 137 万册，电子图书 15 000GB
	平顶山学院	2004 年	2 319 亩	59.38 万平方米	1.43 亿元	纸质图书 251.57 万册

（续上表）

地区	学校名称	学士授权时间	占地面积	校舍建筑面积	教学科研仪器设备总值	图书资料
西部	玉溪师范学院	2000 年	约 1 014.46 亩	—	—	纸质藏书 89 万余册，电子期刊 1.4 万余种，数据库 18 个
	玉林师范学院	2000 年	1 746 亩	—	—	文献总量 204.21 万册，其中纸质图书 150.35 万册，电子图书 53.86 万种
	重庆文理学院	2001 年	1 767 亩	71 万平方米	2.8 亿元	纸质图书 188 万册
	宜宾学院	2001 年	1 266.89 亩	38 万平方米	1 亿多元	藏书总量 301.15 万册，其中电子图书 153.65 万册
	攀枝花学院	2001 年	1 237.8 亩	52.89 万平方米	1.78 亿元	纸质图书 126.6 万册，电子图书 299.52 万册
	昌吉学院	2001 年	1 103 亩	—	0.58 亿元	藏书 68 万册
	凯里学院	2002 年	约 1 659 亩	26.6 万平方米	0.895 9 亿元	纸质图书 103 万册，电子图书 196 万种
	成都大学	2003 年	2 519 亩	66.18 万平方米	—	纸质图书 212 万册，数据库 20 个，电子书 130 余万种
	西昌学院	2003 年	1 636 亩	38 万平方米	2.14 亿元	纸质图书 203 万册，电子图书 120 万册
	呼伦贝尔学院	2003 年	1 700 余亩	30 余万平方米	0.7 亿多元	纸质图书 100 余万册，电子图书 23 万余册
	红河学院	2003 年	1 166 余亩	29.83 万平方米	0.921 4 亿元	纸质藏书 93.92 万册
	榆林学院	2003 年	960 亩	47.6 万平方米	1.176 3 亿元	纸质图书 125.39 万册，电子图书 123.5 万册
	陇东学院	2003 年	1 400 余亩	55 万平方米	1.1 亿元	纸质图书 150 万册

　　资料来源：根据各高校官方网站的学校概况或简介、各高校官方图书馆概况或介绍等中的相关数据整理。数据更新于 2016 年。"—"表示该项在学校官方网站的学校概况和简介中没有相关数据和信息。

　　综上所述，通过对近百所东、中、西部地区拥有 10 年以上硕士点和拥有 10 年以上学士学位授权的"211"地方高校的学术物力资源的考察，结果显示：第一，我国地方高校存在博士、硕士、学士三个层次由强到弱的学术物力资源发展水平的圈层结构，已拥有博士授予权的地方高校学术物力资源丰富，拥有硕士授予权的地方高校学术物力资源比较丰富，而仅拥有学士学位授予权的地方高校学术物力资源较匮乏；第二，从整体来看，与东、中部地方高校相比，西部地方高校在占地面积、校舍建筑面积、教学科研仪器设备总值、图书资料等方面并未显示出明显的劣势，有少数发挥出后发优势的西部地方高校甚至在学术物力资源方面超过了东、中部地方高校，这说明学术物力应该是西部地方高校在竞争力发展中具有潜在比较优势的一项要素禀赋。

3. 学术财力

学术财力短缺一直是制约西部地方高校学术竞争力发展的瓶颈问题。相比部属或发达地区地方高校，目前西部地方高校投入学术活动的资金相对缺乏，主要反映在以下几个方面：

首先，与西部部属高校相比，西部地方高校的财政投入相对较少。据《中国教育经费统计年鉴2014》数据显示，2014年占全国高等学校数量22.2%的西部高校，共计获得国家财政性教育经费1 024.99亿元，约占全国高校国家财政性教育经费总量4 933.39亿元的20.78%，西部高校获得的国家财政性教育经费明显偏低。2014年，仅占西部高校2.64%的中央属高校共计获得国家财政性教育经费243.03亿元，约占整个西部高校的23.71%；而同年占西部高校总数97.36%的地方高校，共获得国家财政性教育经费781.96亿元，仅占整个西部地区高等学校的76.29%左右。2014年西部的中央属高校平均获得国家财政性教育经费达14.29亿元，而西部的地方高校平均仅获得1.25亿元，西部的中央属高校获得的国家财政性教育经费是西部地方高校的11倍多。国家对财政投入的不足直接导致西部地方高校学术活动开展经费不足，这在较大程度上制约了西部地方高校学术竞争力的发展。

其次，与发达地区地方高校相比，西部地方政府对地方高校学术发展的支持力度有限。由于西部是我国长期以来的经济欠发达地区，西部地方政府财政普遍难以与东、中部地区相比，投入地方高校学术活动的经费与其他经济发达地区相比存在较大差距。以西部的西藏和新疆为例，2014年西藏共获得地方公共财政科研拨款306.8万元，新疆共获得地方公共财政科研拨款462.6万元，而同年，经济发达地区的上海、江苏、浙江分别获得地方公共财政科研拨款59 070.2万元、43 663.7万元、50 803.5万元，其拨款总额的差距非常明显，其中最高的上海是最低的西藏的192倍多。西部地方政府公共财政科研拨款的相对匮乏，使得地方高校在学术资金方面必然处于相对弱势地位。

再次，贫困生比例大、学生的欠费情况较严重也间接影响到西部地方高校学术生产活动的经费投入。西部地方高校主要面向本省、区、市招生，贫困生所占的比例较高。如四川的乐山师范学院，2007年对贫困生的认定结果表明，全校共有贫困生3 974名，约占全校学生的35%，其中特别困难的学生占23%，困难学生占58%，一般或暂时困难的学生占19%。而每年该校学生拖欠学费的情况还在继续，这对学校来说无疑是一个沉重的负担。学生的学杂费是西部地方高校教师开展学术活动的重要的经费来源之一，这一经费来源的拖欠或减少自然会影响到西部地方高校学术活动经费的支出。

最后，西部地方高校通过课题申报等其他渠道获得学术经费的水平较低。纵向科技项目①是西部地方高校获得学术活动经费的重要来源之一，但即使在我国国家级项目立项方面为西部地区高校设立了"西部项目"，西部地方高校纵向科技项目的学术经费获取情况仍然不容乐观。如表 4 – 6 所示，2016 年，约占全国 2 595 所（含独立学院）高校 24.8%的西部地方高校，共获得国家社科基金年度项目 452 项，仅是全国国家社科基金年度项目立项总数的 15.8%；共获得国家社科基金青年项目 152 项，仅是全国国家社科基金青年项目立项总数的 14.3%。上述两类立项总数即使加上西部地方高校从国家社科基金西部项目中获得的 429 项，总数仍然只有 1 033 项，仅是全国社科类基金项目立项总数的 23.5%。

表 4 – 6　2016 年度国家社科基金项目立项名单分类统计

单位：项

项目类别	全国高校立项数	西部高校立项数		
		总计	17 所部属高校	643 所地方高校
国家社科基金年度项目	2 856	602	150	452
国家社科基金青年项目	1 061	226	74	152
国家社科基金西部项目	481	481	52	429
合计	4 398	1 309	276	1 033

资料来源：根据《2016 年国家社科基金年度项目和青年项目立项结果公布》（http：//www. npopss – cn. gov. cn/n1/2016/0617/c219469 – 28452428. html）和《2016 年度国家社科基金年度西部项目立项结果公布》（http：//www. npopss – cn. gov. cn/n1/2016/0617/c219469 – 28452165. html）相关数据整理。

西部地方高校获取横向科技项目水平相对于发达地区地方高校也不高，获得项目的机会更少。横向科技项目大多来自地方政府或企业公司，由于东部地区经济发达，该地区高校可近水楼台先得月，更容易获得横向科技项目。《2015 年高等学校科技统计资料汇编》统计数据显示：2014 年，获企事业单位委托横向科技项目经费，21 所北京地方高校共获64 795.2 万元，11 所上海地方高校共获 116 862.7 万元，27 所浙江地方高校共获 81 678.5万元；而同年 21 所广西地方高校仅获 17 577.5 万元，38 所云南地方高校仅获 23 184.6 万元，36 所贵州地方高校仅获 8 043 万元，13 所宁夏回族自治区地方高校仅获 1 078 万元

---

　　① 科技项目包括纵向科技项目和横向科技项目。纵向科技项目是指上级科技主管部门或机构批准立项的各类计划（规划）、基金项目，包括国家级项目、省部级项目、市级和省厅局级项目。横向科技项目指企事业单位、兄弟单位委托的各类科技开发、科技服务、科学研究等方面的项目，以及政府部门非常规申报渠道下达的项目。

等。以各省、市、自治区的高校平均值来计算，最高的上海的地方高校获取的横向科技项目经费平均高达 10 624 万元，而最低的宁夏回族自治区地方高校获取的横向项目经费平均仅 83 万元，差距竟然高达 128 倍。

总之，从上述对各地区地方高校学术生产活动的基础性、必要性条件资源要素禀赋——学术人力、学术物力和学术财力的各项统计数值的分析结果来看，西部地方高校在学术人力、学术财力方面存在较大的弱势，而在学术物力方面因地大物博，在校园面积、图书资料等方面具有潜在的学术竞争的比较优势，这种后发优势还有待今后进一步发掘。因而，西部地方高校学术竞争力发展的资源性生产要素具有学术人力不足、学术财力不够，但学术物力有待充分发掘的禀赋结构特征。

4.1.1.2　过程性学术生产要素结构

过程性学术生产要素是西部地方高校学术生产过程中协同发挥作用的一类要素，具体包括技术创新、学术制度、学术文化等。

1. 技术创新

技术创新是对西部地方高校学术生产活动成效产生直接影响的重要过程性要素，它对西部地方高校学术竞争力的形成和发展起积极推动作用。西部地方高校学术竞争力发展的技术创新要素可以从知识发现和发明的数量质量、知识发现和发明被转化应用的情况、学术发现和发明被转化应用产生新价值的情况等方面来考察。

与东、中部地方高校相比，技术创新对西部地方高校学术活动成效的积极作用相对较弱。如表 4 - 7 所示，2014 年，西部 12 省、自治区、直辖市的 277 所地方高校的专利申请总数为 14 425 项，不及中部安徽、河南、黑龙江、湖北四省的 209 所地方高校专利申请总数 14 478 项，更不及东部江苏一省 104 所地方高校的专利申请数量 14 800 项；西部 12 省、自治区、直辖市的 277 所地方高校的专利授权总数仅 8 465 项，与中部安徽、河南、黑龙江和湖北 4 省的 209 所地方高校的专利授权总数 9 243 项存在一定差距，约为东部江苏、浙江、上海 3 地的 142 所地方高校专利授权总数 16 454 项的 51.4%；西部地方高校专利转化应用及其产生的社会价值更是与东、中部地方高校相差甚远，西部 12 省、自治区、直辖市的 277 所地方高校出售专利总数仅 169 项，转化和应用率不到 2%，产生的社会价值只有 2 627 万元，中部仅安徽、湖北、湖南三省就出售专利 222 项，转化和应用率近 4%，产生的社会价值达 3 115.6 万元，而东部仅江苏一省 104 所地方高校就出售专利 290 项，转化应用率近 3.5%，产生的社会价值也高达 4 975.4 万元。显然，从上述分析可以看出，与东、中部地方高校相比，西部地方高校的知识发现和发明及其转化应用能力还处于较低水平，技术创新能力相对较弱。

表4－7　2014年度部分东、中、西部地方高校知识产权与专利情况

地区	省、自治区、直辖市	专利申请数/项	专利授权数/项	专利出售数		
				合同数/项	总金额/万元	当年实际收入/万元
东部	北京（23 所）	2 426	1 142	27	975.6	323.3
	天津（11 所）	2 301	713	18	142	140
	河北（50 所）	1 783	1 311	83	2 007.2	1 760.2
	广东（35 所）	3 613	1 784	52	5 252.8	5 139.8
	山东（94 所）	6 386	3 290	46	1 020.8	617.3
	辽宁（40 所）	3 514	1 483	45	800.9	448.7
	上海（11 所）	3 772	1 994	44	1 801.7	1 406.7
	江苏（104 所）	14 800	8 434	290	4 975.4	7 061.5
	浙江（27 所）	9 202	6 026	109	2 098.1	828.1
	福建（19 所）	2 088	1 014	24	1 380	1 273.3
	海南（14 所）	156	61	0	0	0
中部	黑龙江（33 所）	3 197	2 566	34	161.3	151.3
	安徽（80 所）	4 449	2 576	128	1 620.9	1 456.3
	江西（25 所）	1 496	646	21	389	286.5
	山西（21 所）	1 013	621	21	540	450
	河南（44 所）	3 878	2 636	33	2 694	1 681
	湖北（52 所）	2 954	1 465	47	431.7	352.7
	湖南（63 所）	2 717	1 650	47	1 063	737.8
	吉林（35 所）	1 040	645	12	132	132
西部	广西（21 所）	3 810	987	24	329.1	32.1
	内蒙古（15 所）	324	271	0	0	0
	重庆（29 所）	1 391	938	18	163	143
	四川（33 所）	2 208	1 630	73	633.4	527.1
	贵州（37 所）	883	430	9	141.5	141.5
	云南（38 所）	1 698	1 406	7	896	257
	西藏（3 所）	12	12	0	0	0
	陕西（31 所）	2 773	2 142	33	286	276
	甘肃（26 所）	888	404	2	120	60
	青海（8 所）	42	18	0	0	0
	宁夏（13 所）	65	37	0	0	0
	新疆（23 所）	331	190	3	58	58

　　资料来源：根据中华人民共和国教育部科学技术司编制的《2015 年高等学校科技统计资料汇编》第78、79 页"表48　地方高等学校科技成果"相关数据整理而成。

2. 学术制度

在学术竞争力生成和发展过程中，学术制度发挥着有形且直接规范、约束和激励学术行为的作用。从制度的功能出发，西部地方高校的学术制度可以分为规范性学术制度和激励性学术制度。前者是西部地方高校根据学术发展规律制定的规范和约束相关学术行为的基本行为准则，比如《×××大学学风建设实施细则》《关于×××大学学术不端行为认定和处理办法》等；后者是西部地方高校规定学者不同行为选择以不同的成本收益函数，从而对学者行为选择形成激励的制度，比如《×××大学科研奖励管理办法》《×××大学终身教授制度》等。

因本书研究的是西部地方高校学术竞争力发展，就规范性学术制度而言，都是基于学术活动基本特点和要求制定的，因而一般而言各地区高校差异不大，所以本书重点考察和分析奖励性制度。笔者通过查找各地区地方高校的官网，对促进和推动学者学术竞争行为的学校科研奖励（配套）制度中有关国家自然科学和社会科学项目奖励的条例进行了统计和分析，通过对东、中、西部地方高校学术制度的比较，揭示出各地区地方高校在推动学术竞争力发展方面的力度差异。在统计过程中，因各地地方高校科研奖励办法的条款、金额、方式不一，为使所获取的数据具有可比性，笔者对各地区地方高校的相关奖励（配套）制度中的数据条款做出了一些可比性的归纳分类统计规定。如表4-8所示，笔者结合东、中、西部地区地方高校的实际情况，将所统计的各地区48所地方高校国家自然科学和社会科学项目最高奖励数额作为基准划分出弱、较弱、一般、较强、强的五级奖励强度，即最高奖励金额是0~5万元为弱（含5万元），5万~10万元为较弱（含10万元），10万~20万元为一般（含20万元），20万~50万元为较强（含50万元），50万元以上或按到校经费100%奖励（配套）为强。

从表4-8可以看出，虽然所统计的48所地方高校存在个体差异，各地区的地方高校也有个别较突出的情况，但整体上反映出如下情况：第一，从纵向学术水平层次比较来看，各地区拥有博士学位授权的地方高校的国家自然科学、社会科学基金项目的奖励或配套相对较少，激励的强度相对较小；各地区获得硕士学位授权和仅拥有学士学位授权的地方高校的国家自然科学和社会科学基金项目的奖励或配套相对较多，激励的强度也相对较大。这从一个侧面反映了硕士及以下层次地方高校获得基金项目的数量有限，学校为了鼓励教师积极申报，所以加大奖励力度，而获得博士学位授权的高层次地方高校获得项目数量较多，并不需要另设特别的奖励去激励教师。第二，从横向东、中、西部地区比较来看，东部和中部地区地方高校对国家自然科学、社会科学基金项目的奖励或配套相对较多，激励的强度较大，其中，尤其是东部和中部的仅具有学士学位授权的地方高校奖励普遍较多，激励的强度最大，这可能是因为这类地方高校正处于高速扩张和发展时期，且东、中部地区地方高校有着相对优厚的学术财力资源的缘故；而西部地方高校则对国家自然科学和社会科学基金项目的奖励或配套整体不高，激励的强度也较小，这可能跟西部地方高校本身的财力不强有关。

表4-8 部分东、中、西部地方高校国家级项目奖励制度比较情况

地区	学校类型	学校名称	国家自然科学、社会科学基金项目奖励情况			奖励强度
			重大项目	重点项目	一般项目	
东部	博士学位授权地方高校	河北师范大学	5万元/项	2万元/项	2万元/项	弱
		南京工程信息大学	8万元自科/6万元社科	3万元自科/3万元社科	1万元自科/1万元社科	较弱
		苏州大学	10万元/项	5万元/项	3万元/项	较弱
		上海师范大学	12万元/项	6万元/项	5万元/项	一般
		首都经济贸易大学	32万元/项	16万元/项	8万元/项	较强
	硕士学位授权地方高校	大连外国语大学	8万元/项	8万元/项	3万元/项	较弱
		山东交通学院	按到位经费20%奖励,上限20万			一般
		沈阳化工大学	按到位经费的100%配套			强
		河北北方学院	按到位经费配套100%,并奖励10%			强
		上海政法学院	按到位经费1:1配套,延期配套经费减少30%			强
	学士学位授权地方高校	营口理工学院	自科类奖励10万元,社科类奖励5万元			较弱
		保定学院	按到位经费的1:1给予资助			强
		邯郸学院	按到位经费1:1配套(上限自科140万元,社科110万元),并按到位经费10%奖励(上限20万元)			强
		石家庄学院	按到校经费的150%给予奖励			强
		枣庄学院	按到位经费200%配套			强

（续上表）

地区	学校类型	学校名称	国家自然科学、社会科学基金项目奖励情况			奖励强度
			重大项目	重点项目	一般项目	
中部	博士学位授权地方高校	三峡大学	10 万元/项	10 万元/项	3 万~4 万元/项	较弱
		湖南师范大学	10 万元/项	8 万元/项	2 万元/项	较弱
		长江大学	30 万元/项	自科 20 万元，社科 15 万元	6 万元/项	较强
		江西师范大学	50 万元/项	20 万元/项	8 万元/项	较强
		山西财经大学	10 万元以内奖励 10 万元，10 万~30 万元奖励 100%，30 万元以上奖励 30 万元 +（到账经费~30 万元）×50%			强
		吉首大学	按到位经费 1∶1 配套，上限自科 60 万元/社科 40 万元	按到位经费 1∶1 配套，上限自科 50 万元/社科 25 万元	按到位经费 1∶1 配套，上限自科 35 万元/社科 15 万元	强
	硕士学位授权地方高校	南昌航空大学	按到校经费 6% 奖励，上限 6 万元			较弱
		安阳师范学院	10 万元/项	10 万元/项	5 万元/项	较弱
		中原工学院	基础奖励 5 万元，同时按到位经费 5% 奖励，上限自科 25 万元，社科 15 万元			较强
		宜春学院	立项 + 结题奖 22 万元，结题"优秀"加到位经费 20% 奖励	立项 + 结题奖 18 万元，结题"优秀"加到位经费 20% 奖励	立项 + 结题奖 16 万元，结题"优秀"加到位经费 20% 奖励	较强
		郑州轻工业学院	按到位经费 1∶1 配套经费			强
	学士学位授权地方高校	新余学院	10 万元/项	10 万元/项	2 万元/项	较弱
		怀化学院	社科：立项 1 万元，结题 10 万元；自科：立项 3 万元，结题 30 万元			较强
		黑龙江工程学院	按到账经费 1∶1 配套			强
		商丘师范学院	按到位经费 1∶1 配套，另主持人奖励 5 万元			强
		平顶山学院	按到位经费 1∶1 配套			强

（续上表）

地区	学校类型	学校名称	国家自然科学、社会科学基金项目奖励情况			奖励强度
			重大项目	重点项目	一般项目	
西部	博士学位授权地方高校	西藏农牧学院	5 万元/项	0.5 万元/项	0.2 万元/项	弱
		西南政法大学	立项 1 万元，结题 2 万元			弱
		桂林电子科技大学	2 万元/项	1 万元/项	0.5 万元/项	弱
		广西师范大学	按到位经费 40% 奖励（不超过 20 万元）	按到位经费 30% 奖励（不超过 12 万元）	立项 2 万元奖励，再按到位经费的 10% 配套	一般
		西北大学	28 万元	8 万元	1 万元	较强
		贵州大学	按到位经费 1：1 奖励	按到位经费 1：0.8 奖励	按到位经费 1：0.6 奖励	强
	硕士学位授权地方高校	甘肃政法学院	10 万元/项	5 万元/项	5 万元/项	较弱
		内蒙古财经大学	20 万元/项	10 万元/项	5 万元/项	一般
		赤峰学院	自科 20 万元，社科 15 万元	自科 20 万元，社科 15 万元	自科 15 万元，社科 10 万元	一般
		西华师范大学	30 万元/项	15 万元/项	10 万元/项	较强
		西安财经大学	30 万元/项	15 万元/项	5 万元/项	较强
		广西师范学院	50 万元/项	30 万元/项	6 万元/项	较强
	学士学位授权地方高校	河套学院	到校经费 50 万元以上奖励 5 万元（上限），每减少到校经费 10 万元奖励减少 0.5 万元			弱
		贵州师范学院	10 万元/项	10 万元/项	5 万元/项	较弱
		咸阳师范学院	40 万元/项	20 万元/项	10 万元/项	较强
		乐山师范学院	按到位经费 1：1 配套			强

　　资料来源：根据各高校官方网站科研处正式发布的"科研奖励管理办法""科研成果绩效奖励办法""项目配套规定""项目经费匹配条例"等学术激励制度文件整理而成。数据更新于 2016 年 12 月。

3. 学术文化

　　学术文化是一所高校经过长期的历史积淀而形成的，是渗透于高校组织中影响师生学术活动行为和学术活动效果的一种学术信念、学术价值观等。西部地方高校的学术文化对学术竞争力发挥着无形的文化渗透作用。在学术竞争力的生成和发展的过程中，高校组织内部无形的深层次学术文化表现为学术创新意识、学术价值观、学术道德观、学术自由观等，对西部地方高校学者的学术行为起到了推动或抑制的作用。

学术创新意识是开启西部地方高校学者创造性学术活动的出发点和内在动力。与东、中部地方高校相比，西部地方高校学者的创新意识还有待加强。长期以来，西部地方高校在参与全国高校学术竞争活动中往往遵循"模仿"和"追赶"发达地区高校的路径，对发掘自身学术创新资源，提升自身学术创新意识的重视不够。这种跟随的意识文化导致西部地方高校学者在学术创新行为方面存在缺乏敢为人先、勇于探索的学术自信，比如，教师教学中存在相对较多的照本宣科、移植照搬，科研活动中存在模仿东、中部创新思路和成果等现象。因此，西部地方高校研究缺少高水平、影响大的学术成果，在与东部高校的学术竞争中也就自然丧失了竞争力。

从学术价值观来看，西部地方高校学者关注名利的倾向比较严重。因西部地方高校办学历史较短，学术氛围不浓，行政权力过大，缺乏科学研究的教学型学校较多等，西部地方高校学者中急功近利的学术价值观一直影响着西部地方高校学者的学术生产活动，具体表现在三个方面：第一，当学术人才取得一定学术成绩以后，往往没有选择继续更好、更深入地做学术研究，而选择争当行政官员的现象比较普遍；第二，学者往往将谋求学术地位和谋取学术利益作为其学术职业生涯的目标，这直接制约了西部地方高校学者对学术本真——科学精神的追求；第三，一些学者的学术为名利、为当官的价值观引导他们成为行政权力的附庸，这些都阻碍了西部地方高校学术竞争力的更好发展。

从上述对东、中、西部地区地方高校学术生产活动的过程性要素禀赋各项内容的分析结果来看，西部地方高校在学术创新、学术制度和学术文化等方面存在一定的弱势，因而，西部地方高校学术竞争力发展的过程性学术生产要素呈现学术创新水平不高、学术制度支持力度不够和学术文化有待改善的内在禀赋结构。综合来看，与东、中部地方高校相比，西部地方高校学术竞争力发展的一般要素禀赋结构是：学术人力、学术财力、技术创新、学术制度、学术文化等资源相对不足，学术物力资源具有较大发展潜力。

4.1.2 特殊学术生产要素禀赋结构

特殊学术生产要素禀赋指西部地方高校独有的、不可复制的要素禀赋，主要包括西部特有的地域性、民族性、自然性资源要素，比如地理位置、民族文化、自然资源等。

4.1.2.1 地域性学术生产要素禀赋

地域性学术生产要素指西部地方高校在学术生产活动中因所处的特殊地理位置而拥有的一种独有的生产要素禀赋。众所周知，西部地区虽然大多地处我国边陲，但也有着大部分东、中部地区没有的独特地理优势。比如，西部各省、市、自治区与蒙古、俄罗斯、塔吉克斯坦、哈萨克斯坦、吉尔吉斯斯坦、巴基斯坦、阿富汗、不丹、尼泊尔、印度、缅甸、老挝、越南 13 个国家接壤，陆地边境线长达 12 747 公里；与东南亚许多国家隔海相望，有大陆海岸线 1 595 公里。

　　在"一带一路"倡议提出之前，西部作为我国连接中亚、西亚、南亚和欧洲等大陆国家的天然纽带，已有部分西部地方高校利用地域性生产要素优势较好地提升了学术竞争能力。大理大学 2007 年组建的东喜玛拉雅资源与环境研究所，立足东喜马拉雅地区，以滇西北三江并流区域为重点研究范围，长期坚持系统的野外监测，开展复合生态系统视角下的保护研究，为区域可持续发展和生态安全提供了切实的服务，2016 年该研究所升格为东喜玛拉雅研究院，其培养的人才在省内、国内多次获奖，科学研究的成果也在区域内产生了一定影响。新疆大学的自治区重点学科专门史，就是一门极具地缘优势的学科，该学科下设的新疆社会与经济发展史、新疆与中亚文化等研究方向的地域性特征非常明显。

　　2013 年，"一带一路"倡议提出之后，因西部地区省、自治区、直辖市处于连接他国陆地和对接各国海洋的主要战略位置，使得身处其中的西部地方高校学术竞争力发展拥有了更厚实、广阔的地域性资源。"一带一路"是以合作发展为理念，借用古代丝绸之路的历史符号，力图与沿海、沿边国家发展经济伙伴关系，共同打造政治、经济、文化命运共同体。2013 年 9 月，中国国务院总理李克强在广西南宁参加"中国—东盟"博览会时强调，未来要铺就面向东盟的海上丝绸之路，打造带动腹地发展的战略支点。2015 年 3 月，国家发展和改革委员会、外交部、商务部联合发布了《推动共建丝绸之路经济带和 21 世纪海上丝绸之路的愿景与行动》，该文件指出：丝绸之路经济带重点畅通中国经中亚、俄罗斯至欧洲（波罗的海）；中国经中亚、西亚至波斯湾、地中海；中国至东南亚、南亚、印度洋；21 世纪海上丝绸之路重点方向是从中国沿海港口过南海到印度洋，延伸至欧洲，从中国沿海港口过南海到南太平洋。"一带一路"与生俱来的"引进来，走出去"的本质特征，决定了这一倡仪实施将加深西部作为连接中亚、西亚、南亚和欧洲各国的纽带作用，也注定会让身处纽带位置的西部地方高校在发展学术竞争力的进程中拥有更多、更有利的地域性资源。比如，内蒙古财经大学于 2013 年成立、2016 年升格为自治区级的中蒙俄经贸合作与草原丝绸之路经济带构建研究协同创新中心，就是在这一背景下建设的一个地域性鲜明的研究机构，该研究机构倡导的"中蒙俄经济走廊"就是我国"一带一路"、蒙古"草原之路"和俄罗斯"跨欧亚大通道"三大倡议的重要载体，这一走廊为三国的三方利益诉求和发展意愿的共同推进和落实提供了重要交流和合作的平台①；再如，2017 年甘肃中医药大学紧抓"一带一路"倡议地缘优势，与国家中医药管理局、甘肃省政府共建丝绸之路中医药发展研究院，力图通过培养中医药、民族医药、养老服务、中医药国际贸易等专门人才，发挥中医药的先行示范效应，在海外建设岐黄中医学院，加强与乌克兰、吉尔吉斯斯坦、俄罗斯、摩尔多瓦、法国等丝绸之路沿线国家在中医药领域的交流合

　　① 中蒙俄经贸合作与草原丝绸之路经济带构建研究协同创新中心获批立项［EB/OL］. http：// news. xinhuanet. com/local/2016 – 04/11/c_ 128882270. htm.

作，依靠地理位置优势发挥出中医药在服务"一带一路"建设中的独特优势[1]。

4.1.2.2　民族性学术生产要素禀赋

民族性是一个民族所具有的独特性，是一个民族的根本特征[2]。民族性学术生产要素指西部地方高校在学术竞争中能为学者学术生产活动所采用并发生作用的、具有民族特征的一类要素禀赋，具体表现在民族的语言文字、宗教信仰、风俗习惯、医药、艺术等方面。在我国，55个少数民族都有着区别于其他民族的特殊禀赋。

多民族聚居是西部地区的一个突出特点。我国55个少数民族中有近50个世居在西部地区，西部少数民族人口占全国少数民族总人口的72.3%，为我国主要的少数民族聚居地。除汉族以外，其他各个少数民族都有自己相对集中的聚集地域，比如维吾尔族主要聚居在新疆维吾尔自治区天山以南的喀什、和田一带和阿克苏、库尔勒地区；藏族主要分布在西藏自治区、青海省和四川省西部，云南迪庆、甘肃甘南等地；壮族主要分布在东起广东省连山壮族瑶族自治县，西至云南省文山壮族苗族自治州，北达贵州省黔东南苗族侗族自治州从江县，南抵北部湾的区域；回族主要聚居于宁夏回族自治区，在新疆、青海、甘肃、陕西等其他省区也有不少聚居区；阿昌族主要分布在云南省和贵州省；京族主要分布在广西壮族自治区防城港市下属的东兴市境内等。

西部地区作为我国少数民族的主要聚集地，各个少数民族的语言文字、宗教信仰、风俗习惯、医药、艺术等都在此汇集并以代代相传的形式流传至今，这使它拥有比东、中部地区更多的民族性学术生产要素资源。事实上，这些具有民族特征的学术生产要素禀赋已经在实践中被一些西部地方高校选择为提升自身学术竞争力的重要资源要素。例如，内蒙古民族大学利用蒙古族医药学，2012年获得国家蒙药学博士学位授予权，建成了内蒙古自治区首个医学博士点，目前该校已成为世界上第一所，也是唯一一所可以独立授予蒙药学博士学位的高校。同时，该校还利用蒙古族语言优势，2013年获得国家级"专业综合改革试点"建设项目——中国少数民族汉语言文学专业。新疆大学利用当地民族语言优势，搭建了实力雄厚的民族语言研究学科团队，明确了新疆少数民族语言、新疆少数民族文学、新疆少数民族民俗文化研究3个研究方向，2002年获国家重点学科——中国少数民族语言文学，并在此基础上依托中文系、中语系、阿尔泰学研究所等教学、科研机构建立了西域文明发展研究基地、新疆民俗文化研究基地、新疆民汉语文翻译研究中心、新疆民族文献研究基地四个自治区级研究基地和中心，目前这些基地和中心已经在维吾尔、哈萨克、塔吉克等民族的语言文学、民俗文化及双语教学的诸多专题研究领域取得了突出成就。四川省西昌学院充分发掘当地民族资源，搭建了彝族文化研究中心、四川民族山地经

①　加强与丝绸之路沿线国家中医药交流合作［EB/OL］. http：//www.100ppi.com/news/detail-20170323-1030792.html.

②　陈建男，田冬云，汤旭坤. 艺术概论［M］. 北京：中国电影出版社，2015：13.

济发展研究中心、民族教育研究所、民族团结与发展研究中心等多个具有民族特色的研究机构，在弘扬民族文化和加强民族团结的同时，这些研究机构通过开展有特色、有重点的民族项目研究，促进了学校人文社科研究水平的提升。

4.1.2.3　自然性学术生产要素禀赋

自然性学术生产要素指在自然界天然存在的、在一定条件下为西部地方高校用于学术生产活动的、有利于发展学术竞争力的要素禀赋，比如当地的矿藏、湖泊、草原、森林等。与东、中部相比，我国自然性生产要素禀赋分布具有西部矿藏、草原、河流等自然资源占优势的特点[①]。西部地区自然资源特别丰富，水能蕴藏总量占全国的82.5%，已开发水能资源占全国的77%，但开发利用尚不足1%；煤炭占全国的36%，石油占全国的12%，天然气占全国的53%，在全国已探明的140多种矿产资源中，西部地区就有120多种。西部矿产资源在全国占据重要地位，在45种主要矿产资源中，西部地区保有储量占全国总量50%以上的矿产有：钾盐、石棉、钛、铂族金属、镍、岩盐、汞、芒硝、锶、铬、锑、重晶石、锰、煤炭、天然气、钒、硼、锡、磷、锌、铅等。在国民经济支柱性矿产中，西部的天然气、煤炭、铬、锰、铅、锌、钾盐、磷等矿产的保有储量占全国比重超过了50%。[②]

西部地区自然性学术生产要素的丰富给西部地方高校学术竞争力发展提供了比东、中部地方高校更好的自然资源条件。目前已有很多西部地方高校将当地的矿藏、湖泊、草原等自然性资源要素充分利用起来，发展自身特色重点学科和专业，更快更好地提升了学术竞争力。比如，甘肃农业大学充分利用当地草原资源丰富的优势，发展与草业有关的学科和专业，1988年该校的草业科学学科经原国家教委批准为国家重点学科，长期建设的"草业生态系统省部共建教育部重点实验室"，于20世纪80年代初在国际上首次提出的"草原综合顺序分类法"在国际上被称为"任—胡氏检索图"（Ren - Hu's Chart），是我国两大草地分类方法之一，也是世界三大最高科学水平分类方法之一，80年代末至90年代中期提出的四个生产层草地农业生态系统理论，更是为我国传统的草原科学发展、为草业科学奠定了基础，为引领我国草业学科的发展做出了巨大贡献，近年该实验室在优质高产抗逆牧草新品种选育、牧草种质资源开发利用、优质牧草生产加工技术、草地健康评价体

---

①　强莹. 投资经济学 [M]. 南京：南京大学出版社，1997：221.

②　贾文龙，卜善祥. 发展优先　兼顾环境：关注西部矿产资源开发与经济发展 [J]. 国土资源，2003（1）：36 - 39.

系等方面也取得了非常显著的成绩。再如，兰州理工大学依托甘肃省丰富的矿产资源优势①，大力开展与矿产资源相关的科学研究，目前与矿产资源研究相关的高层次科研平台达6个，其中，国家级科技创新平台2个、省部共建教育部重点实验室1个、教育部工程研究中心1个、甘肃省重点实验室中心1个、省级协同创新中心1个，这些研究平台成果在有色金属新材料及先进加工、高端装备及数控加工设备、新能源技术及装备等方面形成的鲜明特色，提升了整个学校的学术竞争力，也为服务国家和区域经济社会发展做出了巨大贡献。

从上述对西部地区地方高校独有的、不可复制的特殊学术生产要素禀赋的分析来看，地域性学术生产要素禀赋、民族性学术生产要素禀赋和自然性学术生产要素禀赋是西部地方高校学术竞争力发展的重要着力点，因为这三类要素禀赋是东部和中部相对不足的，而又是西部地方高校相对丰富且具有特色的学术生产要素禀赋。从这个意义上说，西部地方高校在学术竞争力发展的特殊要素禀赋结构具有地域性、民族性和自然性学术生产要素相对富足的特点。

4.1.3　西部地方高校学术竞争力发展要素禀赋结构

从对当前西部地方高校学术竞争力发展的一般学术生产要素禀赋和特殊学术生产要素禀赋的考察可以得出：

首先，从一般学术生产要素禀赋结构来看，西部地方高校学术竞争力发展的资源性学术生产要素存在学术人力不足、学术财力不够、学术物力有待充分发掘的结构特点，过程性学术生产要素存在学术创新、学术制度和学术文化等相对弱势的结构特点。

其次，从特殊学术生产要素禀赋结构来看，西部地方高校学术竞争力发展的地域性学术生产要素禀赋、民族性学术生产要素禀赋和自然性学术生产要素禀赋存在相对丰富的结构特点。

综合来看，与东、中部地方高校相比，西部地方高校学术竞争力发展的要素禀赋结构是：学术人力、学术财力相对不足，技术创新、学术制度、学术文化等相对落后，学术物力资源具有发展潜力，地域性、民族性和自然性学术生产要素相对富足的要素禀赋结构。

4.2　西部地方高校学术竞争力发展的比较优势与战略选择

目前，相比东、中部地方高校，西部地方高校学术竞争力的要素禀赋结构在一般生产

---

① 《甘肃省矿产资源总体规划》（2003年3月21日颁布）显示：截至1999年底，全省已发现矿产156种，占全国已发现矿种的91%；其中已探明资源储量的矿产81种，占全国已探明资源储量的矿产总数的485%。全省已查明资源储量的矿产中，居全国第一位的有11种，居前10位的有53种。有色金属资源优势突出，其中，镍、钴、铂族矿产的保有储量分别占全国的61.8%、29.8%和57%。

要素禀赋方面,除学术物力资源在某些方面较丰富以外,其他一般生产要素并不占据有利条件,但在地域性、民族性和自然性等特殊生产要素方面拥有量较丰富,这使得西部地方高校通过合理制定学术竞争力发展的比较优势战略以实现竞争力的提升成为可能。本节运用新结构经济学理论,首先以西部地方高校学术竞争力提升的要素禀赋结构为基础,研究了西部地方高校学术竞争力发展具有物力资源、地域资源、民族资源、自然资源等比较优势,然后探讨了比较优势战略是当前西部地方高校学术竞争力发展的必然选择的原因。

4.2.1 西部地方高校学术竞争力发展的比较优势

由于欠发达的西部地方高校学术竞争力发展在现阶段比较优势应由该时点的要素禀赋结构所决定,因此需要以当前西部地方高校学术竞争力发展的要素禀赋及其结构为基础,探讨目前这一特定时点西部地方高校学术竞争力发展在哪些方面存在比较优势。在本章第一节中,笔者已经对当前西部地方高校学术竞争力发展的要素禀赋结构进行了分析,结果显示,与东、中部地方高校相比,西部地方高校学术竞争力发展的要素禀赋结构是:学术人力、学术财力相对不足,技术创新、学术制度、学术文化等相对落后,学术物力资源具有发展潜力,地域性、民族性和自然性生产要素禀赋相对富足的要素禀赋结构。基于上述要素禀赋结构,与东、中部地方高校相比,西部地方高校学术竞争力发展应在物力资源、地域资源、民族资源和自然资源等方面具有比较优势。

4.2.1.1 物力资源优势

本书所研究的物力资源优势是指与东、中部地方高校相比,西部地方高校在学术生产活动中由于土地、校舍、设施设备、图书资料等物力资源的较丰裕而拥有的发展学术竞争力的相对有利条件。从本章第一节分析的具体情况来看,西部地方高校的物力资源优势主要集中于第一层次的"211"地方高校和第二层次的拥有硕士学位授予权 10 年以上的老牌本科地方院校。其在物力资源方面的有利条件有:

1. 土地资源和校舍面积

学校土地面积大小是直接关系到学校学术发展规模能否扩大的关键问题。西部地区地域辽阔,土地资源丰富,土地面积 538 万平方公里,占全国国土面积的 56%,因此很多西部地方高校具有"地广"的优势。这种优势显然有利于学校扩张规模,也有利于高校创设开阔、舒适的学术研究环境来吸引更多高层次学术人才。

2. 设施设备和图书资料

近年来,西部地方高校在设施设备方面投入的经费较多,拥有较完备的设施设备,可以保障学者学术活动的顺利开展和完成。与东、中部地方高校相比,西部地方高校在设施设备方面没有明显劣势。

学者的学术生产活动是以知识作为对象而展开的。作为储备知识的大量图书和网络资料可以为学者提供随时查询、随时整理知识的便利。尤其是西部"211"地方高校拥有大量的当地特色藏书。有些高校在抗日战争时期，作为抗战的大后方，接收了来自东部著名高校的师生和大量藏书，抗战胜利后，这些学校的师生回到原地，大量图书却留了下来。如当年在云南和四川等地的高校。这些资源可以帮助西部地方高校学者在特色学术研究领域中打开新的研究局面，以形成具有竞争力的差异型学术成果优势。

如果西部地方高校将上述潜在的物力资源优势充分发挥出来，将为学者创造更好的学术生产活动硬件条件和更舒适的学术生活物质环境，学术竞争力将提升得更快。

4.2.1.2 地域资源优势

本书所研究的地域资源优势是指与东、中部地方高校相比，西部地方高校因所处特殊地理位置而拥有的发展学术竞争力的相对有利条件。相比东、中部地方高校，西部地方高校拥有丰富的连陆地域资源优势、向海地域资源优势和国内地域资源优势。

1. 连陆地域资源优势

连陆地域资源优势是指西部地方高校因地处连接国外的陆地边境区域的地理位置而拥有的发展学术竞争力的相对有利条件。从世界地图上可以清晰地看到，西部地区很多省、自治区与其他国家接壤。新疆维吾尔自治区位于亚欧大陆中部，陆地边境线长达5 600多公里，周边依次与蒙古国、俄罗斯、哈萨克斯坦、吉尔吉斯斯坦、塔吉克斯坦、阿富汗、巴基斯坦、印度8个国家接壤，是"古丝绸之路"的重要通道，是各民族迁徙融合的走廊，是"一体多元"文化和东西方文明交融的重要地区；内蒙古自治区的陆地边境线长4 200公里，北与蒙古国、俄罗斯接壤；西藏自治区陆地边境线有4 000多公里，南与缅甸、印度、不丹、尼泊尔等国家毗邻，西与克什米尔地区接壤，是中国西南边境的重要门户；云南有陆地边境线4 061公里，西部与缅甸唇齿相依，南部和东南部分别与老挝、越南接壤，地处中国与东南亚、南亚三大区域的接合部，是中国通往东南亚、南亚的窗口和门户。广西壮族自治区陆地边境线全长800多公里，面向东南亚，西南与越南毗邻，在中国与东南亚的经济交往中占有重要地位。总之，西部各省、自治区、直辖市拥有的陆地边境线占到全国陆地边境线的91%，这一连陆地域资源优势显然将助推西部地方高校在"一带一路"倡议下成为连陆区域各国学术交流、合作的"桥头堡"。

2. 向海地域资源优势

向海地域资源优势是指西部地方高校因靠海的地理位置而拥有的发展学术竞争力的相对有利条件。西部的广西壮族自治区是我国五个少数民族自治区中唯一的一个沿海自治区，拥有的大陆海岸线约占全国海岸线的十分之一。广西南临北部湾，面向东南亚，是西南地区最便捷的出海通道，拥有丰富的向海地域资源优势。尤其在国家"一带一路"倡议和社会各界对"南海问题"日益关注的背景下，身处其中的广西地方高校基于向海地域资源优势拓展的学术研究领域，如东盟各国经济研究、东盟与中国农业合作互动研究、南海问题研究等也将日益受到重视。

3. 国内地域资源优势

国内地域资源优势是指西部地方高校因所在区域在国内的特殊地理位置而拥有的发展学术竞争力的相对有利条件。西部各省、自治区、直辖市在国内都有着自己独特的地理位置优势。比如，重庆位于我国内陆西南部、长江上游地区，是中西部水、陆、空型综合交通枢纽；陕西位于我国西北内陆腹地，横跨黄河和长江两大流域中部，是连接中国东、中部地区和西北、西南的重要枢纽；四川地处中国西部，是西南、西北和中部地区的重要接合部，是承接华南、华中，连接西南西北，沟通中亚、南亚、东南亚的重要交汇点和交通走廊；青海位于我国西部，雄踞世界屋脊青藏高原的东北部，是联结西藏、新疆与内地的纽带；宁夏位于黄河上游地区，东邻陕西省，西部、北部接内蒙古自治区，南部与甘肃省相连，是古丝绸之路的锁匙之地和黄金路段等。这些位置优势将为身处这些区域的地方高校带来重要的学术竞争力发展资源。

上述独有的、不可复制的连陆、向海、国内地域优势在西部地方高校学术竞争力提升的过程中已初步形成区域竞争优势，有些甚至形成了国内竞争优势。比如，广西大学立足面向东盟的地缘和区位优势，创办了中国—东盟研究院，对东盟双边贸易以及 CAFTA 建设中的重大理论、政策及实践问题开展研究，在国内乃至东盟国家已经产生重要影响，其"211"重点建设学科"中国—东盟经贸合作与发展研究学科群"已经成为该领域独占鳌头的强势学科，主要学科专业建设或研究方向已经处于国内领先水平[1]。再如，新疆财经大学的中国（新疆）与中亚区域经济合作研究中心以地缘经济和区域合作为机理，密切联系新疆经济发展实际，在中国与中亚地区、俄罗斯经贸合作与投资、国别经济等领域的研究成果丰硕，多项研究成果填补了国内相关领域的空白，该基地已经在新疆形成显著优势，在新疆乃至西北地区都处于不可替代的地位，在全国的影响也日渐显现[2]。

4.2.1.3　民族资源优势

本书所研究的民族资源优势是指与东、中部地方高校相比，西部地方高校因当地丰富的少数民族语言文字、宗教、风俗、医药、艺术等民族资源而拥有近水楼台的便利条件和得天独厚的天然联系，这成为其发展学术竞争力的有利因素。

1. 民族语言文字资源优势

民族语言文字资源优势是指西部地方高校因能获取少数民族丰富的语言文字资源而拥有的比东、中部地方高校更有利的发展学术竞争力的有利条件。在我国 55 个少数民族当中，除回、满等族通用汉语以外，我国其他 53 个少数民族都有自己的民族语言，其中有

---

①　中国—东盟研究院简介［EB/OL］. http：//cari. gxu. edu. cn/yjygk. htm.

②　中国（新疆）与中亚区域经济合作研究中心概况［EB/OL］. http：//202. 201. 208. 6/zyqyjj/show. aspx？id = 521&cid = 6.

19 个少数民族有自己的民族文字，这些民族是蒙古族、藏族、维吾尔族、朝鲜族、哈萨克族、傣族、俄罗斯族、锡伯族、塔塔尔族、乌孜别克族、柯尔克孜族、苗族、彝族、傈僳族、佤族、拉祜族、纳西族、景颇族、京族[①]；有的少数民族内部甚至还有使用两种或两种以上语言的情况[②]，比如，瑶族的不同支系分别使用勉语、布努语和拉珈语；景颇族的不同支系分别使用景颇语、载瓦语；怒族的不同支系分别使用怒苏语、阿侬语、柔若语；裕固族使用东部裕固语、西部裕固语；门巴族使用门巴语、仓拉语[③]。西部很多高校设置了专门研究民族语言文字的研究机构，有些在国内外享有一定学术声誉。在当前国家日益重视少数民族语言文字工作的背景下，对当地少数民族语言文字的基础理论和应用问题进行研究，是西部地方高校结合自身优势履行其科研和服务社会职能的应有之责。

2. 民族宗教和风俗资源优势

民族宗教和风俗资源优势是指西部地方高校因能获取少数民族丰富的宗教、风俗资源而拥有的比东、中部地方高校更有利的发展学术竞争力的有利条件。比如，维吾尔族大多信奉伊斯兰教，传统节日有肉孜节、古尔邦节、诺鲁孜节，有本民族的待客和做客礼仪，有自己特色的传统乐器；藏族人普遍信仰藏传佛教，有藏历，在服饰、礼仪等方面都有鲜明的藏族特色；壮族人崇拜天神、雷神、土地神、巨石神、树神、蛙神、花婆神、祖先神灵等，壮服、铜鼓、师公剧等都是壮族的民族特色，"三月三""牛魂节""中元节"是典型的壮族节日；回族人信仰伊斯兰教，生活习俗遵循伊斯兰教教规，其聚集地一般建有清真寺，开斋节、宰牲节、圣纪节是回族的民族节日，回族服饰、礼仪也具有民族特色等。西部地方高校对这些民族宗教和风俗展开深入研究，有利于少数民族文化的传承和发展。

3. 民族医药资源优势

民族医药资源优势是指西部地方高校因能获取少数民族丰富的医药资源而拥有的比东、中部地方高校更有利的发展学术竞争力的有利条件。我国的 55 个少数民族中很多都有自己本民族特色的医药，有的累积丰厚，理法清晰，自成体系，比如蒙医、藏医、维吾尔医、壮医等；有的散在民间，口传心授，随俗为变，比如黎族医疗方法没有文字记载，主要靠师徒一代一代口传心授流传。多年普查结果显示，我国少数民族医药品种达 10 000 余种，其中有藏药材 1 908 种、蒙药材 1 342 种、维药材 600 种、傣药材 1 200 余种、彝药材 1 000 余种、苗药材 500 余种、壮药材 1 986 种、瑶药材 1 392 种（其中植物药 1 336 种）、土家族常用药材 600 余种[④]。民族医药是中国少数民族的传统医药，是中华民族传统

---

① 薛洁，金炳镐. 民族理论与民族政策教程 [M]. 北京：中央民族大学出版社，2011：197.

② 孙振玉. 中国民族理论政策与民族发展 [M]. 北京：民族出版社，2012：140.

③ 赵生辉. 数字纽带：中国少数民族语言电子文件集成管理的体系架构研究 [M]. 西安：陕西师范大学出版社，2014：265.

④ 戴斌，丘翠嫦. 中国民族医药的发展概况及其前景 [J]. 中国民族民间医药杂志，2005（1）：1 - 4，62.

医药的重要组成部分。习近平主席在十九大提出"坚持中西医并重,传承发展中医药事业",为身处少数民族地区的很多西部地方高校发展民族医药学科和专业提供了政策支持。

4. 民族艺术资源优势

民族艺术资源优势是指西部地方高校因能获取少数民族丰富的民族艺术资源而拥有的比东、中部地方高校更有利的发展学术竞争力的条件。在几百甚至是几千年的历史长河中,我国多个少数民族在舞蹈、建筑、雕刻、音乐、编织、绘画、体育等方面形成了自己的艺术特色。比如,在舞蹈方面,蒙古族有安代舞,壮族有火猫舞,新疆有哈萨克舞、哈密鸡舞、吐鲁番鹅舞,朝鲜族有农乐舞,傣族有孔雀舞,苗族有芦笙舞、铜鼓舞、木鼓舞等;在建筑方面,黎族有船型屋、侗族有吊脚楼、蒙古族有蒙古包和毡房、藏族有碉房等;在雕刻方面,蒙古族有骨雕和角雕、赫哲族和鄂伦春族有桦树皮雕刻、藏族有酥油塑等;在织锦方面,有壮锦、瑶锦、黎锦、傣锦、藏族氆氇、苗族刺绣等。这些民族艺术资源是一个民族屹立于世的独一无二的珍宝,能给西部地方高校带来特色的学术研究资源。

西部地方高校在发展优势特色学科和专业时,充分挖掘和利用了这些不可复制的民族资源优势。新疆师范大学下设的新疆少数民族双语教学中心,多年来开展双语教育理论、语言与文化比较、翻译理论与实践等方面的研究,产出了一批具有前瞻性的研究成果,并锻造出了一支结构合理、方向明确、特色鲜明的研究团队,2011年该中心成为自治区首批人文社科重点研究基地[1]。再如,贵州民族学院在对本地区民族体育资源进行开发、研究后,将民族传统体育作为介绍项目试行教学训练;西北民族大学也开设了抢花炮、珍珠球、毽球、板鞋等民族竞速项目[2]。此外,广西民族大学利用民族资源优势,成立了中国南方与东南亚民族研究中心,培养出范宏贵、张有隽、徐杰舜等老一辈知名学者,该中心挂靠的民族学与社会学学院的民族学学科于1998年获得二级学科硕士学位授权点,2013年获得民族学一级学科博士点,目前是广西唯一的民族学一级学科博士点。

4.2.1.4　自然资源优势

本书所研究的自然资源优势是指与东、中部地方高校相比,西部地方高校因当地矿藏、草原、森林、能源等自然资源相对丰富而拥有的发展学术竞争力的有利条件。

1. 矿藏资源优势

西部地区很多省份拥有全国第一的矿藏,有些矿藏的藏量甚至在世界上都是靠前的。内蒙古稀土金属储量居世界首位,包头市白云鄂博矿山是世界上最大的稀土矿山,煤炭保有资源储量为4 110.65亿吨,占全国总量的26.24%,居全国第一位。四川的钛矿、钒矿、硫铁矿等16种矿产在全国矿产查明资源储量中居全国第一位,其中钒、钛具有世界

① 中国民族年鉴编辑部. 中国民族年鉴［M］. 北京:中国民族年鉴编辑部,2012.
② 薛锋,谢智学,姚重军. 民族传统体育概论［M］. 北京:民族出版社,2013:43.

意义，钛储量占世界总储量的82%，钒储量占世界总储量的1/3。青海发现的"可燃冰"使中国成为世界上第三个在陆地上发现"可燃冰"的国家；青海的镁盐（氯化镁和硫酸镁）、钾盐、锂矿、锶矿、石棉矿、饰面用蛇纹岩、电石用灰岩、化肥用蛇纹岩、冶金用石英岩、玻璃用石英岩等11种矿产均居全国第一位。

2. 草原森林资源优势

西部地区的草原面积占全国草原面积的90%[①]，森林面积达11 681.29万公顷，占全国森林面积的一半以上[②]，内蒙古、新疆、西藏等自治区都是西部草原资源丰富的地区。内蒙古天然草场总面积达8 666.7万公顷，其中可利用草场面积达6 800万公顷，占中国草场总面积的27%；森林总面积约2 080万公顷，占中国森林总面积的11%，居中国第1位。西藏拥有65万公顷牧草地，其中天然草地面积超过内蒙古和新疆，位居全国第一。

3. 能源资源优势

西部很多省份都是能源资源大省。西藏水能资源理论蕴藏量为2亿千瓦，约占全国的30%，居中国首位，其中蕴藏量在1万千瓦以上的河流多达365条；西藏是中国地热活动最强烈的地区，其地热显示点有1 000多处，估计地热总热流量为每秒55万千卡；太阳能资源居全国首位；风能储量930亿千瓦时。新疆石油资源量208.6亿吨，占全国陆上石油资源量的30%；天然气资源量为103 000亿立方米，占全国陆上天然气资源量的34%；煤炭预测资源量21 900亿吨，占全国煤炭预测资源量的40%等。四川水能资源理论蕴藏量1.43亿千瓦，占全国的21.2%，其中技术可开发量1.03亿千瓦，占全国的27.2%，经济可开发量7 611.2万千瓦，占全国的31.9%，均居全国首位。

4. 动植物资源优势

西部云南动植物种类均为全国之冠，素有"动物王国"和"植物王国"之称。脊椎动物达1 737种，占全国的58.9%，全国见于名录的2.5万种昆虫类中云南有1万余种；在全国3万种高等植物中，云南占60%以上，列入国家一、二、三级重点保护和发展的树种有150多种。西部贵州野生动植物资源也很丰富，有脊椎动物1 053种，列入国家一级保护的珍稀动物有黔金丝猴、黑叶猴、黑颈鹤等15种；有维管束植物9 982种，列入国家一级保护的珍稀植物有冷杉、银杉、珙桐、贵州苏铁等16种；贵州是中国四大中药材产区之一，全省有药用植物4 419种、药用动物301种，其中，天麻、杜仲、黄连、吴茱萸、石斛是贵州五大名药。

部分西部地方高校在提升学术竞争力的过程中，也利用了当地的矿藏、草原、森林、

---

① 王婷婷. 基于DEA、FDA的中国省际能源效率测度研究 [M]. 北京：清华大学出版社，2015：195.

② 中国社会科学院农村发展研究所，国家统计局农村社会经济调查司. 中国农村经济形势分析与预测 [M]. 北京：社会科学文献出版社，2013：199.

能源、动植物等自然资源优势。比如，云南农业大学的云南生物资源保护与利用国家重点实验室、农业生物多样性应用技术国家工程研究中心、西南中药材种质创新与利用国家地方联合工程研究中心等国家级研究平台都与云南省当地的动植物丰富、种类繁多有关；再如，内蒙古农业大学拥有国家、农业农村部、内蒙古自治区重点学科——草业科学专业，拥有草学、生态学两个一级学科，并设有一级学科博士后流动站，以及"草地资源可持续利用"教育部科技创新团队等，这都与当地具独有的、不可复制的草原资源和动植物资源有关。

从上述分析来看，与东、中部地方高校相比，西部地方高校在物力资源、地域资源、民族资源和自然资源等方面拥有比较优势，这些比较优势能帮助这类高校基于自身要素禀赋结构发展具有比较优势的相关特色学科和专业，推动学术竞争力的快速发展。

4.2.2　西部地方高校学术竞争力发展战略选择

西部地方高校学术竞争力在物力资源、地域资源、民族资源、自然资源等方面具有一定的天时、地利、人和的比较优势。但其能否在现实中被真正、很好地利用，最终发展为竞争优势，需要对西部地方高校学术竞争力的提升战略选择展开研究。

从第3章对新结构经济学理论的分析来看，对发展中国家而言，成功发展经济的战略是选择比较优势战略。笔者认为，当前西部地方高校学术竞争力的发展应遵循比较优势战略的原因有以下三个。

1. 实施传统的模仿追赶战略难以改变西部地方高校学术竞争力的落后状况

模仿追赶战略是一种政府在经济发展中起主导作用下所选择的战略，它是一种违背比较优势的战略。中华人民共和国成立至今，因长期受计划经济影响，高等学校特别是地方高校少有自主发展的选择权力，地方高校既受到政府的严格行政管控，也受到来自位于学术中心的部属重点大学的学术评价导引，而选择跟随战略。总体来说，以政府主导为基本特征的模仿追赶战略，虽然在特殊历史时期对西部地方高校学术竞争力的提升起到了一定的推动作用，但还是出现了一些难以克服的困难和难以跨越的问题，也很难从根本上改变目前西部地方高校学术竞争力的落后状况。

首先，模仿追赶战略遵循政府主导西部地方高校的发展路径，使得西部地方高校竞争力提升效率低下、学术寻租和腐败等诸多问题出现，难以从根本上改变西部地方高校学术竞争力整体落后的状况。在计划经济时期，政府垄断了我国高校学术管理的各项权力，其相关的高校学术管理政策也大多是按照国家政府统筹管理的思路来制定的。毫无疑问，在那个特定的历史时期，在计划经济的大背景下，政府高度集中统一对高校全权管理的发展路径，曾对我国西部地方高校学术竞争力提升发挥了重要的积极推动作用。

比如，20 世纪 50 年代的院系调整，60 年代至 70 年代的三线①建设等，将一大批科研院所和高等院校从东部迁往西部地区，为西部地区高校发展提供了人才、技术等资源，也在一定程度上推动了西部地方高校学术竞争力的发展。但这种模仿追赶战略指导下的政府高度集中管理也在某些方面制约了高校学术研究应有的自主性，行政力量过度介入到高校学术研究当中，这种情况在西部地区更为明显，因为西部地区发展更需要得到政府的扶持。由于过度依赖政府形成的惯性，造成西部地方高校缺乏自我主动发展的积极性，也使得学者学术活动效率低下，有创见的学术成果难以面世。改革开放以后，随着社会主义市场经济体制改革的深入，政府对地方高校的学术管理由原来的高度集中逐步过渡到中央与地方共管并以地方管理为主的体制，西部地方高校管理学术事务的自主权也在这一过程中不断扩大。但因长期受计划思想的影响，各级政府干预高校学术活动的做法仍大量存在，尤其在学术资源分配方面体现得最为明显。比如，在我国高等教育整体发展水平还不高、资本短缺的情况下，我国政府通过重点院校建设、"双一流"建设等，将大量学术经费投入到了部属院校或相对具有发展潜力的东、中部地方高校，间接缩小了学术水平较低的西部地方高校的学术生存空间；此外，在很多国家级的项目、基地、专家评委申报中，西部地方高校因为学术领军人才稀少，基础研究条件不足等，根本难以与既有研究人才，又有研究条件的部属高校或东、中部地方高校公平竞争，因此往往只能通过学术寻租的方式换取更多学术发展资源，这也衍生出很多学术腐败的问题。即使在我国"西部大开发"战略提出后，政府出台了大量帮扶西部地方高校学术竞争力提升的政策，比如"对口支援西部地区高等学校计划""中西部高校综合实力提升工程"等，虽然这些政策的实施确实帮扶到了一些西部地方高校，但并没有从根本上改变西部地方高校学术竞争力整体落后的局面。因此，从现实情况来看，以模仿追赶战略指导下的政府统筹西部地方高校学术竞争力发展路径，虽能在一定程度上推动西部地方高校学术竞争力提升，但并不能持续激发西部地方高校学术竞争力的原动力，对我国西部地方高校学术竞争力发展而言，模仿追赶战略只是众多推动发展的药方之一，甚至这一约方还有很多副作用，它并非最佳选择。

其次，在模仿追赶战略实施过程中，市场配置资源机制被忽略，西部地方高校学术生产要素和学术产品的价格体系难以被市场真实反映，而计划配置资源机制难以使西部地方高校在竞争力市场中获得学术自生能力，一旦政府缺位，西部地方高校学术竞争力发展将难以为继。模仿追赶战略是政府主导资源配置的一种战略。在模仿追赶战略实施的过程中，政府在西部地方高校的学术资源配置中起着主导作用，有效的市场配置资源机制则被

① 1964 年出于战备考虑，中共中央将全国按地理区域划分为一、二、三线。东北及沿海地区为一线，中部地区为二线，西南、西北为三线。三线分成两大片：一是包括云、贵、川三省的全部或大部分及湘西、鄂西地区的西南三线；二是包括陕、甘、宁、青四省区的全部或大部分及豫西、晋西地区的西北三线。

忽略，在这种情形下，西部地方高校学术生产要素和学术产品的相对价格不能通过竞争市场合理地体现出来，西部地方高校的学术优势资源自然难以流向其优势学科和专业，其学术竞争力发展体系也呈政府导向的扭曲状态。既然没有有效的市场机制保证西部地方高校优势的学术资源流向具有比较优势的学科和专业，那么，西部地方高校只有借助政府计划与行政命令获得学术资源，政府因此成西部地方高校学术生存和发展的唯一依靠，西部地方高校从而丧失了学术自生能力。当政府资金紧张、投入不足时，西部地方高校又没有了在竞争市场中独自存活的能力，持续的学术竞争力发展肯定难以为继，更谈不上摆脱落后状况了。

综上所述，国家一旦选择和实施了以政府为主导的模仿追赶战略，扭曲的西部地方高校宏观学术管理政策环境、高度集中的学术资源配置制度和没有自主性的微观学术运行机制便相继形成，这种传统学术管理体制的三个要件互为条件地依存，形成了一种恶性循环，由此产生出的学术活动效率低下、学术寻租、学术腐败、学术自生能力丧失等一系列问题，制约着西部地方高校学术竞争力的良性发展，更难以从根本上提升西部地方高校学术竞争力水平。

2. 遵循比较优势战略是西部地方高校学术竞争力发展的内在规律所决定

美国波特教授认为企业的竞争优势可以建立在高低两个层次上，其中低层次的是"低成本竞争优势"，高层次的是"产品差异型竞争优势"。低成本竞争优势的来源有：特殊的资源优势（较低的劳动力和原材料成本），以及其他竞争者使用较低的成本也能够取得的生产技术和生产方法等；产品差异型竞争优势则建立在通过对设备、技术、管理和营销等方面持续的投资和创新而创造出更能符合客户需求的差异型产品上。与低成本竞争优势相比，产品差异型竞争优势能够为企业带来更高收益，具有难以被竞争对手模仿且可以长期保持下去等特点[①]，因此，它是一种更高层次的竞争优势。波特认为企业要形成低层次的"低成本竞争优势"比较容易，只要企业拥有充足的特殊资源，拥有较低水平的生产技术或生产方法等，都能形成低成本优势；而要达到高层次的"产品差异型竞争优势"就不太容易了，除了具备上述条件，关键需要"竞争优势"各个要素的共同配合和作用，需要通过持续的投资和创新才能实现。而企业一旦获得了这种竞争优势，就意味着企业的生产效率得到了很大的提高，就能在市场中获得更高的收益，并将长期保持这种竞争优势。

在波特的"竞争优势理论"基础上，新结构经济学学者对"比较优势"和"竞争优势"的关系进行了研究。2003 年，林毅夫、李永军在《比较优势、竞争优势与发展中国

---

① 林毅夫，李永军. 比较优势、竞争优势与发展中国家经济的发展 [J]. 管理世界，2003 (7)：21 – 28，66.

家经济的发展》一文中提出：比较优势和竞争优势之间的关系更接近于一种相互补充的关系①。比较优势是竞争优势的基础与必要性条件，因为只有充分地发挥经济的比较优势，企业和产业的竞争优势才有可能形成②。在他们看来，低收入国家（发展中国家），应该采取循序渐进的发展战略，首先从自己具有的比较优势即波特所谓的低层次的低成本竞争优势的产业开始，通过逐渐积累和投资来形成自己高层次的竞争优势③；而人均收入水平比较高的国家（发达国家），则要保持自身在某个或某些企业、产业、产品等方面的高层次竞争优势，当然保持高层次竞争优势也必须以遵循比较优势累积低成本竞争优势为基础。

竞争力作为竞争主体在获取稀缺资源的角逐中所表现出来的超越竞争对手的一种综合优势能力，它的形成和发展确实是以比较优势为基础和必要条件的。从竞争力形成过程来看，首先需要在主体间开展比较和角逐，然后需要某一个主体在角逐中拥有自身比较优势，这样才能在众多竞争主体中脱颖而出形成竞争优势。因此，竞争力本质上是一种以比较为基础，以竞争制胜为基本特征的综合优势能力。新结构经济学在分析"比较优势理论"和波特的"竞争优势理论"基础上也提出，比较优势是竞争优势的基础与必要性条件④。换句话说，任何经济体只有充分地发挥出自身比较优势，才有可能形成竞争优势。基于此，笔者认为，竞争力形成和发展的规律是：只有遵循了比较优势战略，才会最终形成竞争力。

从上述规律出发，西部地方高校的学术竞争力发展也应遵循比较优势战略。学术竞争力是竞争力的一种，它是西部地方高校在与东、中部地方高校的角逐中在获取学术资源方面所表现出来的一种优于竞争对手的综合优势能力。因此，西部地方高校学术竞争力形成的第一步是西部地方高校与东、中部地方高校在获取综合学术资源能力方面进行比较和角逐，第二步是西部地方高校从各个竞争主体中因拥有自身比较优势而脱颖而出，拥有优于竞争对手的优势能力。西部地方高校学术竞争力的发展实质上要经历先"综合学术比较优势"，后"综合学术竞争优势"的过程，学术比较优势能力是学术竞争优势能力形成的基础和必要条件。因此，欠发达的西部地方高校，要实现学术竞争力的快速提升，首先必须基于自身要素禀赋结构明确自身比较优势是什么，然后循序渐进地以学术比较优势为基础发展学术竞争优势。只有遵循了比较优势发展战略，西部地方高校才能在学术比较优势能力的基础上真正实现学术竞争力的提升。

---

① 林毅夫，李永军．比较优势、竞争优势与发展中国家经济的发展［J］．管理世界，2003（7）：21-28，66．

② 林毅夫，李永军．比较优势、竞争优势与发展中国家经济的发展［J］．管理世界，2003（7）：21-28，66．

③ 林毅夫，李永军．比较优势、竞争优势与发展中国家经济的发展［J］．管理世界，2003（7）：21-28，66．

④ 林毅夫，李永军．比较优势、竞争优势与发展中国家经济的发展［J］．管理世界，2003（7）：21-28，66．

3. 遵循比较优势战略是转型时期西部地方高校学术竞争力发展的必然选择

近年来，地方高校转型发展是我国高等教育领域的一个热门话题。我国政府在当前国家向工业化、城镇化、信息化、市场化、国际化发展的关键时期，抓住了社会亟须一大批高层次应用型、复合型人才的问题，出台了相关政策以推动高等教育领域的"地方本科院校向应用型转变"。2010 年 6 月，中共中央政治局会议通过的《国家中长期教育改革和发展规划纲要（2010—2020）》中明确提出"重点扩大应用型、复合型、技能型人才培养规模"[①]。2015 年，李克强总理在政府工作报告中指出要"引导部分地方本科院校向应用型转变"。2015 年 10 月，教育部《关于引导部分地方普通本科高校向应用型转变的指导意见》明确指出，各地各高校要切实增强对转型发展工作重要性、紧迫性的认识，将这项工作摆在重要位置。目前地方高校向应用型转型发展已成为高等教育界的共识，而地方高校转型发展的关键则在于地方高校要基于自身实际，加强与地区经济社会的协调，不断提升服务地方经济社会发展的能力和水平。

西部地方高校作为一类区域性地方高校，正处于向应用型高校转型的关键时期，它们要发展学术竞争力，就必须结合自身比较优势，按西部地区市场和社会的需求进行人才培养和科学研究。因为只有这样做，西部地方高校才能在转型过程中真正实现学术竞争力的提升。首先，在转型发展过程中，因有效市场机制尚未完全建立，很多西部地方高校难以根据学术市场的相对价格来识别最合乎自身学术生产要素结构的比较优势，从而较难在竞争学术市场中获得学术自生能力，最终会阻碍学术竞争力的发展。也就是说，在西部地方高校学术生产活动与西部地区社会、市场需求对接的过程中，因有效学术市场机制尚未完全建立，绝大多数西部地方高校很难将具有比较优势的学术生产资源通过有效市场机制的作用配置到自身具有比较优势的学科和专业，从而导致竞争力水平不能更好地提升。因此，在转型时期，我国政府有必要从宏观政策层面，一方面建立健全有效的学术市场机制，进一步扩大西部地方高校学术发展的自主权；另一方面对西部地方高校基于生产要素禀赋确定的比较优势进行合理的政策引导，也就是实施比较优势战略，这样才能真正将西部地方高校学术竞争力的发展落到实处。其次，在转型发展时期，在市场从局外人转变到局内人的同时，实际上政府也在不断削弱自己原有的主导者、控制者身份，转型发展为帮助者和因势利导者，这种身份的转型需要政府选择比较优势战略来推动西部地方高校学术竞争力的发展。在这一转型发展过程中，市场作为有生力量参与到西部地方高校学术竞争力发展进程中，并逐渐在学术资源配置中起到越来越重要的作用，政府不再是西部地方高校学术竞争力发展的唯一主导者，它只能通过制定和实施比较优势战略，因势利导西部地方高校基于自身要素禀赋结构选择学校具有比较优势的学科专业进行建设以发展学术竞争

① 教育部高等教育教学评估中心．新型大学新成就：百所新建院校合格评估绩效报告［M］．北京：教育科学出版社，2015：136.

力，同时在学术竞争力发展过程中，它还能起到设法完善基础设施的作用。从目前情况来看，西部地方高校转型发展是大势所趋，而西部地方高校学术竞争力发展过程中的市场和政府的身份和职能变化也是大势所趋，因此，对西部地方高校学术竞争力发展而言，遵循比较优势战略是转型发展时期政府宏观学术发展政策、市场学术资源基础配置机制和西部地方高校学术自主微观运行机制三者相互作用所形成的一个必然的战略选择。

综上所述，笔者认为，遵循比较优势战略发展西部地方高校学术竞争力，既是对过去模仿追赶战略未能改变西部地方高校学术竞争力发展落后状况的一种纠正，也是对西部地方高校学术竞争力发展应遵循"比较优势"到"竞争优势"的内在规律的一种认同，还是对转型发展时期西部地方高校学术竞争力发展所面临的现实问题的一种清醒认识。归根到底，政府、市场和西部地方高校三者都应充分认识到遵循以要素禀赋结构决定的物力资源、地域资源、民族资源和自然资源的比较优势发展是推动西部地方高校学术竞争力发展的良方，也是西部地方高校向东、中部地方高校实现学术竞争力水平快速收敛的重要战略和政策抉择。

4.3　西部地方高校的学术自生能力

在计划经济时代，政府对高校的学术活动具有绝对的管理权，当时西部地方高校学术发展完全依靠政府，没有学术自生能力；改革开放以后，我国进行了高等教育体制改革，逐步扩大了西部地方高校的办学自主权，加强了西部地方高校同社会、市场等其他各方面的联系，西部地方高校才初步具有了一定的适应经济社会发展需要的学术自生能力。本节在探讨西部地方高校获取学术自生能力的两个基本前提的基础上，对其关键点作用进行了分析，并对当前西部地方高校获取学术自生能力的基本情况进行了探讨。

4.3.1　西部地方高校获得学术自生能力的两个基本前提

西部地方高校获取学术自生能力有两个基本前提，其一是必须遵循比较优势发展战略发展学术竞争力；其二是需要一个有效的、真实的，能反映出西部地方高校学术生产要素和学术产品相对价值的市场机制。

4.3.1.1　必须遵循比较优势战略发展学术竞争力

西部地方高校必须遵循基于自身要素禀赋结构所决定的比较优势发展战略发展学术竞争力，因为只有基于自身要素禀赋结构所决定的比较优势，才能确保学校的学术生产要素成本较低，学术产品的市场适应性好，从而实现在不需要政府保护的情况下获得学术经济生存利润和学术社会生存价值。在一个开放、竞争的学术市场中，如果西部地方高校违背比较优势发展战略发展学术竞争力，其生存只能靠外力支持，主要是政府给予的政策性补贴、保护，自然无法获得学术自生能力，学术竞争优势也难以显现出来。

4.3.1.2　有效市场能充分反映学术生产要素和学术产品的相对价值

西部地方高校获取学术自生能力还需要一个开放、有效竞争的学术市场，这个学术市场具有能充分反映西部地方高校学术生产要素和学术产品稀缺程度的特点。因为只有在这样的学术市场中，西部地方高校才能按市场真实反映的相对价值选择优势学科专业，生产市场需要的学术产品，从而获得学术自生能力。首先，西部地方高校要遵循基于自身要素禀赋结构所决定的比较优势发展的前提是需要有效市场帮助识别其要素禀赋在竞争学术市场中的相对价值。只有这样西部地方高校才能以较低的学术产生要素成本获得在市场上的学术自生能力。其次，西部地方高校是服务西部地方经济社会发展的一类高校，其人才培养、科学研究是以满足西部地方经济社会发展需求为目的的。在市场竞争中，西部地方高校学术产出的相对价值是决定西部地方高校的学术产出是否具有意义，以及意义有多大的关键所在。比如，西部地方高校人才培养的数量、质量如果合乎了市场的需求，则毕业生就业率高，毕业生就业薪金也高；反之则就业率低，薪金也低。西部地方高校科研成果是否为市场亟须的产品，如果为市场所需价格就高，转化和应用速度也快；反之则价值不高，速度也慢。可以说，一个有效的市场或者说是一个有效的市场机制是引导西部地方高校遵循自身要素禀赋结构来培养人才和发展学科和专业以获取学术自生能力，发展学术比较优势和竞争优势的必要前提条件。

4.3.2　西部地方高校学术自生能力关键点的重要作用

学术自生能力作为检验西部地方高校学术竞争力是否获得发展的关键点，它在验证西部地方高校是否遵循比较优势发展战略中发挥着非常关键的作用。如图 4 – 1 所示，如果西部地方高校遵循了比较优势战略发展学术竞争力，那么它将在竞争市场上获得学术自生能力，其学术竞争力也会实现快速发展；而如果西部地方高校违背了比较优势发展战略，那么，一般而言，在学术竞争市场中，其学术产品难以形成比较优势和竞争优势，也难以获得学术自生能力，学术竞争力自然难以获得发展，有时甚至会出现发展的停滞或倒退。此外，一旦西部地方高校获得学术自生能力，学术竞争力将获得快速发展，反过来也会改变西部地方高校学术竞争力的要素禀赋结构，从而形成新的以要素禀赋结构为起点的比较优势和比较优势战略，以及新的发展。

获得发展后反过来改变要素禀赋结构循环推进新的发展

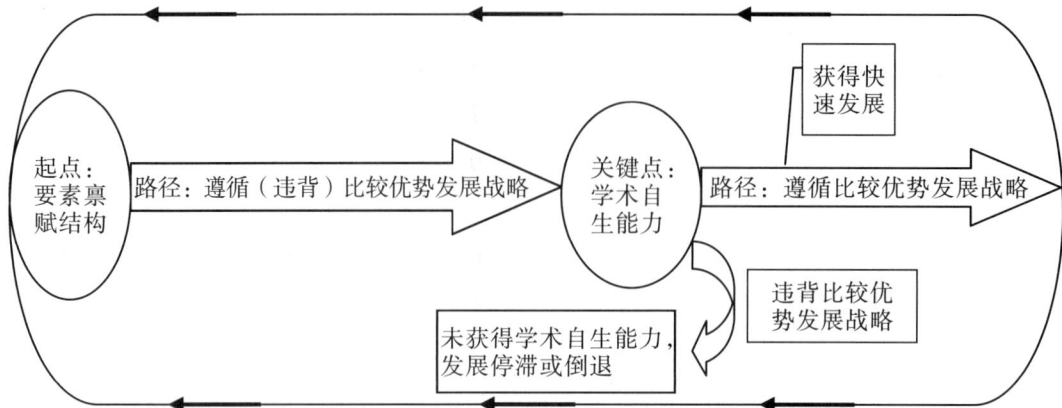

图 4 - 1　西部地方高校学术自生能力关键点作用示意图

此外，学术自生能力作为检验西部地方高校学术竞争力发展的关键点，其强弱程度也是衡量学术竞争力发展程度的重要指标。西部地方高校在市场上获得的学术自生能力越强，则说明学校遵循比较优势发展战略发展得越好，其学术竞争力也相应更强；西部地方高校在市场上获得的学术自生能力越弱，则说明学校遵循比较优势发展战略发展得越不好，甚至违背了比较优势发展战略，其学术竞争力也相应较弱。

4.3.3　当前西部地方高校获取学术自生能力的基本情况

西部地方高校的学术自生能力指西部地方高校在减少政府扶持甚至无须政府帮助的情况下，通过学术活动使得产出的各类学术成果在市场中获得维持学术生存的经济利润，在社会上赢得学术生存的声誉和地位的一种能力。结合第 2 章西部地方高校学术竞争力的成果要素（知识发现的成果、知识综合的成果、知识应用的成果和知识传播的成果四个方面），笔者认为，西部地方高校是否具有学术自生能力可以将上述四个学术成果要素作为重要指标来检验。这是因为，一所高校的学术成果正是一所高校在市场上、在社会上是否获得肯定的具体表现。此外，因为知识发现、综合和应用的学术成果的获取途径主要是科学研究，因此这三类学术成果可以统一为科研成果，而知识传播的学术成果主要通过人才培养获得，因此知识传播的学术成果主要可以通过学校的人才培养情况来考察。基于此，本书可以用科研成果的比较优势和人才培养的比较优势两个方面来衡量西部地方高校获取学术自生能力的情况。

4.3.3.1　人才培养的比较优势

与东、中部高校相比，西部高校的人才培养在市场上、在社会上并不存在比较优势，甚至还存在劣势。2005 年，北京大学教育经济系岳昌君教授对大学毕业生就业情况进行调查，结果表明：东、中、西部地区高校毕业生工作落实率分别为 78.8%、75.1% 和 65.0%，西部高校最低，比东部高校低 13.8%[①]。西安交通大学硕士生黄政以 2000—2009 年的数据为基础，对东、中、西部高校毕业生规模进行研究发现，十年间，东、中、西部高校毕业生人数的差距并没有缩小，反而在持续增大。2000 年东部与西部的高校毕业生人数差值为 28 万人次，中部与西部的差值为 9.35 万人次；到 2009 年东部与西部的差值为 145.34 万人次，是 2000 年差值的 5.19 倍，中部与西部的差值为 71.49 万人次，是 2000 年差值的 7.65 倍[②]。可见，在人才培养方面，与东、中部高校相比，西部高校在毕业生人数和就业情况方面都不具有比较优势。而在西部地区各类高校当中，西部地方高校的人才培养在市场上也不具有明显的比较优势，甚至大学生就业率有时还不及民办本科院校和独立学院。2017 年陕西省教育厅公布的《高校毕业生就业质量报告》显示，在不同类型的高校毕业生中，原"985""211"工程建设大学的就业率最高，达到 92.59%，其次是民办本科学校和独立学院，为 90.40%，公办普通本科院校的就业率较低，仅为 90.13%[③]。

上述分析说明西部地方高校的人才培养在国内和西部地区市场上、社会上都不具有比较优势。这一现象的出现可能跟很多因素有关，但其中有一个重要原因就是西部地方高校人才培养跟西部地区人才市场和社会需求存在一定的错位，而这种错位则折射出西部地方高校可能没有遵循基于自身要素禀赋结构所决定的比较优势发展学科和专业，造成在人才培养方面的学术自生能力不足。

4.3.3.2　科研成果的比较优势

从科研成果整体的技术转让及其获得的经济利润来看，西部地方高校与东部地方高校相比，并不具有比较优势。如表 4－9 所示，2014 年，签订合同最多的是东部的福建省，19 所地方高校共与企业签订合同 817 项，平均一所地方高校签订 43 个合同，合同总金额达 17 523.5 万元，当年实际总收入达 15 464.3 万元，平均每校合同金额达 922.3 万元，平均每校当年实际收入达 813.91 万元。而西部地方高校技术转让获取金额最多的陕西省，平均每校只能获得合同金额 271.72 万元，平均每校当年实际收入 206.63 万元，分别是福建省的 29.5% 和 25.4%。即使是东部地区签订合同最少的天津，平均每校获得的合同金额也超过了西部地区大部分省份的每校获得的合同金额。此外，西部地方高校与中部地方高校相比，整体上也不具有比较优势。再如，中部八个省地方高校共与企业签订合同的总金额达 48 133.7 万元，当年实际总收入达 31 828.4 万元；而西部十二个省、自治区、直辖市地方高校与企业签订合同总金额仅为 23 912.9 万元，当年实际总收入仅 15 594.9 万元，分别为中部八省的 49.7% 和 4.9%。因此，从各区域

---

① 龚梅. 西部高校应用型本科人才培养的理论与实践 [M]. 成都：西南交通大学出版社，2008.

② 黄政. 东中西部高等教育与经济发展区域协调性的实证分析 [D]. 成都：西南交通大学，2012.

③ 2017 年陕西省高校毕业生就业率出炉 [N/OL]. 西安晚报. http://sn. people. com. cn/n2/2018/0207/c378288 - 31228008. html.

地方高校科技成果技术转让的情况来看，西部地方高校整体不具有比较优势。这可能跟西部地区的经济发展水平有关，但也能从一个侧面说明，东、中部地方高校融入当地经济社会的情况确实比西部地方高校好，学术自生能力也更强。

表 4 - 9　2014 年部分东、中、西部地方高校技术成果转让情况统计

地区	省、市、自治区	与企业签订合同数/项	合同金额/万元	当年实际总收入/万元
东部	北京（23 所）	105	5 410.9	3 243.8
	天津（11 所）	23	385	3 730
	河北（50 所）	397	8 778.7	6 673.5
	广东（35 所）	119	12 161.2	7 274.7
	山东（94 所）	241	5 901.9	2 878
	辽宁（40 所）	91	2 577.6	1 454.9
	上海（11 所）	66	2 160.6	1 675.6
	江苏（104 所）	812	15 317.7	14 868.2
	浙江（27 所）	338	8 423.1	4 459.8
	福建（19 所）	817	17 523.5	15 464.3
	海南（14 所）	—	—	—
中部	黑龙江（33 所）	53	1 186.3	1 172.3
	安徽（80 所）	603	7 812.9	6 792.4
	江西（25 所）	58	2 765	1 924.5
	山西（21 所）	21	540	450
	河南（44 所）	216	11 827.7	7 512.9
	湖北（52 所）	165	2 209.8	1 371.9
	湖南（63 所）	532	15 496.9	8 405
	吉林（35 所）	190	6 295.1	4 199.4
西部	广西（21 所）	51	1 094.4	696.2
	内蒙古（15 所）	1	20	20
	重庆（29 所）	211	6 914.3	4 837.4
	四川（33 所）	194	5 010.6	2 834.5
	贵州（37 所）	15	226.8	226.8
	云南（38 所）	7	896	257
	西藏（3 所）	—	—	—
	陕西（31 所）	158	8 423.3	6 405.5
	甘肃（26 所）	2	120	60
	青海（8 所）	—	—	—
	宁夏（13 所）	—	—	—
	新疆（23 所）	31	1 207.5	257.5
	合计	670	23 912.9	15 594.9

资料来源：根据中华人民共和国教育部科学技术司编制的《2015 年高等学校科技统计资料汇编》第 86、87 页"表 52　地方高等学校技术转让"相关数据整理。"—"表示原表格没有统计数据。

4.4 西部地方高校学术竞争力发展的市场和政府作用

新结构经济学强调经济发展是一个产业、技术、基础设施和制度结构不断变迁的过程，在这个过程中既需要"有效的市场"，也需要"有为的政府"的作用①。实际上，西部地方高校学术竞争力的发展也离不开"有效市场"和"有为政府"的协同作用，因为"有效市场"能引导西部地方高校基于自身要素禀赋结构选择学校具有比较优势的学科和专业进行建设以发展学术竞争力；"有为政府"在西部地方高校学术竞争力的发展过程中，可以通过政策引导帮助西部地方高校识别比较优势，可以帮助处理先行者的外部性问题以及完善软硬基础设施建设问题。转型时期学术资源的竞争日益激烈，以及学术产品的"准公共性"，都决定了有为政府在西部地方高校学术竞争力发展过程中需要发挥更重要的作用。

4.4.1 西部地方高校学术竞争力发展的"有效市场"作用

西部地方高校学术竞争力发展必须要有"有效市场"的作用，因为只有在充分公平竞争、完善有效的学术市场体系之下形成的价格信号，才能使西部地方高校按照学术生产要素禀赋结构所决定的比较优势进行优势学科和专业的选择，从而形成西部地方高校的竞争优势。如果要识别西部地方高校学术竞争力发展的比较优势，在其他条件不变的情况下，一般取决于西部地方高校学术活动中投入的学术生产要素在竞争市场中的相对价格；而在开放的学术市场中，政府和西部地方高校通常是根据学术资本、学术人力和自然资源等要素的相对价格来选择具有潜力的学科和专业，因而在选择具有潜力的学科和专业时遵循比较优势的先决条件是：具有一套能够反映各种学术生产要素在禀赋结构中相对稀缺性的相对价格体系。而这种相对价格体系只存在于开放的学术竞争性市场体系中。因此，"有效市场"必须存在，它是充分反映西部地方高校学术生产要素价格稀缺程度以识别比较优势的不可或缺的场所，还是引导西部地方高校在竞争市场中按学术生产要素的相对价格选择具有比较优势学科专业发展，并获取学术自生能力以推动学术竞争力发展的前提条件。

如图 4 - 2 所示，在西部地方高校学术竞争力的发展过程中，有效市场在不同环节发挥着应有的作用。首先，在识别比较优势环节，有效市场通过建立学术生产要素禀赋在市场中的相对价格体系来发挥识别西部地方高校学术竞争力发展的比较优势的作用。其次，在战略选择环节，有效市场通过依据学术生产要素禀赋结构所决定的比较优势发挥其帮助政府、西部地方高校确定学科专业发展战略的作用。最后，在资源配置环节，有效市场通过所建立的学术生产要素禀赋的价格体系在西部地方高校学术竞争力发展过程中发挥其学术资源配置的

---

① 林毅夫. 新结构经济学的理论基础和发展方向 [J]. 经济评论, 2017 (3)：4 - 16.

基础性作用。在这一环节，如果西部地方高校将学术生产要素资源有效配置到学校优势学科和专业，将会获得学术的自生能力，从而推动西部地方高校学术竞争力的快速持续发展。因此，从新结构经济学的理论观点出发，有效市场就是一个能帮助政府和西部地方高校基于学术生产要素禀赋识别比较优势、确定优势学科专业发展战略，以及引导学术资源配置达到帕累托最优即最具有潜力的学科和专业的有效的市场机制。

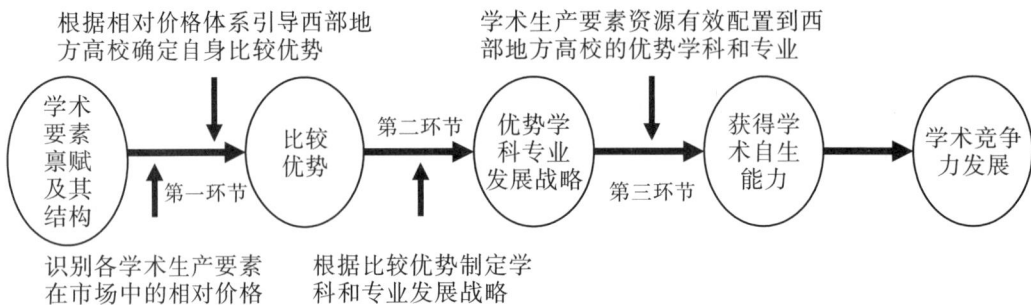

图4-2 有效市场在西部地方高校学术竞争力发展过程中的作用

4.4.2 西部地方高校学术竞争力发展的"有为政府"作用

高等教育学术产品的"准公共性"决定了政府必须在西部地方高校学术竞争力发展过程中设法承担起基础设施和制度安排，并解决相应的外部性问题。按现代公共经济学理论分析，高等教育的学术产品既具有公共性，又具有私人性，是典型的"准公共产品"。一方面，高等教育的学术产品需要个人付费购买，且个人通过购买而受益，具有私人产品性质。这种性质决定了西部地方高校学术竞争力发展需要市场来协调生产要素配置以提高效率。另一方面，高等教育的学术产出（比如人才培养产出和科研成果产出）能提高全民素质和综合国力，正外部性特征较强，显然具有较强的公共产品性质。正因为学术产品的"准公共性"特征，当先行的西部地方高校基于学术生产要素禀赋对其符合比较优势的学科和专业进行探索性建设时，政府不仅需要帮助西部地方高校基于要素禀赋结构识别自身比较优势，还需要通过战略制定和政策文件引导它们发展优势学科和专业，甚至还需要对这些尝试性的、可能会遭遇失败的西部地方高校先行者的有益探索进行外部性补偿。此外，学术产品的公共性质还决定了西部地方高校学术竞争力发展的过程不仅是学术要素禀赋、学科和专业升级的过程，还是政府对各种软硬基础设施不断完善的过程。在这个过程中，不同的学科和专业的发展所需要的软硬基础设施并不完全一样。不匹配的软硬基础设施会导致建设成本增加，即使生产成本低也可能导致总成本高，从而导致西部地方高校没有学术竞争力。因此，随着要素禀赋结构升级，还必须解决西部地方高校学科和专业过程中的软硬基础设施完善的协调问题。一般西部地方高校自己无法解决，需要政府协调西部地方高校或政府自己来提供。总的来说，在西部地方高校学术竞争力从一个阶段转向另一个阶段的过程中，为了处理外部性和软硬基础设施完善的协调问题，必须要有"有为政府"积极主动地发挥因势利导的作用。

如图4－3所示，在西部地方高校学术竞争力的发展过程中，有为政府在不同环节和不同阶段发挥着应有的作用。首先，在识别比较优势环节，有为政府可以通过发布信息或政策引导等方式协同有效市场发挥帮助西部地方高校基于学术生产的要素禀赋结构识别自身比较优势的作用。其次，在战略选择和政策制定环节，有为政府可以依据学术生产要素禀赋结构所决定的比较优势，制定引导西部地方高校学术竞争力发展的比较优势战略和相关配套政策。再次，在西部地方高校学术自生能力获取环节，有为政府可以通过制定的比较优势战略和政策，因势利导发挥西部地方高校按自身要素禀赋所决定的比较优势发展学科和专业的作用。最后，在西部地方高校学术竞争力动态循环发展的不同阶段，有为政府还需要发挥完善软硬基础设施建设和解决相应的外部性问题的作用。事实上，正是有为政府与有效市场在各个环节和阶段的协同作用，共同推进了西部地方高校按自身要素禀赋结构决定的比较优势发展学术竞争力，而一旦西部地方高校学术竞争力得到发展，反过来又可以推动西部地方高校学术要素禀赋结构的升级和变化，从而形成一个循环的螺旋式的上升环路，推动西部地方高校学术竞争力的提升。

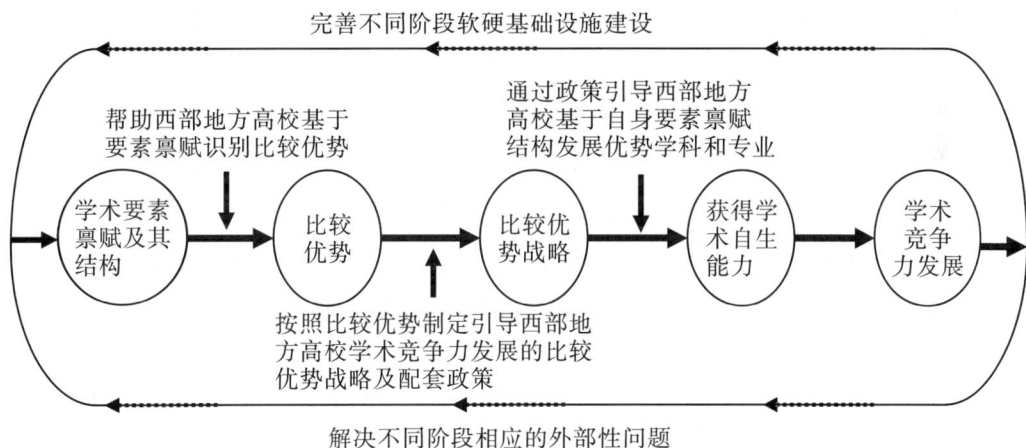

图4－3　有为政府在西部地方高校学术竞争力发展过程中的作用

4.4.3　西部地方高校学术竞争力发展中市场和政府的互补关系

在我国当前形势下，相对于"有效市场"，西部地方高校学术竞争力的发展更离不开一个"有为的政府"。虽然我国在制度文本上早已明确了政府与高校、市场与高校在学术管理方面的权责关系，但因长期受到计划经济观念的影响，在我国，政府的行政力量操纵和控制高校学术事务的情况仍非常普遍，尤其对于"官本位"思想较严重的西部地区而言，政府干预和支配处于弱势地位的西部地方高校学术发展的情况更加严重。冯向东教授曾指出："通过行政权力'链条'，政府教育行政部门对大学的管理一直延伸到大学内部，在事实上取代了大学对自己的管理；政府教育行政部门手中掌握的公共资源，也通过这根权力'链条'逐级分配到各个大学，成为大学建设发展的物质保障。"① 西部地方高校本身学术竞争力较弱，难以跟部属高校和发达地区地方高校公平竞争而获胜，如果要获得学术发展的公共资源，往往需要通过非正规的寻租方式同发达地区地方高校竞争，正因为如此，政府更容易将行政权力控制之手伸入到西部地方高校的学术管理事务之中。这种政府行政权力控制西部地方高校学术公共事务的弊端，不仅是强化了西部高等教育中的"官本位"思想，更为根本的是形成了政府教育行政部门在学术标准制定和学术资源分配上的垄断地位，在事实上造成了政府对西部地方高校学术竞争力发展的决定性作用。

诚然，伴随着我国经济体制的转型，西部地方高校的学术发展越来越离不开有效市场的参与，这是今后的一个方向。张楚廷教授曾指出："大学最希望获得经营者与消费者直接对话或作出决定的权力，在供、产、销问题上让学校与市场直接打通，不必要也不应当有其他权力隔于两者之间。"② 但目前的真实情况却是，有效市场作用于西部地方高校学术竞争力发展的力量非常有限，很多西部地方高校学术竞争力发展仍停留在等、要、靠政府，而不是主动与市场融合发展自身的优势学科和专业。正因为政府对西部地方高校学术发展的决定性控制，在很大程度上也制约了市场对西部地方高校学术竞争力发展的应有作用。因此，就当前转型时期而言，一个适合于西部地方高校学术竞争力发展的"有效市场"的形成和发展，仍离不开我国各级政府的积极引导和规范。从这个意义上说，西部地方高校的学术竞争力发展虽离不开"有效市场"和"有为政府"的协同作用，但"有为政府"的力量仍是决定性的，它甚至可以为"有效市场"的形成和发展提供制度保障。

综上所述，西部地方高校学术竞争力发展虽然需要有效市场和有为政府的协同作用，即市场有效应该以政府有为为前提，政府有为应该以市场有效为依归③。但现实中，有效市场既不是天然存在，也不是自动有效运作，更不是免费的，它本质上是一种高昂的公共品，必须有一个强大的有为政府去提供④。尤其在当前西部地方高校正面临转型发展的关键时期，有效市场的运行机制尚未完全建立，一个有为政府将是有效市场得以出现和有效运作的前提⑤。而一个强有力的有为政府不仅可以根据比较优势的变化来引导西部地方高

---

① 冯向东. 大学学术权力的实践逻辑［J］. 高等教育研究，2010（4）：28 - 34.

② 张楚廷. 对高等教育办学自主权的思考［N］. 中国教育报，2002 - 03 - 08.

③ 林毅夫. 政府有为是市场有效的前提［EB/OL］. http：//www. xsgou. com/biz/qiye/57605. html.

④ 文一. 工业化失败的国家缺了什么？中国给出了答案［EB/OL］. http：//www. chinadevelopment. com. cn/zk/yw/2017/05/1145665. shtml.

⑤ 林毅夫. 政府有为是市场有效的前提［EB/OL］. http：//www. xsgou. com/biz/qiye/57605. html.

校选择新的学科和专业，并完善相应的软硬基础设施，还应该为有效市场的形成提供制度保障。比如，针对学术市场不够有效的情形，有为政府可以通过大刀阔斧的学术市场改革，不断地去纠正、弥补、培育、规范学术竞争市场，以求市场有效。

4.5　西部地方高校学术竞争力"EASV－MG"发展路径

本节在综合前四节分析的基础上，以"要素禀赋结构—比较优势—比较优势发展战略—学术自生能力"为内生主线，以"有效市场""有为政府"为外引两翼，提出了西部地方高校发展学术竞争力的"EASV－MG"路径分析框架。

4.5.1　西部地方高校学术竞争力的内生发展路径

根据新结构经济学相关理论，笔者认为，西部地方高校学术竞争力发展的过程和战略的制定等都是基于这类高校的比较优势，而该类高校的比较优势又是由其某一时段固有的学术生产要素禀赋结构所决定的。因此，要素禀赋结构和比较优势是理解西部地方高校学术竞争力内生发展的两个核心概念。

西部地方高校学术竞争力向东、中部发达地区地方高校学术竞争力收敛的秘方就是必须按照自身要素禀赋结构所决定的比较优势发展。从新结构经济学出发，西部地方高校学术竞争力的发展路径必须遵循该类院校的比较优势，而不能偏离其要素禀赋所映射的比较优势太远，否则会导致西部地方高校在竞争市场中没有学术自生能力，进而导致政府必须对这类高校实施长期的巨额补贴，以及为了实现这些补贴而伴随的各种各样的政策和经济信号扭曲。尽管这种发展可能会出现暂时的学术竞争力提升，却是难以为继的，当社会的资源耗尽之后，西部地方高校得不到持续的补贴，而其本身又不具备在市场环境中的学术自生能力，西部地方高校学术竞争力发展的进程就会停滞甚至倒退。因此，西部地方高校学术竞争力的发展过程、战略选择与政策制定都不能背离自身的要素禀赋结构太远，西部地方高校学术竞争力的长期稳定的发展历程必须要沿着其要素禀赋结构，遵循比较优势的连续谱进行，只有这种长时间的知识累积和学科专业结构的不断升级才能真正促成西部地方高校学术竞争力的持续增长。

通过上述对西部地方高校学术竞争力发展的要素禀赋及其结构、比较优势及其战略选择，以及学术自生能力等进行研究，笔者从要素禀赋内生的角度对西部地方高校学术竞争力的发展进行了如下总结：

第一，要素禀赋及其结构是研究西部地方高校学术竞争力发展的起点。东、中、西部地方高校的学术竞争力存在差距的表面原因是东、中、西部地方高校拥有的学科和专业水平存在较大差距，根本原因是它们拥有的学术生产要素禀赋结构存在差异。从本章第一节分析结果来看，东、中部地方高校在学术人力、学术财力、技术创新、学术制度、学术文化等要素禀赋方面存在较明显的比较优势；而西部地方高校则在自然资源、民族资源、地域资源、物力资源等要素禀赋方面存在较明显的比较优势。因而对西部地方高校而言，以自然资源、民族资源、地域资源、物力资源等相对丰富的要素禀赋为基础发展符合自身比较优势的学科和专业显然更容易提升学术竞争力。

第二，按照自身要素禀赋结构所决定的比较优势发展是西部地方高校学术竞争力追赶竞争对手、实现快速和持续发展的源泉和秘方。通过对西部地方高校学术竞争力在某一时点上的要素禀赋结构所决定的比较优势进行研究发现，与东、中部地方高校相比，西部地方高校在物力资源、地域资源、民族资源和自然资源等方面拥有比较优势。如果政府按照这一基于要素禀赋结构所决定的比较优势制定符合西部地方高校学术竞争力发展的战略和政策，那么，西部地方高校的优势学术资源将流向具有发展潜力的学科和专业，学术资源将实现最优配置，学科专业结构也将达到最优，获得学术自生能力，学术竞争力自然会快速、持续发展，而西部地方高校整体的学术竞争力也会向发达地区地方高校快速、持续收敛。因此，对于欠发达的西部地方高校而言，遵循比较优势发展战略是发展学术竞争力的必然选择。

第三，实施违背比较优势发展战略，优势学术资源则难以流向具有发展潜力的学科和专业，西部地方高校将难以获得学术自生能力，西部地方高校学术竞争力的发展也将难以为继。获得学术自生能力是西部地方高校学术竞争力能否实现快速和持续增长的关键一环。学术自生能力是西部地方高校在学术竞争市场中不依靠外力支持而能维持自身生存下去的一种能力。如果政府采用违背比较优势发展的战略，那么，市场机制将被忽略，政府成为西部地方高校学术竞争力发展的资源配置的主角，而一旦政府缺位，西部地方高校学术自生能力将丧失，其学术竞争力发展将受阻。

综合上述观点，笔者认为，东、中、西部地方高校拥有的不同的学术生产要素禀赋结构是导致它们学术竞争力存在差距的根本原因，要实现欠发达西部地方高校学术竞争力水平向东、中部地区地方高校的收敛，首先需要基于自身要素禀赋结构明确比较优势有什么，比较优势战略是什么，然后在制定和执行符合比较优势战略的政策的过程中，让处在学术竞争市场中的西部地方高校获得学术自生的能力，从而在这类院校学科和专业结构不断升级的过程中，最终推动学术竞争力的快速、持续发展。依照这一思路，西部地方高校学术竞争力的内生发展路径是：要素禀赋—比较优势—符合比较优势的学术竞争力发展战略—学术自生能力，即西部地方高校学术竞争力的 EASV 内生发展框架。

4.5.2 西部地方高校学术竞争力的外引发展路径

从新结构经济学出发，"有效市场"和"有为政府"是西部地方高校学术竞争力实现快速、持续发展的两个必不可少的重要外部引擎。如果说内生发展路径讨论的是西部地方高校学术竞争力基于自身内在要素禀赋所决定的比较优势发展的路径，那么，外引发展路径则主要探讨的是"有效市场"和"有为政府"两个重要外在引擎在西部地方高校学术竞争力内生发展过程中如何协调发生作用的问题。

第一，从新结构经济学出发，"有效市场"应该在基于西部地方高校学术生产要素禀赋识别比较优势过程中发挥学术资源配置的基础性作用。在根据学术生产要素禀赋结构甄别比较优势的重要阶段，"有效市场"能帮助政府部门和西部地方高校在竞争市场中识别某一时点的学术生产要素的相对价格，并根据这一相对价格合理引导西部地方高校将有限的学术资源流向符合自身比较优势的学科和专业，在实现学术生产要素成本最低，学术资源配置最优，以及学科专业结构最优的过程中，获得学术自生能力，实现学术竞争力的快速提升。

第二，就目前情况来看，因我国有效学术市场机制的建立尚需一定时间，同时西部地方高校自身还处于向应用型转型发展的过程中，因此"有效市场"在基于学术生产要素禀赋结构识别比较优势的过程中还不能完全发挥出学术资源配置的基础性作用，这就需要"有为政府"从宏观政策层面，一方面加强有效市场机制建设，进一步扩大西部地方高校学术管理自主权；另一方面对西部地方高校基于生产要素禀赋确定的比较优势进行合理的政策引导，也就是实施比较优势战略并做出相应的制度安排，引导西部地方高校遵循基于要素禀赋结构所决定的比较优势发展战略。

第三，从新结构经济学出发，结合学术活动和学术产品的"准公共性"特征，有为政府必须在西部地方高校学术竞争力发展的各个阶段发挥其解决外部性问题、完善软硬基础设施的作用。在西部地方高校学术竞争力发展的过程中必然伴随着不同规模的学科专业积聚和升级，而这一过程所需的基础设施建设、信息收集和升级初期阶段的西部地方高校所面临的外部性都必须由政府提供一定的补偿。因为这里的西部地方高校学术竞争力发展是符合比较优势的，故而这里的补偿不是对没有学术自生能力的西部地方高校的无底洞式的打水漂，而应该只是有为政府提供的"扶上马，送一程"的帮助。

综合上述"有效市场"和"有为政府"在西部地方高校学术竞争力发展过程中的作用，笔者认为，首先，在根据学术生产要素禀赋结构甄别比较优势的阶段，有效市场需要发挥其价格信号作用，帮助西部地方高校按照要素禀赋结构决定的比较优势发展学科和专业。其次，有为政府还在西部地方高校学术竞争力发展的整个过程中提供以下几个方面的帮助：①提供与西部地方高校学术竞争力禀赋结构变化所确定的新的比较优势一致的学科专业信息，引导西部地方高校识别新的比较优势并按新的比较优势发展；②完善有效市场机制，制定相关政策协调相关学科和专业的资金投入；③对西部地方高校学科专业结构升级后引起的软硬基础设施建设问题做出必要的协调和处理；④在西部地方高校学科和专业升级和结构变迁过程中对具有外部性的活动进行适当的补贴。因"有效市场"和"有为政府"的协同作用共同推动着西部地方高校学术竞争力的内生发展，因此，西部地方高校学术竞争力内生和外引的发展路径是"EASV－MG"路径。

4.5.3　"EASV – MG"——西部地方高校学术竞争力发展的新路径

结合第 3 章新结构经济学的"静态"和"动态"发展观点，笔者认为，对西部地方高校学术竞争力的"EASV – MG"发展框架的理解也存在"静态"和"动态"两种诠释。从"静态"角度看，"EASV – MG"发展框架以相对静态的某一时点作为一个平面来考察西部地方高校学术竞争力发展的具体情况，认为西部地方高校学术竞争力应遵循以某一时点的要素禀赋结构所决定的比较优势发展战略，而"有为政府"和"有效市场"针对该时点的发展应起到外部引擎的作用。就当前的西部地方高校而言，从要素禀赋结构出发，其学术竞争力发展存在物力资源、地域资源、民族资源和自然资源等比较优势，这些比较优势需要"有效市场"通过价格机制来识别，需要"有为政府"通过合理的政策来因势利导，而在这一过程中遵循比较优势发展战略，将使西部地方高校获得学术自生能力，从而实现学术竞争力的快速发展。从"动态"角度来看，"EASV – MG"发展框架将西部地方高校学术竞争力发展置身于长期的历史和现实背景当中，认为西部地方高校学术竞争力发展是不同时期所表现出来的包括因要素禀赋结构变化所带来的各个时期比较优势结构变化、学科和专业结构改变，政府和市场在动态发展变化的不同时期发挥着相应的外部引擎的作用。也就是说，目前西部地方高校学术竞争力的比较优势是物力资源、地域资源、民族资源和自然资源等，但在学术竞争力不断提升的过程中，这些比较优势也会伴随着要素禀赋结构的变化而发生结构性变化。因此，"静态"只是一种短暂的、有条件的、相对静止的状态，而"动态"则是绝对的、无条件的、永恒的状态。"动中有静，静中有动"是西部地方高校学术竞争力发展的一种常态。

基于上述认识，笔者认为，理解西部地方高校学术竞争力的"EASV – MG"发展框架应从"静态"和"动态"两个角度入手。如图 4 – 4 所示，笔者用一棵"生长中的树"来形象描述西部地方高校学术竞争力的"静态"和"动态"发展情况。从"静态"角度来看，西部地方高校学术竞争力发展就如同一棵相对静止的树，在某一时点上其发展分为四个层次：最底下一层土壤由一般和特殊要素禀赋构成，它们是这棵树向上生长的基础；往上向树干延伸的第二层次可以看到许多树丫，其中，按照要素禀赋结构所决定的比较优势生长的树丫向上生长，长成了有生命的树丫，而没有按照自身要素禀赋结构所决定的比较优势成长的树丫长成了生命力逐渐丧失的树丫；从树丫往上延伸可以看到第三层次，按照要素禀赋结构所决定的比较优势发展的学科和专业获得发展，西部地方高校获得了学术自生能力，从而实现了快速健康生长，而没有生命力的树干则表示违背自身要素禀赋结构决定的比较优势发展的学科和专业没有获得发展，从而导致学术自生能力丧失，发展难以为继；在第四个层次，在许多基于自身要素禀赋结构所决定的比较优势发展的学科和专业结构升级的过程中，西部地方高校学术竞争力获得发展，这棵树呈现出蓬勃向上的发展态势。简言之，从"静态"角度看，在某一特定时点，西部地方高校学术竞争力发展，既需要肥沃的土壤——要素禀赋及其结构作为发展的基础或起点，也需要选对生长的路径——按要素禀赋所决定的比较优势确定发展方向和策略，获得学术自生能力，还需要外在条件的滋润——市场和政府要发挥相应的牵引作用，并在学科专业结构升级过程中实现学术竞争力的快速发展。

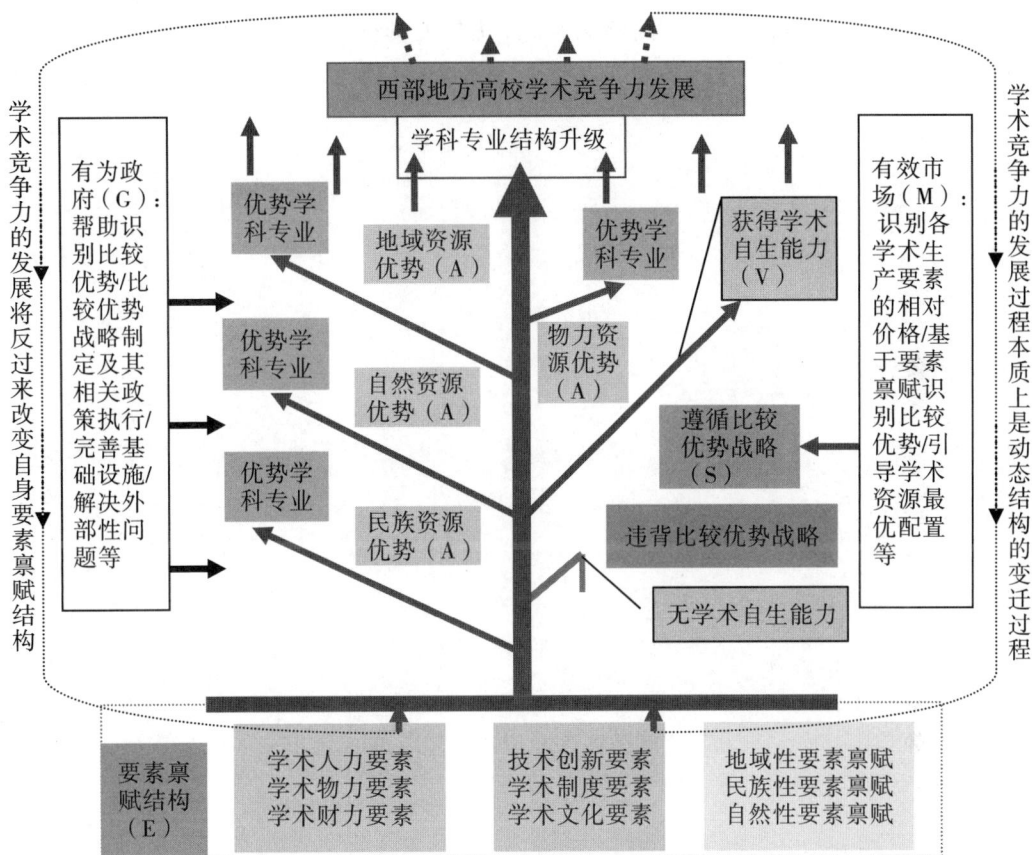

图 4-4 西部地方高校学术竞争力"静态""动态"发展的分析框架

如果说上述对"EASV-MG"框架的诠释是对西部地方高校学术竞争力发展的相对静止的一个时点平面的描述，那么，从"动态"角度来看，西部地方高校学术竞争力发展则如同一棵不断生长的树，随着树不断生长带来的自身禀赋结构的变化最终会导致这棵树在其他生长结构方面的变化。如图 4-4 所示，西部地方高校学术竞争力的不断发展将反过来改变其要素禀赋结构，进而改变基于要素禀赋结构所决定的比较优势结构和学科专业结构，而学科专业结构的不断升级带来的学术竞争力的快速发展将再一次改变西部地方高校学术竞争力的要素禀赋结构，从而形成了一个周而复始的结构变迁过程，即由要素禀赋结构变化带来的比较优势结构和学科专业结构的变迁，以及由此导致的市场和政府作用的不断调整变化。因此，从"动态"角度来看，西部地方高校学术竞争力发展就是一个要素禀赋结构、比较优势（战略）结构、学科专业结构、基础设施结构和制度结构不断循环往复的"结构变迁"的过程。

综上所述，笔者认为，"EASV – MG"发展框架不仅能从静态角度揭示西部地方高校学术竞争力发展的起点、路径、关键点，以及外在引擎作用，还能从动态角度揭示西部地方高校学术竞争力发展的深层次的渐进式"结构变迁"过程，从这个意义上说，"EASV – MG"发展框架是一个对西部地方高校学术竞争力发展具有较强解释力的理论框架。

5 基于"EASV – MG"框架的案例分析
——以广西 H 学院为例

学术界很多学者认为，因为西部地方高校学术竞争力存在人才、资金等"先天条件不足"，所以其学术竞争力提升甚至赶上东、中部地方高校是非常困难的事情。但笔者通过实例考察发现，广西 H 学院学术竞争力虽然也存在"先天条件不足"的问题，但在现实中，其在近年得到了较快的发展，甚至赶上和超越了部分同类院校。显然，广西 H 学院有一些学术发展经验值得深挖，当然，这一过程中产生的问题也值得探讨。本章试图在"EASV – MG"框架下，找出广西 H 学院发展学术竞争力的发展路径的经验，为促进同类高校学术竞争力更好更快的发展提供案例参考。

5.1 案例对象及其选择缘由

5.1.1 广西 H 学院基本情况

广西 H 学院位于中国东盟博览会举办地、广西省会城市——南宁，是广西唯一的一所独立设置的以经济管理类学科为主体，文学、法学、理学、工学、艺术学等相互支撑、协调发展的财经类全日制普通本科高校。广西 H 学院的前身可溯源至 1960 年创办的广西商业专业学校和 1963 年成立的广西财经学校。几经辗转发展，2004 年 5 月经教育部批准，广西财政高等专科学校和广西商业高等专科学校合并组建广西 H 学院，并被自治区人民政府确定为重点支持的十所高校之一。2010 年，学校顺利通过教育部本科教学工作合格评估，实现由专科教育向本科教育的转型。2011 年，学校成功申报"服务国家特殊需求人才培养项目"，成为会计硕士研究生培养单位；2013 年，获广西特色高校立项建设单位；2014 年，获批广西高校首批"2011 协同创新中心"；2016 年，获批教育部应用型本科高校建设立项，同年，获批教育部全国首批深化创新创业教育改革示范高校，其经济与管理实验教学中心获批为国家级实验教学示范中心。在 50 余年的办学历程中，广西 H 学院在人才培养、科学研究、社会服务、文化引领等方面取得了较显著的成绩，树立了良好的社会声誉，财经教育在区域内具有明显的优势和特色。迄今为止，学校为广西会计、财政税务、金融保险、审计、资产评估等多个行业培养的人才，大多已成为行业中的骨干和中坚力量，在广西 30 余万名的会计人员中三分之一毕业于或后续继续教育于广西 H 学院。

在多年的办学实践中，广西 H 学院探索出了符合自身实际情况的学术发展基本思路，并对学校的人才培养目标和学科发展目标有清楚的认识。首先，学校学术发展的基本思路是：坚持"立足广西、面向全国、辐射东盟、服务社会"的服务面向，不断提高教育教学质量，努力把学校建设成为国内先进、优势突出和特色鲜明的应用型高水平财经大学。其次，学校人才培养目标为：培养知识结构合理、专业基础扎实、具有创新精神和拥有国际视野的高素质应用型、复合型经济建设与经济管理骨干与领导者。最后，学校学科发展目标为：以经济学、管理学为重点，构建经、管、文、法、理、工等相互支撑、协调发展的学科专业体系，形成特色鲜明、综合优势明显的本科专业群。明晰的学术发展思路为广西H学院学术竞争力的持续快速发展指明了方向。

5.1.2 案例选择缘由

5.1.2.1 学术竞争力提升的代表

广西H学院升级本科教育的时间虽然不长，但在2011年拥有专业硕士点，是西部地方高校学术竞争力快速提升的代表。中国校友会大学研究团队[①]发布的2006—2018年《中国大学评价研究报告》的相关排名显示：与一些东部、中部、西部地方本科财经院校相比，广西H学院升级本科后在全国大学排行榜中的排名上升趋势较明显。如表5-1所示，2006年，广西H学院在校友会中国大学排行榜中居第443位，与当时西部地区的兰州财经大学和西安财经大学分别相差了30和66个名次；与当时发达东部地区的嘉兴学院、广东金融学院、北京物资学院分别相差了13、80和90个名次；与当时中部地区的湖北经济学院和郑州航空工业管理学院分别相差了57和111个名次。显然，在升本初期，广西H学院是表5-1所列出的8所地方财经本科院校中排名最后的，其学术竞争力也相对较弱。

---

① 中国校友会网的大学研究团队是目前我国持续开展大学评价研究时间最长的研究团队之一，它组建于2001年，2003年首次发布"校友会中国大学排行榜"，该研究团队的核心评价理念是：大学牛不牛关键看教师学术成就和校友事业成就，看其对世界文明、国家富强和社会进步的贡献，不取决于大学的学生人数、论文数量和办学规模。因为"教师学术成就"和"人才培养成就"两个方面是高校学术竞争力的重要组成部分，故而笔者选择该团队历年发布的"中国大学排行榜"作为衡量和考察各个地区高校学术竞争力水平的工具。

表 5 – 1　2006—2018 年中国校友会发布的部分地方财经本科院校排名汇总

学校名称	年份												
	2006	2007	2008	2009	2010	2011	2012	2013	2014	2015	2016	2017	2018
嘉兴学院（东部）	430	429	440	446	434	435	435	438	422	466	466	395	413
北京物资学院（东部）	353	409	396	403	405	430	465	511	414	423	441	438	441
广东金融学院（东部）	363	402	424	434	425	435	477	467	531	372	373	405	407
郑州航空工业管理学院（中部）	332	337	359	415	415	403	400	399	522	499	441	428	458
湖北经济学院（中部）	386	—	—	476	449	456	477	427	524	423	410	421	441
广西 H 学院（西部）	443	494	460	460	449	456	497	438	531	387	410	414	418
西安财经大学（西部）	377	355	374	415	396	403	415	438	410	348	375	443	435
兰州财经大学（西部）	413	373	374	372	368	373	401	399	406	412	421	384	430

资料来源：根据中国校友会网（http：//www. cuaa. net/）2006—2018 年《中国大学评价研究报告》排名资料整理。另表中兰州财经大学，2006—2014 年为兰州商学院，2015 年更名为兰州财经大学；西安财经大学 2001 年至 2018 年 10 月为西安财经学院，2018 年 11 月更名为西安财经大学。

　　但十二年以后，如表 5 – 1 所示，广西 H 学院在中国校友会 2018 中国大学排行榜中已居第 418 位，总体名次上升了 25 位。而同时，在名次上，分别超越了西部地区财经本科院校兰州财经大学和西安财经大学 12 个名次和 17 个名次；超越了原来相对发达的东部地区北京物资学院 23 个名次；分别超越了原来相对发达的中部地区湖北经济学院和郑州航空工业管理学院 23 个名次和 40 个名次。即使是与发展快速的东部地区嘉兴学院和广东金融学院相比，广西 H 学院学术竞争力落后的差距也在缩小，与嘉兴学院相比由原来落后 13 个名次追赶到 2018 年仅落后 5 个名次，与广东金融学院相比由原来落后 80 个名次追赶到 2018 年仅落后 11 个名次。可见，在升本后的十余年间，广西 H 学院不仅在西部地方高校当中属学术竞争力发展较快的，而且其学术竞争力在 2015 年就已经基本实现了追赶甚至赶超过去强于自己很多的东部和中部地方财经本科院校，应该说，它就是一个西部地方高校学术竞争力快速发展的典范。

　　升本十余年间，广西 H 学院究竟选择了什么样的发展路径使得其学术竞争力发展如此快速？笔者作为一名多年旁观者认为，广西 H 学院作为一所"发展中"的西部地方高校，其学术竞争力能打破本身落后的条件约束，获得快速发展，肯定有其可借鉴的经验，比如，学校在学术竞争力的提升过程中充分发挥了哪些优势要素？制定了什么样的发展战略？怎样结合市场和政府作用等等；同时，它的快速发展也同很多近年来学术竞争力迅速提升的西部地方高校一样，面临诸多挑战和很多现实问题，而对这些问题的研究和探讨显然能帮助其他同类"发展中"高校在今后更好地推进学术竞争力的发展。基于此，笔者认为，广西 H 学院作为西部地方高校学术竞争力提升较快的代表，其快速发展背后的经验值得总结和归纳，存在的问题及其深层次原因也值得深入挖掘，而这正是笔者选择广西 H 学院作为本研究案例的重要原因。

5.1.2.2 学科专业具有区内优势

广西 H 学院作为广西唯一的一所财经类本科院校，其经济管理类学科和专业在广西高校中长期具有明显优势。2006 年，广西壮族自治区原党委副书记李纪恒在广西 H 学院建校初期调研时指出，"过去 20 年来，学校以及学校前身，包括以前的广西财政高等专科学校和广西商业高等专科学校，坚持以学科专业建设为龙头，逐渐在财政学、金融学、会计学、市场营销、工商管理和电子商务等方面形成了自己的办学特点，在广西同类高校中有明显整体优势，赢得社会的普遍认同，被誉为'广西培养财经人才的摇篮'"①。升本十余年间，广西 H 学院经济管理类学科和专业在区域内的优势一直保持至今。截至目前，在学校 51 个本科专业中，经济管理类专业 36 个，占 70%。学校拥有会计学、财政学、金融学、数量经济学、区域经济学、管理科学与工程、企业管理、统计学、社会保障、国际贸易学、农业经济管理等广西高校重点学科 11 个，管理科学与工程、统计学、农业经济管理等自治区级的特色优势学科 3 个，是广西首家会计硕士培养单位，也是自治区学位办立项的硕士学位授予单位建设高校。广西 H 学院长期拥有的经济管理类学科和专业优势为本研究基于要素禀赋结构分析西部地方高校学术竞争力的发展提供了基础条件。

基于上述原因，本书选择广西 H 学院作为案例，探讨"EASV – MG"框架下西部地方高校学术竞争力快速发展的经验与存在问题，寻求解决对策，试图为同类正处于快速发展中的西部地方高校提供发展学术竞争力的有益参考。

5.2 广西 H 学院学术竞争力发展案例分析

在本节中，笔者试图在"EASV – MG"框架下，对升本十余年来广西 H 学院学术竞争力的要素禀赋结构、比较优势、战略选择、学术自生能力等进行探讨，找出广西 H 学院升本以来基于自身要素禀赋结构所决定的比较优势发展学术竞争力的渐进式"结构变迁"路径。

5.2.1 广西 H 学院学术竞争力的要素禀赋及其结构变迁

在"EASV – MG"理论框架中 E 代表的是要素禀赋结构，具体包括一般学术生产要素禀赋结构和特殊学术生产要素禀赋结构。广西 H 学院在不同阶段拥有的学术生产要素禀赋的相对丰裕和相对稀缺程度构成了该校各个阶段不同的学术生产要素禀赋结构。

---

① 王春明，席鸿建. 提升与跨越：新建本科院校办学实践与探索 ［M］. 南宁：广西教育出版社，2011：5.

5.2.1.1 一般学术生产要素禀赋及其结构变迁

1. 资源性学术生产要素禀赋及其结构变迁

（1）升本以来学校资源性学术生产要素禀赋及其结构变迁。

广西 H 学院学术竞争力的资源性学术生产要素禀赋包括学术人力、学术物力和学术财力等。如表 5－2 所示，2004 年至 2017 年，广西 H 学院学术人力（主要指专任教师）由 651 人上升至 1 099 人，增长了 1.69 倍，在学术人力资源增长过程中，其结构也发生了相应的变化，其中，变化最大的是具有博士学位的专任教师人数，从 0 人增长到 151 人，所占比重增长到 13.74%，说明广西 H 学院这些年对高层次学术人才的引进和培养工作非常重视；其次，具有硕士学位的专任教师人数由 71 人增长到 660 人，增长了 9.3 倍，所占比重由 10.91% 增长到 60.05%，显然具有硕士学位的专业教师成为广西 H 学院从事学术活动的主力军；再次，具有正高职称的专任教师人数增长变化也较为明显，由 11 人增长至 101 人，增长了 9.18 倍，所占比重由 1.69% 上升到 9.19%，说明广西 H 学院对具有正高职称的学术人才非常重视，做了大量内培和外引工作；具有副高职称的教师人数虽每年都有少量增长，由 189 人增加到 295 人，增长了 1.56 倍，但所占比重却十余年来一直徘徊在 20% 至 30% 之间，是有待充分发掘的一个学术人才层次。

如表 5－2 所示，从 2004 年至 2017 年广西 H 学院的学术物力资源也在逐年增加。2004 年，广西 H 学院的占地面积仅为 635.21 亩，至 2017 年已增长到 4 275.88 亩，增长了 6.73 倍。在十余年间，广西 H 学院完成了两次重要的征地建设，一次是 2011 年相思湖校区建设，征地 777 亩，目前该校区的建设已基本完成；一次是 2016 年武鸣校区建设，征地 2 200 余亩，目前该校区尚在建设当中。广西 H 学院能顺利完成这两次征地建设，一方面跟学校的正确决策有关，另一方面也是由于西部地区土地资源相比东、中部地区要丰富，有利于西部地方高校扩大规模，拓展学术活动空间。在校园建筑面积方面，2004 年至 2017 年，广西 H 学院校园建筑面积由 36.24 万平方米增长至 81.61 万平方米，增长了 2.25 倍；在教学行政用房方面，也由 14.72 万平方米增长至 32.48 万平方米，增长了 2.21 倍，这两项数据目前随着新校区的建设还在不断更新。2004 年至 2007 年，广西 H 学院教学科研仪器设备总值由 3 286.00 万元增长至 15 041.11 万元，增长了 4.58 倍；图书馆藏书由 81.61 万册增长至 297.39 万册，增长了 3.64 倍。

十余年间，在学术财力方面，广西 H 学院的科研项目、科研平台、学科建设等方面经费均呈现出良好的上升态势。2004 年至 2017 年，科研项目经费总额达 10 424.31 万元，尤其是学校成功申报硕士授权单位的 2011 年及其以后，科研项目经费增长迅速，每年项目经费都到了 1 000 万元以上；重点科研平台经费总额达 5 265 万元，各级各类学科建设经费累计达 8 683.2 万元。这些学术经费有力地保障了广西 H 学院学术活动的顺利开展，也为学校学术竞争力的发展提供了资金保障。

综上所述，从对广西 H 学院学术竞争力的资源性要素禀赋及其结构的分析来看，虽然每一年广西 H 学院学术竞争力的资源性要素禀赋会在数量上发生一定变化，但大致呈增长态势。

表 5 - 2　2004—2017 年广西 H 学院学术竞争力的资源性学术生产要素禀赋及其结构变迁情况

项目		2004	2005	2006	2007	2008	2009	2010	2011	2012	2013	2014	2015	2016	2017
									年份						
学术人力	专任教师数/人	651	704	754	760	780	729	755	788	847	931	1 032	1 070	1 091	1 099
	正高职称教师数/人	11	11	15	18	27	36	45	59	72	80	90	93	89	101
	正高职称教师占比/%	1.69	1.56	1.99	2.37	3.46	4.94	5.96	7.49	8.26	8.59	8.72	8.69	8.16	9.19
	副高职称教师数/人	189	204	143	149	181	154	182	191	202	222	272	270	285	295
	副高职称教师占比/%	29.03	28.98	18.97	19.61	23.21	21.12	24.11	24.24	23.85	23.85	26.36	25.23	26.12	26.84
	博士学位教师数/人	0	3	9	18	26	29	32	47	54	62	76	93	109	151
	博士学位教师占比/%	0	0.41	1.19	2.37	3.33	2.25	4.24	5.96	6.38	6.66	7.36	8.69	9.99	13.74
	硕士学位教师数/人	71	129	205	336	384	343	381	443	500	584	650	638	685	660
	硕士学位教师占比/%	10.91	18.32	27.19	44.21	44.62	47.05	50.46	56.22	59.03	62.73	62.98	59.63	62.79	60.05
	在校研究生数/人	0	0	0	0	0	0	0	0	27	60	77	108	134	198

（续上表）

项目		年份													
		2004	2005	2006	2007	2008	2009	2010	2011	2012	2013	2014	2015	2016	2017
学术物力	占地面积/亩	635.21	635.21	630.82	630.82	1 263.82	1 263.82	1 388.69	1 412.94	2 008.00	2 008.00	2 008.00	2 008.00	2 008.00	4 275.88
	校园建筑面积/万平方米	36.24	36.24	36.12	36.21	37.37	37.37	37.37	37.61	64.67	65.68	70.64	71.03	71.03	81.61
	教学行政用房/万平方米	14.72	14.72	14.22	13.78	13.78	13.78	13.78	13.88	28.06	28.06	30.75	31.14	31.14	32.48
	教学科研仪器设备总值/万元	3 286.00	3 620.00	3 736.00	3 483.25	4 802.68	5 318.41	5 873.55	6 270.55	7 564.87	9 678.00	10 573.47	11 589.26	12 591.62	15 041.11
	图书馆藏书/万册	81.61	87.57	94.10	101.00	108.90	116.00	123.85	131.23	149.76	158.5	207.38	213.21	264.82	297.39
学术财力	全年项目经费/万元	31	56	81.5	98.1	345.8	349.9	458.3	797.34	1 144.68	1 677.91	1 101.6	1 571.1	1 070.4	1 640.68
	纵向项目经费/万元	10.5	11	42.5	79.1	207.5	161.5	144.8	450	797.34	1 303.48	671.6	567.1	705.9	1 051.6
	横向项目经费/万元	20.5	45	39	115.7	138.3	223	313.5	347.34	347.34	374.43	430.00	1 004.00	364.95	589.08
	重点学科研平台建设经费/万元	0	45	200	300	190	280	500	760	450	340	320	550	570	760
	重点学科建设经费/万元	0	23.2	100	100	100	100	400	450	500	810	1 100	1 450	1 450	2 100

资料来源：根据《2004—2017年广西H学院发展报告》（西南财经大学出版社2015年版），《2015—2017年广西H学院本科教学质量报告》，2004—2017年广西H学院人事处、科研处、研究生处、图书馆等部门的部门总结与相关材料整理而成。

（2）东、中、西部地方高校资源性学术生产要素禀赋结构的比较。

以 2017 年为观测点，广西 H 学院的资源性学术生产要素禀赋与东、中部同类地方高校相比存在差异。如表 5-3 所示，在学术人力结构方面，广西 H 学院与其他地区同类地方高校相比，差距最大的是博士学位专任教师占比，东部地区的北京物资学院的占比达47.49%，中部地区的湖北经济学院和郑州航空工业管理学院占比分别达 43.52% 和28.39%，而广西 H 学院仅占比 13.74%；差距较大的是硕士学位专任教师占比，东部地区的北京物资学院占比达 83.11%，中部地区的郑州航空工业管理学院占比达 93.41%，而广西 H 学院仅占比 60.05%；存在一定差距的是高级职称专任教师（包括正高和副高职称）的占比，东部的北京物资学院达 53.2%，嘉兴学院达 46.15%，中部地区的湖北经济学院达 49.19%，郑州航空工业管理学院达到了 38.01%，广西 H 学院仅占比 36%。因此，从 2017 年来看，与东、中部同类地方高校相比，广西 H 学院的学术人力呈现出相对不足的状况，尤其是高水平学术人才博士的占比相对落后。

在学术物力方面，广西 H 学院与东部和中部同类地方高校相比存在相对优势，拥有相对丰富的占地面积、校园建筑面积和图书馆藏书。如表 5-3 所示，广西 H 学院的占地面积超过了其他五所东、中部地方高校，甚至是北京物资学院的 7 倍多；广西 H 学院的校园建筑面积除少于郑州航空工业管理学院以外，超过了其他四所东、中部地方高校，甚至是北京物资学院的 4 倍多；广西 H 学院的图书馆藏书量除少于嘉兴学院以外，也超过了其他四所东、中部地方高校，是北京物资学院的 2.65 倍。总体来看，与东部和中部同类地方高校相比，广西 H 学院的学术物力资源相对丰富，具有较大的发展潜力。

在学术财力方面，与东、中部同类地方高校相比，广西 H 学院的学术经费相对不足。众所周知，地方高校是隶属地方政府，靠地方财政供养的一类高校，它们的学术经费主要由地方政府提供，因而这类高校所在的地方政府的经济状况直接影响到他们学术活动经费的多少。如表 5-3 所示，与东、中部同类地方高校相比，广西 H 学院所在城市和省份的GDP 总量都较少。从所在的省份来看，广西 2016 年 GDP 为 18 245.1 亿元，只是浙江省的39.25%，河南省的 45.43%，湖北省的 56.49%，北京直辖市的 73.28%；从所在的城市来看，南宁市 2016 年 GDP 为 3 703.4 亿元，仅是武汉市的 31.09%，郑州市的 46.15%，与嘉兴市相比也有近 60 亿元的差距。显然，广西 H 学院作为广西的一所普通地方本科院校，其所获得的学术活动经费目前较难超越东、中部经济发达地区地方高校，其学术竞争力发展也受制于西部地区广西经济发展的落后现状。

综上所述，从升本以来广西 H 学院学术竞争力的资源性学术生产要素禀赋及其结构变迁的情况来看，广西 H 学院学术竞争力的资源性学术生产要素禀赋呈逐年增长态势；从 2017 年这一时段来看，与东部、中部部分财经类地方本科院校相比，广西 H 学院学术竞争力的资源性学术生产要素禀赋结构存在学术人力和学术财力相对不足，学术物力资源相对丰富的特征。显然，升本十余年间，即使广西 H 学院的学术人力、物力和财力要素禀赋逐年增长，但在学术人力和财力方面却仍然存在学术人力和学术财力的"先天条件不足"问题，难以具有和超越东、中部同类院校的学术人力和财力水平；但因西部地区疆域辽阔，广西 H 学院拥有更大的土地空间，学术物力要素禀赋资源丰富，目前在校园面积、校舍面积、图书馆藏书等方面有超越东、中部地方高校学术物力水平的潜质。也就是说，虽然学术人力、学术财力的"先天条件不足"会在较大程度上制约类似广西 H 学院这样的西部地方高校学术竞争力的提升，但显然在学术物力方面西部地方高校还是拥有着追赶甚至超越东、中部同类地方院校的巨大潜力。

表5-3 2017年部分东、中、西部地方高校学术竞争力的资源性学术生产要素禀赋结构比较

学校名称	要素													
	学术人力									学术物力			学术财力	
	专任教师总数	其中								占地面积/亩	校园建筑面积/万平方米	图书馆藏书/万册	2016年所在城市GDP/亿元	2016年所在省份GDP/亿元
		正高/人	正高占比/%	副高/人	副高占比/%	博士/人	博士占比/%	硕士/人	硕士占比/%					
广西H学院(西部广西)	1 099	101	9.19	295	26.84	151	13.74	660	60.05	4 275.88	81.61	297.39	3 703.4	18 245.1
北京物资学院(东部北京)	438	62	14.16	171	39.04	208	47.49	364	83.11	600	20余	112.08	24 899.3	24 899.3
嘉兴学院(东部浙江)	1 300余	133	13.3	427	32.85	410余	31.54	—	—	1 800	66	348	3 760.12	46 485
湖北经济学院(中部湖北)	933	109	11.68	350	37.51	406	43.52	—	—	1 590	66	191	11 912.6	32 297.9
郑州航空工业管理学院(中部河南)	1 092	107	9.80	308	28.21	310	28.39	1 020	93.41	1 900余	99	211	8 025.3	40 160

资料来源：①学术人力和学术物力资料来源于各高校官方网站的学校概况或简介，各高校官方图书馆概况或简介中介绍的相关数据的整理，数据更新于2017年，"—"表示该项在学校官方网站的学校概况和简介中没有有关数据和信息；②各省和市的GDP数据来源于各省市政府的官方网站。

2. 过程性学术生产要素禀赋及其结构变迁

广西 H 学院学术竞争力的过程性要素是指在学校学术生产过程中协同发挥作用的一类要素，具体包括广西 H 学院的技术创新、学术制度、学术文化等。因技术创新、学术制度、学术文化属于广西 H 学院学术竞争力发展的过程性要素，较难通过查阅文献等方式获取全面的信息，为了解上述过程性要素对案例高校学术竞争力的影响，笔者进行了"西部地方高校学术竞争力发展情况调查问卷"（详见附录 1）调查。在问卷中，第 5、6、7、8 题考察了技术创新要素，第 9、10、11、12、13 题考察了学术制度要素，第 14、15、16、17、18 题考察了学术文化要素。问卷回收后统计所得到的调查对象包括正高职称 34 人，副高职称 36 人，中级职称 36 人，初级职称 20 人；包括博士 50 人，硕士 66 人，学士 10 人。

（1）技术创新。

技术创新能对学者的具体学术生产活动成效产生影响，它是广西 H 学院学术竞争力发展的重要过程要素。问卷的第 5 题从纵向历史发展的动态角度考察了广西 H 学院学者技术创新能力的变迁情况，第 6～8 题从东、中、西部地方高校的横向比较角度考察了广西 H 学院技术创新的现实影响情况。

如表 5－4 所示，问卷第 5 题回答的统计显示，广西 H 学院教师代表 52.38% 选择了"是"，30.95% 选择了"否"，16.67% 选择了"不知道"。笔者进一步对部分选择"不知道"的教师的访谈显示，他们之所以选择"不知道"是因为新进学校不到 5 年，很难将升本初期与现在的情况进行比较。因此总体来说，从历史发展的角度来看，广西 H 学院大部分教师代表认为升本以来广西 H 学院教师在具体学术活动中的技术创新水平有较大程度的提升。

问卷第 6 题回答的统计显示，教师代表无 1 人选择"很好"，2 人选择"好"，其余 55.56% 选择了"一般"，34.92% 选择了"不好"，7.94% 选择了"很不好"，也就是说，有高达 57.15% 的教师代表认为目前广西 H 学院学者的学术成果的技术创新情况没有超越东、中部地方高校，甚至其中还有高达 42.86% 的教师代表表示"不好"或者"很不好"。

问卷第 7 题回答的统计显示，教师代表无 1 人选择"很重视"，22.22% 选择"较重视"，50.79% 选择"一般重视"，22.22% 选择"较不重视"，4.76% 选择"很不重视"，可见，有高达 73.01% 的教师代表认为广西 H 学院学者在学术活动的具体操作中对技术创新因素作用的重视程度没有超越东、中部地方高校，甚至其中还有高达 26.98% 的教师代表认为学者"较不重视"和"很不重视"。

问卷第 8 题回答的统计显示，教师代表无 1 人选择"非常赞同"，25.4% 选择"较赞同"，28.57% 选择"一般赞同"，38.1% 选择"较不赞同"，7.93% 选择"非常不赞同"，可以看出，有高达 53.97% 的教师代表认为广西 H 学院学术生产活动因受技术创新的影响而获得更好的成效的情况没有超越东、中部地方高校，甚至其中还有高达 46.03% 的教师代表对这一说法持"较不赞同"和"非常不赞同"态度。

因此，从第 6～8 题的统计结果来看，与东、中部地方高校相比，西部地方高校广西 H 学院学术竞争力的技术创新要素禀赋相对较弱。

从上述调查和分析来看，笔者认为，升本至今即使广西 H 学院学术竞争力的技术创新要素禀赋呈变强趋势，但与东、中部地方高校相比，其技术创新要素禀赋参与到学者学术活动并产生作用的水平还相对较低。

表5－4　广西 H 学院学术竞争力的技术创新要素禀赋调查情况

题号	题目	选项、所选人数与所选人数占比				
第5题	您认为升本至今，您所在的西部地方高校学者在具体的学术活动中技术创新水平是否有较大程度的提升？	是 66 人， 52.38%	否 39 人， 30.95%	不知道 21 人， 16.67%		
第6题	与东、中部地方高校相比，您认为您所在的西部地方高校的学术成果的技术创新情况怎么样？	很好 0 人， 0%	好 2 人， 1.59%	一般 70 人， 55.56%	不好 44 人， 34.92%	很不好 10 人， 7.94%
第7题	与东、中部地方高校相比，您认为您所在的西部地方高校学者在学术活动的具体操作中重视技术创新因素的作用吗？	很重视 0 人， 0%	较重视 28 人， 22.22%	一般重视 64 人， 50.79%	较不重视 28 人， 22.22%	很不重视 6 人， 4.76%
第8题	因技术创新要素的作用，您认为您所在的西部地方高校的学术生产活动比东、中部地方高校更有成效吗？	非常赞同 0 人， 0%	较赞同 32 人， 25.4%	一般赞同 36 人， 28.57%	较不赞同 48 人， 38.1%	非常不赞同 10 人， 7.93%

（2）学术制度。

学术制度对广西 H 学院学者的学术行为起到规范、约束和激励的作用，它是学校良好学术环境形成的重要过程要素。问卷的第 9 题从纵向历史发展的动态角度考察广西 H 学院学术制度对学校学术环境的影响情况，第 10～13 题从东、中、西部地方高校的横向比较角度考察广西 H 学院学术制度的现实静态影响情况。

如表 5－5 所示，问卷第 9 题回答的统计显示，广西 H 学院教师代表 63.50% 选择了"是"，18.25% 选择了"否"，18.25% 选择了"不知道"。因此整体来说，从历史发展的角度来看，广西 H 学院大部分教师代表认为升本以来广西 H 学院对学术制度的多次调整改善了学者的学术研究环境。

问卷第 10 题回答的统计显示，教师代表无 1 人选择"很便利"，7 人选择"较便利"，其余 34.12% 选择了"一般便利"，38.89% 选择了"较不便利"，21.43% 选择了"很不便利"，也就是说，有高达 94.44% 的教师代表认为目前广西 H 学院的财务报账制度为学者学术研究提供便利的程度没有超越东、中部地方高校，甚至其中还有高达 60.32% 的教师代表表示"较不便利"或者"很不便利"。

问卷第 11 题回答的统计显示，教师代表无 1 人选择"很便利"，29.37% 选择"较便利"，41.27% 选择"一般便利"，22.22% 选择"较不便利"，7.14% 选择"很不便利"，可见，有高达 70.63% 的教师代表认为广西 H 学院科研项目管理制度为学者学术研究提供的便利程度没有超越东、中部地方高校，甚至其中还有高达 29.36% 的教师代表认为"较不便利"和"很不便利"。

问卷第 12 题回答的统计显示，教师代表有 3 人选择"激励很大"，37.31% 选择"激励较大"，39.68% 选择"激励一般"，18.25% 选择"激励较小"，2.38% 选择"基本没有激励"，可见，有高达 60.31% 的教师代表认为广西 H 学院的学术人才制度对学者参与学术活动、学历进修、职称晋升等的激励程度没有超越东、中部地方高校。

问卷第 13 题的统计显示，教师代表有 8.73% 选择"很大"，39.68% 选择"较大"，38.09% 选择"一般"，10.32% 选择"较小"，3.18% 选择"基本没有"，显然，有超过一半的教师代表认可广西 H 学院的科研和教学奖励制度对学者学术活动的激励程度没有超越东、中部地方高校，其中有 13.5% 的教师代表认为"激励较小"或"激励基本没有"。

因此从第 10～13 题的结果来看，与东、中部地方高校相比，西部地方高校广西 H 学院学术竞争力的学术制度要素跟东、中部地方高校相比相对较弱。

从上述调查结果来看，从动态发展角度来看，升本至今，广西 H 学院学术制度对学术环境的影响总体是积极的，但从相对静态的 2017 年这一时点来看，与东、中部地方高校相比，其学术制度为学者学术活动所带来的便利程度和激励程度则呈现出相对较弱水平。

表 5 - 5　广西 H 学院学术竞争力的学术制度要素禀赋调查情况

题号	题目	选项、所选人数与所选人数占比				
第 9 题	您认为升本以来您所在的西部地方高校对学术制度的多次修改是否改善了学者的学术研究环境？	是	否	不知道		
		80 人，63.50%	23 人，18.25%	23 人，18.25%		
第 10 题	与东、中部地方高校相比，您认为您所在的西部地方高校的财务报账制度为学者学术研究提供便利的程度是：	很便利	较便利	一般便利	较不便利	很不便利
		0 人，0%	7 人，5.56%	43 人，34.12%	49 人，38.89%	27 人，21.43%
第 11 题	与东、中部地方高校相比，您认为您所在的西部地方高校的科研项目管理制度为学者学术研究提供的便利程度是：	很便利	较便利	一般便利	较不便利	很不便利
		0 人，0%	37 人，29.37%	52 人，41.27%	28 人，22.22%	9 人，7.14%

（续上表）

题号	题目	选项、所选人数与所选人数占比				
第12题	与东、中部地方高校相比，您认为您所在的西部地方高校的学术人才制度对学者参与学术活动、学历进修、职称晋升等的激励程度是：	很大	较大	一般	较小	基本没有
		3人，2.38%	47人，37.31%	50人，39.68%	23人，18.25%	3人，2.38%
第13题	与东、中部地方高校相比，您认为您所在的西部地方高校的科研和教学奖励制度对学者学术活动的激励程度是：	很大	较大	一般	较小	基本没有
		11人，8.73%	50人，39.68%	48人，38.09%	13人，10.32%	4人，3.18%

（3）学术文化。

学术文化是能潜移默化地对学者学术活动产生影响的一类过程要素，它可以通过社会文化渗透的形式影响到学者的学术行为。影响西部地方高校学术竞争力发展的学术文化要素主要包括学术创新意识、学术自由观、学术道德观、学术价值观等。问卷第14题考察广西H学院学术文化的动态变迁情况。

如表5－6所示，问卷第14题回答的统计显示，广西H学院教师代表59.52%选择"是"，25.40%选择"否"，15.08%选择"不知道"，因此，从历史发展的动态角度来看，升本至今广西H学院的学术发展环境变得越来越自由和宽松，学术文化环境有了较大改善。

问卷第15～18题，主要考察2017年这一时点广西H学院的学术创新意识、学术道德观、学术价值观和学术自由观等对学者学术活动的影响情况。

第一，学术创新意识。问卷第15题回答的统计显示，广西H学院教师代表虽有17人选择了"很强"或"较强"，但共计有109人选择了"一般""较弱"或"很弱"，因而总体来看，有超过80%的教师代表认为广西H学院学者的学术创新意识没有超越东、中部地方高校，其中有高达34.13%的教师代表认为广西H学院学者的学术创新意识处于"较弱"或"很弱"的状态。

第二，学术道德观。问卷第16题回答的统计显示，广西H学院教师代表虽有26人选择了"非常赞同"或"较赞同"，但共计有100人选择了"一般赞同""较不赞同"或"非常不赞同"，因而有79.36%的教师代表认为广西H学院学者的学术道德水平没有超越东中部地方高校，甚至有高达37.3%认为水平较低。

第三，学术价值观。问卷第17题回答的统计显示，广西H学院教师代表仅有16人选择了"非常赞同"或"较赞同"，但共计有110人选择了"一般赞同""较不赞同"或

"非常不赞同",因而,有高达54.76%的教师代表认为,与东、中部地方高校相比,广西H学院学者并非更多基于追求学术的本真而做学术。

第四,学术自由观。问卷第18题回答的统计显示,广西H学院教师代表虽有29人选择了"非常赞同"或"较赞同",但共计有97人选择了"一般赞同""较不赞同"或"非常不赞同",因而,有高达48.41%的教师代表认为,与东、中部地方高校相比,广西H学院学者在学术交流和探讨中存在更多以势压人、以权压人的现象。

综合上述分析,笔者认为,虽然升本以来广西H学院的学术文化有较大改善,但与东、中部地方高校相比,广西H学院的学术创新意识、学术道德观、学术价值观和学术自由观等都呈现出相对较弱的情况。

表5-6　广西H学院学术竞争力的学术文化要素禀赋调查情况

题号	题目	选项、所选人数与所选人数占比				
第14题	升本至今,您是否认为您所在的西部地方高校的学术文化环境变得越来越自由和宽松?	是	否	不知道		
		75人,59.52%	32人,25.40%	19人,15.08%		
第15题	与东、中部地方高校相比,您认为您所在的西部地方高校学者的学术创新意识的强度是:	很强	较强	一般	较弱	很弱
		2人,1.59%	15人,11.90%	66人,52.38%	40人,31.75%	3人,2.38%
第16题	与东、中部地方高校相比,您认为您所在的西部地方高校学者的学术道德水平较高:	非常赞同	较赞同	一般赞同	较不赞同	非常不赞同
		3人,2.38%	23人,18.25%	53人,42.06%	41人,32.54%	6人,4.76%
第17题	与东、中部地方高校相比,您认为您所在的西部地方高校学者更多基于追求学术的本真而做学术:	非常赞同	较赞同	一般赞同	较不赞同	非常不赞同
		2人,1.59%	14人,11.11%	41人,32.54%	53人,42.06%	16人,12.70%
第18题	与东、中部地方高校相比,您认为您所在的西部地方高校学者在交流学术问题时有更加自由、宽松的发言环境,没有以权力、资历压制人的现象:	非常赞同	较赞同	一般赞同	较不赞同	非常不赞同
		6人,4.76%	23人,18.25%	36人,28.57%	39人,30.95%	22人,17.46%

从广西H学院学术竞争力发展的一般要素禀赋的分析结果来看,跟东、中部地方高校相比,广西H学院学术竞争力的资源性要素与其他西部地方高校一样存在学术人力不足、学术财力不够、学术物力较充沛的结构特点;广西H学院学术竞争力的过程性要素存在学

术创新、学术制度和学术文化等相对弱势的结构特点。

5.2.1.2 特殊学术生产要素禀赋及其结构变迁

特殊要素禀赋指广西 H 学院在学术活动开展中所拥有的独一无二、不可复制的学术生产要素禀赋，具体包括地域性、民族性和自然性学术生产要素禀赋。

1. 特殊学术生产要素禀赋结构

与东、中部地方高校相比，广西 H 学院所在的广西壮族自治区为广西 H 学院学术竞争力发展提供了非常丰富的地域性、民族性、自然性特殊要素禀赋。

（1）地域性要素禀赋丰富。

广西 H 学院所在地广西是东盟国家进入中国的"桥头堡"、大西南的出海口和泛珠三角的门户，是当前国家"一带一路"倡议中全国唯一的一个具有"海陆双线互动"优势的省份，地理位置独特而重要。国家多位领导人曾多次做出重要指示，肯定广西在中国—东盟合作中的重要地位，并明确要求广西积极参与中国—东盟自由贸易区、泛北部湾合作、大湄公河次区域合作，充分发挥中国—东盟自由贸易区前沿地带和"桥头堡"作用。广西 H 学院所在城市南宁，不仅是广西的省会城市，还是中国—东盟博览会长期举办地。2003 年 10 月 8 日，时任国务院总理的温家宝在第七次中国与东盟领导人会议上倡议，从 2004 年起每年在中国南宁举办中国—东盟博览会，同期举办中国—东盟商务与投资峰会。这一倡议得到了东盟 10 国领导人的普遍支持。2004 年 11 月以来，中国—东盟博览会已成功举办了 13 届，促进了中国—东盟自由贸易区的建设。另外，广西 H 学院所在城市南宁未来还将是北部湾城市群的核心城市。在 2017 年 2 月 17日国家发展和改革委员会网站公布的《北部湾城市群发展规划》中，南宁被定位为北部湾城市群核心城市，未来将建设成为特大城市和区域性国际城市。因此，与很多东、中部地方高校相比，置身于广西、依托于南宁发展的广西 H 学院拥有较丰富的发展学术竞争力的地域性要素禀赋资源。

（2）民族性要素禀赋丰富。

广西 H 学院所在省份广西拥有非常丰富的民族资源。广西作为我国五大少数民族自治区之一，其常住人口中的少数民族人口占 37.18%，居全国第 1 位，其壮族人口占总人口的 31.39%，壮族是中国人口最多的少数民族。在广西世居的少数民族主要有壮族、瑶族、苗族、侗族、仫佬族、毛南族、回族、京族、彝族、水族、仡佬族 11 个，在这 11 个世居少数民族中除回族使用居住地的汉语方言外，其他少数民族均有自己的语言。广西的民族艺术资源、民族医药资源、民族风俗习俗资源也很丰富，比如，广西拥有壮剧、壮欢、彩调剧、邕剧、苗剧、毛南剧等多种少数民族戏剧；壮族的壮医药线点灸疗法被列入国家级非物质文化遗产名录等。因此，与很多东、中部地方高校相比，广西 H 学院拥有相对丰富的发展学术竞争力的少数民族资源。

（3）自然性特殊要素禀赋丰富。

广西 H 学院所在地广西拥有丰富的河流、海洋、矿藏、能源、旅游等自然资源。广西河流众多，水力资源丰富，广西境内河流总长约 3.4 万公里，集水面积在 1 000 平方千米以上的地表河有 69 条，喀斯特地下河有 433 条，长度超过 10 公里的有 248 条。广西有 1 595 公里海岸线，海洋生物、矿产和能源等资源丰富，北部湾鱼类、虾类、头足类、蟹类、贝类和其他海产动物、藻类等海洋生物资源种类繁多；煤、泥炭、铝、锡、金、钛铁矿、石英砂、石膏等海洋矿产资源达到 20 多种；北部湾盆地、莺歌海盆地和合浦盆地三个含油沉积盆地蕴藏丰富的海洋石油、天然气资源。广西还素有"有色金属之乡"之称，境内现已探明有 97 种矿藏储量，其中锰、锡、砷等 12 种矿藏储量居全国第一。广西的旅游资源也很丰富，有山水甲天下的桂林、世界长寿之乡巴马等著名旅游城市，还有众多古人类、古建筑、古文化遗址、古水利工程等。因此，与很多东、中部地方高校相比，广西 H 学院发展学术竞争力所拥有的自然性要素禀赋资源是相对丰富的。

从上述分析来看，与很多东、中部地方高校相比，广西 H 学院学术竞争力具有地域性、民族性、自然性要素禀赋相对丰富的结构特点。

2. 特殊学术生产要素禀赋结构变迁

因为广西 H 学院所拥有的丰富的特殊要素禀赋资源是与生俱来、不可复制的，如果学校不搬离广西，这些资源自始至终都是存在的，因此，就这些资源的现实存在而言，其结构是相对稳定的；但就这些资源的开发和利用来看，其结构则有着一定的变化。对广西 H 学院学术竞争力发展而言，这种变化主要表现在：2004 年至 2010 年间对地域性和民族性要素禀赋的开发和利用很重视；2011 年至今在重视地域性、民族性要素禀赋的同时，加强了对自然性特殊要素禀赋的开放和利用。

（1）2004 年至 2010 年：地域性 + 民族性特殊学术生产要素禀赋结构。

升本初期，在学校学术人力、物力、财力要素方面呈现出相对不足的状态，在学术制度等过程要素相对落后的情况下，广西 H 学院的领导和教师就认识到了特殊学术生产要素禀赋对学校发展学术竞争力的重要性。在学术生产活动中，很多教师通过充分发掘和利用学校所拥有的丰富的地域性和民族性要素禀赋以提升学校学术竞争力。2004 年至 2010 年，基于地域性和民族性要素禀赋，广西 H 学院教师在与东、中部地方高校学术竞争中取得了大量具有代表性的成果。比如国家级项目立项就是教师充分挖掘学校具有的地域性和民族性要素禀赋的很好例证。如图 5 - 1 所示，2004 年至 2010 年，广西 H 学院共获得 14 项国家级课题立项，其中有 7 项选题是基于地域性要素开展的学术研究，占立项项目总数的 50%，有 3 项选题是基于民族性要素开展的学术研究，占到了 21.43%，只有 4 项是基于其他方面选题立项的课题。再比如，在人才培养方面，2009 年，广西 H 学院教学改革项目"适应中国—东盟自由贸易区发展需要的经济管理类人才模式研究与实践"荣获国家级优秀教学成果二等奖。这些高水平项目和奖项的获得说明，类似广西 H 学院这样的欠发达的西部地方高校，在与东、中部地方高校学术竞争当中，发挥其区域优势和民族优势以提升学术竞争力是非常重要的。

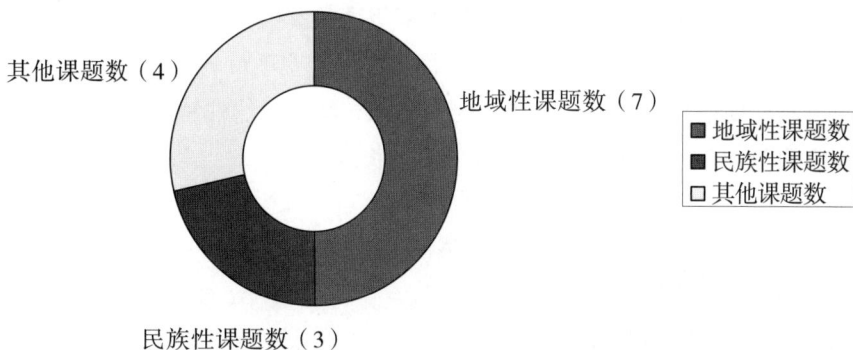

图 5－1　2004—2010 年 GXCY 国家级课题立项情况

（2）2011 年至今：地域性＋民族性＋自然性特殊学术生产要素禀赋结构。

广西 H 学院于 2011 年成为硕士点授权单位以后，学院领导和教师不仅深挖了地域性和民族性特殊要素禀赋，而且在此基础上还大力拓展了学术物力和自然性要素在学术竞争力发展中的作用，广西 H 学院学术竞争力的特殊学术生产要素禀赋结构也发展为"地域性＋民族性＋自然性"要素禀赋三者并行。

首先，更大范围地发挥了地域性和民族性特殊学术生产要素的作用。如图 5－2 所示，2011 年至 2017 年广西 H 学院教师获得国家级项目立项，共 82 项，其中有 37 项选题是基于地域性要素开展的学术研究，占 45.12%；有 12 项选题是基于民族性要素开展的学术研究，占 14.63%。在基于地域性要素申报的 37 项国家级项目中，不仅关注西部、东盟等国内地域优势和连陆地域优势，在 2012 年校长夏飞获得题为"未来十年中国—东盟经贸格局演变与我国南海安全战略构建研究"的国家基金重大项目后，在我国"一带一路"倡议的带动下，教师更加重视基于向海地域要素申报项目。比如，2013 年至 2015 年连续三年有多个基于向海地域要素立项的国家级项目：《基于南海战略资源安全的中国与东盟海洋国经贸合作的模式与政策研究》《南海通道对中国经济安全的影响与对策研究》《"海上丝绸之路"视角下的广西北部湾经济区海洋经济竞争力评价与提升研究》《海上丝绸之路和自贸区升级版双重视阈下南海经济圈建设研究》等。与 2011 年前不同的是，2011 年后不仅围绕西部、东盟等地域要素展开学术研究，还较充分地发挥了向海地域要素在研究中的作用。目前，借助向海地域优势，广西 H 学院已拥有一批研究"向海经济"的专家和学者，学校在区域内也具有了一定的研究海洋经济的比较优势。

其次，大力发掘自然性特殊学术生产要素的作用。2011 年前，广西 H 学院所在地广西的自然性要素虽相对丰裕，却因为封闭的人文、交通等条件限制，其比较优势并未受到学校应有的重视。2011 后，随着"互联网＋"时代的到来，加之广西的交通、人文环境的改善，学校逐渐认识到自然性要素对学校学术竞争力发展的重要性。如图 5 - 2 所示，2011 年至 2017 年，广西 H 学院教师获得的国家级项目立项中有 6 项选题是基于自然性要素开展的学术研究，占立项总数的 7.32%。目前，因这些项目的带动，学校已有一些教师专门从事与自然性要素相关的经济问题研究，因此，基于自然性特殊要素禀赋的相关研究也成为推动广西 H 学院学术竞争力发展的新的增长点。

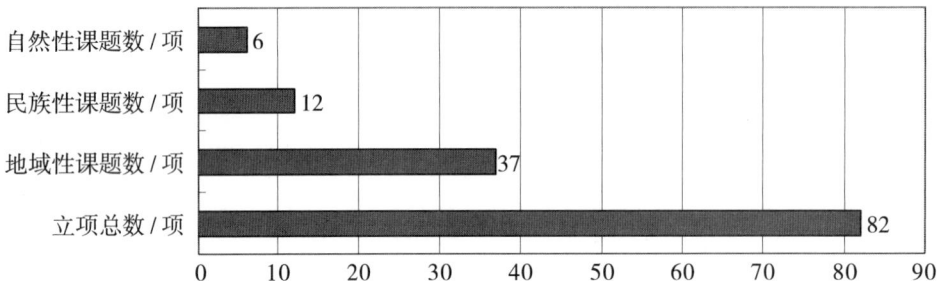

图 5 - 2 2011—2017 年 GXCY 国家级课题立项情况

综合上述分析，笔者认为，与东中部地方高校相比，广西 H 学院学术竞争力的特殊要素禀赋一直存在地域性、民族性和自然性要素禀赋相对丰富的结构特点。从结构变迁角度来看，广西 H 学院升本以来，由原来主要借助地域性和民族性要素禀赋的结构，发展到目前既借助地域性、民族性要素禀赋，也借助自然性要素禀赋的结构。

综上，对案例高校广西 H 学院学术竞争力的一般和特殊要素禀赋及其结构的分析，笔者认为，从"静态"角度看，广西 H 学院学术竞争力的要素禀赋存在的学术人力、学术财力、技术创新、学术制度和学术文化等相对不足，学术物力、地域性要素、民族性要素、自然性要素等相对丰裕的结构特征，与本书归纳的"EASV - MG"框架中西部地方高校学术竞争力的要素禀赋结构特征是一致的。从"动态"角度看，经过十余年的发展，广西 H 学院学术竞争力的学术人力、学术财力、学术物力都有相应的增长，尤其是学术物力要素禀赋提升较快，技术创新、学术制度和学术文化等要素对学术竞争力发展的影响也越来越积极。

5.2.2 广西 H 学院学术竞争力的比较优势

5.2.2.1 广西 H 学院学术竞争力比较优势的理性认识

由上述分析可知，广西 H 学院学术竞争力的要素禀赋具有学术人力、学术财力、技术创新、学术制度、学术文化 5 个要素相对不足，学术物力、地域性、民族性、自然性 4 个要素相对丰裕的结构特征。也就是说，在与东、中部地方高校学术竞争时，在影响和作用高校学术竞争力的 9 个要素中，广西 H 学院只有 4 个要素是相对丰裕的，而这 4 个相对丰裕的要素就是广西 H 学院与东、中部地方相比的比较优势所在。因为广西 H 学院在区域内获得这 4 个要素所需的成本会比东、中部地方高校更低，从而更容易形成比较优势和竞争优势。这四个要素分别是学术物力、地域性、民族性、自然性要素，它们就是"EASV‑MG"理论框架中的字母 A——基于自身要素禀赋结构所决定的比较优势。

5.2.2.2　广西 H 学院学术竞争力比较优势的现实认知差距

上述基于学校自身要素禀赋结构所得到的比较优势建立在广西 H 学院学术竞争力的要素禀赋的详细文献和调查数据基础之上，所以结果相对理性。而在现实中，这些比较优势是否已经为广西 H 学院教师所认知，对广西 H 学院教师能否遵循比较优势发展学术竞争力非常重要。为了解广西 H 学院教师对学校比较优势的认知情况，笔者对案例高校 126 名学术骨干教师进行了调查，调查题目为"与东、中部地方高校相比，您认为您所在的西部地方高校容易形成学术比较优势或竞争优势的要素禀赋的排序依次是（　　　）"。选项有十项，分别是：①学术人力要素；②学术物力要素；③学术财力要素；④地域性要素；⑤自然性要素；⑥民族性要素；⑦学术制度要素；⑧学术文化要素；⑨技术创新要素；⑩其他要素。调查结果如下图所示：

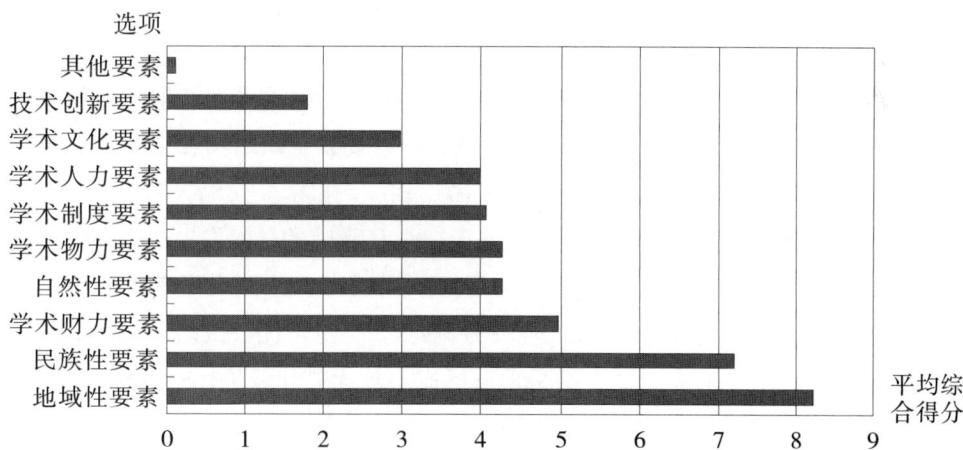

图 5‑3　广西 H 学院学术比较优势或竞争优势形成的要素禀赋排序

如图 5‑3 所示，这十项选项的综合排序结果显示：平均综合得分排第一和第二的要素禀赋分别是地域性要素和民族性要素，这说明广西 H 学院教师已经清晰地认识到地域性要素和民族性要素对学校学术竞争力发展的重要意义，认为这两类要素对自身形成学术的比较优势和竞争优势至关重要；平均综合得分排第三的是学术财力要素，这源于广西 H 学院是原隶属自治区财政厅的下属单位，升本后虽属于自治区教育厅主管，但在业务上仍与原主管单位保持着良好的关系，并在交流与合作中为学校积极争取了较多的学术活动经费；平均综合得分排第四的是自然性要素，这一特殊要素禀赋受到学校教师的关注虽是近年的事情，但它拥有形成学术比较优势和竞争优势的巨大潜力；学术物力要素排第五，这一要素在广西 H 学院成为硕士授权单位以后确实增长较快，而且近年学校出台的一些政策，比如给每一位具有教授职称的高级学术人才配备一间单独的研究室等，较大程度地改善了高层次学术人才的研究条件，也更大程度地激发了这些人才的学术研究热情；学术制度要素和学术人力要素分别排第六和第七，说明学校教师已经认识到作为一所西部地方高校的广西 H 学院的学术制度和学术人才跟东、中部地方高校相比确实存在一定的差距，目前暂时还较难在这两个方面形成学术的比较优势和竞争优势；学术文化要素和技术创新要素分别排第八和第九，这一排名不仅说明了广西 H 学院的学术文化和技术创新的落后，同时还印证了这两个过程要素与东、中部地方高校相比确实存在非常大的差距。

从上述调查结果来看，广西 H 学院教师对学校要素禀赋的比较优势的认识与前面的理性分析所得到的比较优势结果基本一致，这有利于学校基于自身要素禀赋结构所决定的比较优势发展学术竞争力。显然，学术财力要素排到了第三，跟理性分析结果存在一定差距。这种差距一方面说明广西 H 学院教师对学校长期争取中央政府、自治区财政厅、教育厅学术活动经费持肯定态度，但另一方面也说明学校学术活动依赖政府拨款的情况比较突出。

5.2.3　广西 H 学院遵循比较优势战略发展学术竞争力

比较优势作为一种因生产要素丰裕或稀缺导致的相对价格差异而产生的一种相对有利条件，会因变量的介入而发生一定的变化。因此，一旦要素禀赋结构发生改变，比较优势也会发生变化，自然学校的比较优势战略也应做出相应调整。"EASV - MG 框架"中的 S 正是比较优势发展战略。笔者通过查阅大量关于广西 H 学院的学术发展文献发现，大致可以将升本以来广西 H 学院基于要素禀赋结构所决定的比较优势战略划分为两个阶段：第一个阶段为"2 + 7"比较优势战略，第二阶段为"4 + 5"比较优势战略。在"2 + 7"中，"2"指地域性和民族性要素禀赋，它们是学校形成比较优势和竞争优势的相对优势要素；"7"指学术的人力、物力、财力、技术创新、学术制度、学术文化，以及自然性特殊要素等 7 大要素，它们是学校形成比较优势和竞争优势的相对弱势要素。在"4 + 5"中，"4"指原有的地域性和民族性 2 个特殊要素禀赋，以及学术物力和自然性要素 2 个后来重视的要素，这 4 个要素是 2011 年后学校形成比较优势和竞争优势的相对优势要素；"5"则表示学术人力、学术财力、技术创新、学术制度、学术文化 5 个要素，它们是 2011 年后学校形成比较优势和竞争优势的相对弱势要素。

5.2.3.1 学校不同阶段学术竞争力比较优势战略

通过对上述案例高校广西 H 学院基于自身要素禀赋所决定的比较优势以及比较优势战略发展学术竞争力的考察，笔者认为，升本至 2011 年以前，广西 H 学院主要以地域性和民族性要素为优势要素发展学术竞争力，当时其要素禀赋结构所决定的战略为"2 + 7 比较优势"；2011 年以后，广西 H 学院主要以地域性、民族性、自然性和学术物力要素为优势要素发展学术竞争力，其要素禀赋结构所决定的战略为"4 + 5"比较优势战略。

1. 2004 年至 2010 年："2 + 7"比较优势战略

升本初期，在学术竞争力相对较弱的情况下，广西 H 学院领导和教师就认识到了地域性和民族性要素禀赋所形成的比较优势的重要性。在 2007 年第二次全校教学科研工作大会上，原校长在总结广西 H 学院升本三年来的科研发展情况时指出："从我们学校的现有条件和相对优势而言，学校办学特色的培育至少应该考虑三个问题。一是地域性和民族性，二是学科前沿交叉，三是实践教学与应用型人才培养。"[1] 2008 年在《广西教育》上发文时他进一步解释道：地域性即依托广西区位优势来考虑学校的发展，这种地域优势具体表现为：广西是东盟国家进入中国的桥头堡，是泛珠三角区域合作和"一轴两翼"战略构想的多区域交汇点等。民族性即依托广西民族资源优势来考虑学校发展，具体表现为：学校主动适应广西民族经济和社会发展需要，加强民族特色研究和培养民族特色人才。在 2009 年第三次全校教学科研工作大会上，他再次重申："学科与科研水平提升问题比较复杂，因为要受到一定客观条件的制约，而且我们整体实力不够强，但是我们有地缘优势和民族优势。从这两个基点出发，瞄准学科前沿和经济社会建设需要应该会大有作为、形成相对优势。"[2] 显然，从上述讲话中，可以看出学校领导已充分认识到地域性和民族性特殊要素对学校学术发展的重要意义。

为真正将基于要素禀赋结构所决定的比较优势真正调动起来，学校在学科建设发展规划中做出了具体规定。2006 年 9 月学校在《广西 H 学院"十一五"学科建设规划实施方案》中明确写道："没有高水平和较强竞争力的学科，一所大学很难在全球化的竞争环境占据有利的位置。从国内形势发展来看，新世纪开始，国内高校展开新一轮竞争，师资的竞争和学科的竞争进一步加剧。从广西区内形势发展来看，各高校学科专业扩展趋同，使我校直接面临越来越大的竞争压力。学科建设关乎学校生存和发展的生命力。作为一所新建的地方性本科院校，学科建设发展必须植根于地域性，富有民族性，反映时代性，突出应用性。"这一规划颁布以后，2006 年 12 月，广西 H 学院基于自己的办学传统，根植于

---

[1] 席鸿建. 特色与质量：新建本科院校办学实践与探索［M］. 南宁：广西教育出版社，2011：47.

[2] 席鸿建. 特色与质量：新建本科院校办学实践与探索［M］. 南宁：广西教育出版社，2011：27.

地域性、民族性优势要素禀赋，组织各个二级学院瞄准地方经济社会急需的特色学科专业分别制订了各二级学院的学科和专业发展规划，引导各二级学院教师积极开发和利用地域性、民族性要素禀赋资源开展人才培养和科学研究。在引导教师根据比较优势发展学术竞争力的过程中，学校也有不少收获，比如，具有地域特色和民族特色的研究机构日益增多，2004年前，学校没有一个特色研究机构，至2010年，已有17个校级特色研究机构，其中包括东盟财经研究所、骆越文化研究所、跨境电商研究所、民族文化产业研究所等。

当然，因这一时期学校还处于升本初期，虽然领导和二级学院教师都认识到学校基于要素禀赋结构所决定的比较优势发展学术竞争力，但对地域性和民族性要素融入学科和专业发展、融入人才培养和科学研究仍处于探索时期。2004年至2010年，整体来看，广西H学院的学术竞争力发展速度还不是很快。

2. 2011年至今："4+5"比较优势战略

广西H学院于2011年成为硕士点授权单位以后，学院领导和教师不仅深挖了地域性和民族性特殊要素，而且在此基础上还拓展了学术物力和自然性要素在学术竞争力发展中的作用，因此，广西H学院学术竞争力的比较优势战略也由原来的"2+7"变成了"4+5"。

（1）基于特殊要素禀赋的比较优势发展学术竞争力。

在学校原有学术发展的基础上，学校在《广西H学院教育事业发展"十二五"规划》中明确指出，学校要"瞄准学科发展前沿、继续凝练学科建设的方向，在学科方向的凝练上应考虑区域经济一体化，注重地域性、民族性与自然性的结合，结合热点问题开展研究，努力培育学科优势和特色"。因此，在"十二五"期间，广西H学院学术竞争力发展战略的重点是充分发挥地域性、民族性、自然性等特殊要素禀赋的比较优势不断加强学校学科和专业的内涵建设。在"十二五"期间，在学校比较优势战略指引下，广西H学院成为广西特色高校立项建设单位，学校的很多学科和专业也在原有基础上加强了地域性、民族性和自然性要素元素的渗透。比如，2012年至今，经济与贸易学院本科教学课程设置紧盯"一带一路"背景下广西面向东盟开放开发，在此期间学院出版了《东南亚经济与贸易》《东南亚经济技术合作》《东南亚政治与文化》《东南亚市场调查与预测》等8部特色精品教材；在经济学、商务经济学、国际经济与贸易、国际商务、农林经济管理、农村区域发展和土地资源管理7个本科专业中设置东盟通识课程：东南亚经济与贸易、东南亚市场营销、东南亚经济技术合作、东南亚政治与文化等。再如，财政与公共管理学院则植根广西民族性和地域性特点，依托学科现有优势，凝练出"税收政策""民族地方发展与财政政策""就业与社会保障""东盟财政""东盟税制"等具有特色的学科方向。总体来说，"十二五"期间，学校结合地方经济社会发展需求，基于自身所具有的特殊要素禀赋结构所决定的比较优势战略大力发展学术竞争力。这一时期学术竞争力提升得非常快。

广西 H 学院在《学科建设与研究生教育"十三五"发展规划》中明确提出：学校要紧跟中国—东盟自由贸易区建设、21 世纪"海上丝绸之路"等国家和广西区域发展战略的人才需求，努力打造学科和研究生培养特色。因此，"十三五"期间，随着"一带一路"倡议的深入推进，广西 H 学院学术竞争力发展的比较优势战略更加凸显了地域性要素禀赋的重要性，初步形成了以特殊要素禀赋为比较优势支点的学术竞争力发展格局。

（2）基于学术物力要素禀赋的比较优势发展学术竞争力。

2011 年及其以后，学校发掘学术物力要素发展学术竞争力的步伐不断加快。首先，学者学术活动的校园面积不断扩大，学术研究环境不断改善。2017 年，广西 H 学院校园总面积超过了很多东、中部地方高校，达到 4 275.88 亩，是 2011 年的 1 412.94 亩的 3 倍多；校园建筑面积达到 81.61 万平方米，是 2011 年 37.61 万平方米的近 2.2 倍；教学行政用房达到 32.48 万平方米，是 2011 年 13.88 万平方米的 2.34 倍。其次，加大了对学校图书馆的投入与建设。图书馆馆舍面积由 2011 年的 1.1 万平方米扩张到 4 万余平方米，图书馆藏书由 131.23 万册增加到 297.39 万册，这些指标超越了很多东、中部地方高校。再次，加大了教学科研实验室的投入和建设。新建了 1 栋实验教学中心，教学科研仪器设备值达到 15 041.11 万元，是 2011 年的 6 270.55 万元的 2.4 倍；重新整改和装修了包括东盟财经数据中心、海上丝绸之路与区域发展研究院、广西跨境电商重点实验室等在内的多个科研平台的办公和研究场所。最后，开展了教授工作室建设。截至 2017 年 12 月，共为学校获得正高职称的非领导岗位教授装修了近 80 间教授工作室，目前已经发放钥匙的有 65 间，激发了学校高层次学术人才学术研究的积极性。就目前情况而言，很多东、中部地方高校还没有像广西 H 学院这样重视教授学术工作环境的建设。

5.2.3.2 当前学校实施比较优势战略的现状与问题

从上述分析来看，升本以来，学校一直结合自己在地域性、民族性、自然性、学术物力等要素禀赋方面具有的比较优势，制定发展战略规划引导二级学院和教师遵循比较优势发展学术竞争力。但在现实中，学校的比较优势战略的实施情况还需要进一步考察。

为了考察现实中广西 H 学院近年来是否如实按照学校各种规划遵循比较优势战略发展学术竞争力，笔者以"近年，您认为您所在的西部地方高校发展学科和专业的主要依据是（多选题）"对案例高校教师进行了调查，结果如图 5 – 4 所示：在 126 名被调查的教师中，选择遵循学校比较优势战略的有 96 人，占 76.19%；选择按政府部门要求的有 72 人，占 57.14%；选择遵循市场需求规律的有 56 人，占 44.44%；根据教职工意见的有 6 人，占 4.76%；采纳学生意见的有 2 人，占 1.59%；按学校领导要求的 0 人，其他 0 人。

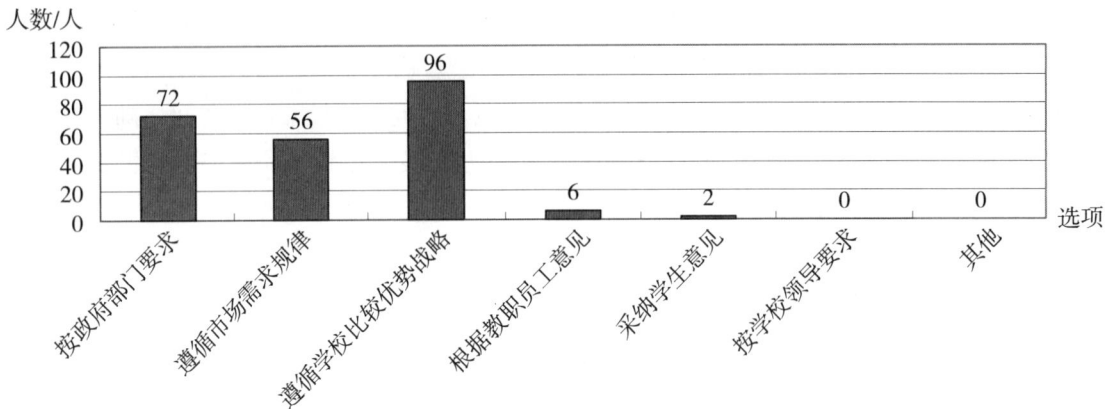

图 5－4 广西 H 学院发展学科和专业的主要依据

从调研结果来看，广西 H 学院发展学科和专业的主要依据是遵循学校比较优势战略，这说明长期以来广西 H 学院遵循基于自身要素禀赋结构所决定的比较优势发展学术竞争力的做法已深入人心，成为绝大多数教师的共识。但同时，笔者也发现了两个问题：第一，政府在学校学科和专业发展方面具有较大的话语权，应该说它是学校制订学科和专业发展规划的主要影响者；第二，市场作为影响学校学术发展的主要外部力量，却在广西 H 学院制订发展学科和专业发展的规划中影响力相对较小，只有不到一半的教师认为会参照市场需求来发展学科和专业，显然市场在学校学术发展中的影响力有待提高。

5.2.4 广西 H 学院的学术自生能力

在"EASV－MG"理论框架中，"V"——学术自生能力是衡量广西 H 学院学术竞争力是否按照比较优势发展以及发展到什么程度的关键点。广西 H 学院的学术自生能力的强弱可以从人才培养和科研成果在市场上是否具有比较优势以及具有多大比较优势来考查。

5.2.4.1 人才培养的比较优势

自 2004 年起，广西 H 学院毕业生的就业率都在 90% 以上（如表 5－7 所示），学校先后 7 年被评为"广西高等学校毕业生就业工作先进单位"和"广西高校创业教育先进单位"。这说明，自成立以来，学校的人才培养质量得到了社会的一定认可，学校人才培养与社会经济发展人才需求基本相吻合。

表 5 – 7　广西 H 学院 2005—2017 年毕业生规模及就业率统计

项目	年份												
	2005	2006	2007	2008	2009	2010	2011	2012	2013	2014	2015	2016	2017
毕业生数/人	3 928	4 755	4 175	3 755	4 065	4 654	4 723	4 787	5 376	5 451	5 471	6 411	6 779
就业率/%	90.4	93.1	91.4	92.01	90.56	91.8	90.1	92.6	90.81	90.8	90.27	91.45	96.07

麦克思第三方调查数据显示，学校每年有近八成毕业生在广西就业，主要从事财务、审计、金融、银行等相关工作，尤其是会计、金融等相关专业的毕业生颇受用人单位的好评，甚至有些以校企合作、订单培养等方式直接签约，比如，2014 年开始，北部湾银行班与学校签订了 5 年的校企合作协议，毕业生毕业后直接录用；2015 年，桂林银行班和学校签订了三年的校企合作，对学校毕业生的就业质量反映良好。每年学校招生就业处对用人单位进行问卷调查的结果显示，历年用人单位对学校毕业生的总体满意率都在 98% 以上。

从广西 H 学院这些年来的就业情况和毕业生在社会上的评价来看，学校经济管理类专业的人才培养在区域内具有一定的比较优势，学校的人才培养在区域市场上具有一定的学术自生能力。

5.2.4.2　科研成果的比较优势

与人才培养在市场上的表现相比，广西 H 学院的科研成果在市场上总体表现一般，尤其是科研成果与市场对接，服务地方经济社会需要方面的能力还有待加强。比如，在学校一些重点学科建设当中，有部分学科的产出成果就难以跟市场需求相匹配，有些甚至难以在市场上转化并获得经济利润。再比如，2016 年，学校教师申请的软件著作权、实用新型技术、发明创造共计 66 份，但其中仅 6 份被实际应用并在市场中实现了经济效益，成果的转化和应用数量不到这类成果总量的十分之一。

笔者针对广西 H 学院科研成果在市场上的经济效益和社会效益表现进行了问卷调查，其结果显示：在回答"您认为您所在西部地方高校学者的科研成果能在市场上转化并获得经济利润的比例是（单选题）"时，有 22 人选择了 10% 以下，占总数的 17.46%；有 55 人选择了 10% ~ 20%，占总数的 43.65%；有 21 人选择了 20% ~ 40%，占总数的 16.67%；有 17 人选择了 40% ~60%，占总数的 13.49%；有 1 人选择了 60% ~80%，占总数的 0.79%，无人选择 80% 以上。在回答"您认为您所在西部地方高校学者的科研成果能在市场上转化并获得社会效益的比例是（单选题）"时，有 18 人选择了 10% 以下，占总数的 14.28%；有 45 人选择了 10% ~ 20%，占总数的 35.71%；有 36 人选择了 20% ~40%，占总数的 28.57%；有 19 人选择了 40% ~60%，占总数的 15.08%；有 8 人选择了 60% ~80%，占总数的 6.35%，无人选择 80% 以上。从上述调查结果来看，广西 H 学院的科研成果实现经济利润的比例偏低，实现社会价值的比例虽高于实现经济利润的比例，但总体仍不是很高，显示出学校的科研成果在市场上的学术自生能力较弱。

总之，虽然广西 H 学院的人才培养在市场上具有一定的比较优势，但其科研成果转化为市场效益和社会效益的比例并不高，因此，广西 H 学院在市场上整体的学术自生能力还有待进一步提高。

5.2.5 广西 H 学院利用政府和市场作用发展学术竞争力

在"EASV – MG"的理论框架中，政府 G 和市场 M 是西部地方高校学术竞争力发展的两大外部引擎。应该说，在广西 H 学院遵循比较优势发展学术竞争力的过程中，政府和市场都起到了非常重要的作用。

5.2.5.1 发挥有为政府的作用

笔者通过查阅相关政府政策文件、学校档案文件后认为，政府在广西 H 学院学术竞争力提升的各个环节主要发挥了因势利导学校制定优势学科专业发展战略，解决相应的外部性问题以及完善基础设施建设等作用。因涉及的中央和自治区政府政策较多，笔者以大记事的形式，将政府政策引导和资金帮扶的主要情况进行了梳理，具体如下：

（1）2006 年《广西教育事业发展"十一五"规划》提出高等教育与职业教育新校园建设工程，按文件规定，政府在其中发挥的作用是：规划和供地、市政建设、给学校优惠条件（如优惠的地价，给公办学校的征地、建设贷款给予贴息等）、精心的组织和管理。在这一政策引导下，广西 H 学院于 2007 年 9 月 28 日获得自治区发展改革委员会批复同意广西 H 学院新校区建设项目立项；2012 年相思湖校区正式启用，目前，广西 H 学院相思湖校区总占地面积 777 亩，总投资约 8.76 亿元，已容纳 1.6 万余人。相思湖校区建设项目作为自治区成立 50 周年大庆重大教育项目，是自治区统筹推进的重大项目之一，获得了自治区财政的大力支持。该项目极大地提升了广西 H 学院教师的教学和科研环境。

（2）2006 年，自治区在教育厅《广西教育事业发展"十一五"规划》中明确指出，区内高等院校要"以就业为导向，按照服务广西经济社会发展的需求，结合学校实际，改造老专业，设置新专业，优化专业结构，构造一个能够不断主动适应并服务广西经济社会发展需要的有特色的学科专业体系"，"加强高校教学科研基础设施建设，建设 100 个高校重点学科和 100 个高校重点实验室，支持部分高校公共设施建设"等。在这一政策引导下，"十一五"期间，广西 H 学院共获批自治区硕士专业学位建设项目 3 个、自治区重点学科 4 个；共获批广西高校重点建设研究基地 1 个、广西高校重点建设实验室 2 个。截至2017 年，上述建设项目获得各级财政拨款达 4 000 余万元。

（3）2007 年，国家发展和改革委员会发布的《西部大开发"十一五"规划》中将"环北部湾（广西）经济区"列为国家重点建设经济区，自治区政府和自治区教育厅高度重视该区域发展。在此背景下，鼓励区内本科院校与市级人民政府合办应用型职业院校。

在此政策契机下，广西 H 学院与北部湾区域沿海城市防城港市人民政府达成合作协议，在防城港市联合举办广西 H 学院防城港学院。广西 H 学院防城港校区占地面积 600 多亩，总投资 4.9 亿元，资金主要来源于自治区和防城港市政府财政拨款。该校区于 2009 年开工建设，2012 年竣工，已建有图书馆 1 栋，现代化多媒体教学楼 4 栋，学生宿舍 8 栋，可提供床位 5 800 个。目前，该校区建设不仅改善了学校专科教育的办学条件，还为全区双轨制办学提供了一种合作典范。

（4）自 2010 年中央政府在原"中央与地方共建高等学校专项资金"的基础上设立支持地方高校发展专项资金开始，学校积极争取中央专项资金提升学校软硬件办学条件。比如，2015 年中央财政支持地方高校发展专项资金项目 6 项，申报财政资金 1 700 万元。这些专项资金主要用于广西 H 学院重点学科建设、教学实验平台建设、科研平台和专业能力实践基地建设、公共服务体系建设以及人才培养和创新团队建设等。

（5）2011 年自治区教育事业改革和发展"十二五"规划指出：当前和今后一个时期，我区面临重大发展机遇，中国—东盟自由贸易区全面建成，西部大开发深入推进，为我区加快把区位优势、资源优势和生态优势转化为竞争优势创造了极为有利的条件；要继续加强高校科技创新平台建设，围绕千亿元产业和新兴产业的需要，继续加强高校科学实验室建设，新建一批校地、校企共建工程技术研究中心、工程中心。在上述政策指引下，"十二五"期间，广西 H 学院获自治区首家专业会计硕士授权单位，获得自治区硕士学位一级建设项目 6 个、自治区重点学科 7 个；获得校地校企科技创新平台 6 个，自治区重点实验室 1 个、广西高校重点人文研究基地 3 个、广西重点实验室 1 个。截至 2017 年，上述学科建设项目共获得 3 000 余万元的政府资助，研究平台共获得政府资助超过 3 000 万元，改善了学校学者的教学和科研软硬件设施、设备条件。

（6）在《教育部财政部关于实施高等学校创新能力提升计划的意见》《教育部财政部关于印发高等学校创新能力提升计划实施方案的通知》政策的指引下，广西 H 学院为提升学校学术创新能力，制订并实施《广西 H 学院贯彻落实"2011"计划工作方案》。在实施中，先培育组建 12 个校级协同创新中心，于 2012 年至 2013 年遴选 2～3 个协同创新中心进行重点培育，其中，中国—东盟经贸发展与南海战略协同创新中心于 2013 年获批广西首批"2011 协同创新培育中心"，成为自治区文科唯一立项的"2011 协同创新培育中心"。目前，该中心已累计获得各级财政经费 700 余万元。

（7）2012 年，国家"中西部高校基础能力建设工程"启动，学校每年组织相关人员积极申报"中西部高校基础能力建设工程"项目。比如，2016 年财政支持"强基计划"项目 9 项，申请财政资金 2 250 万元。"强基计划"项目主要用于改善学校软硬基础设施建设。

（8）2015 年 4 月，自治区主席陈武在武鸣区调研强调了南宁教育园区规划建设工作，2016 年，南宁教育园区建设被列为《广西教育事业发展"十三五"规划》的重点项目，自治区政府通过专项资金和政府债券等渠道，支持南宁教育园区建设资金达到 24.97 亿元，还专门制定包括资金、用地、审批、教工住房建设等 5 部政策推动该园区的建设。在上述有利政策的引导下，广西 H 学院积极筹建武鸣校区建设工作，2016 年《广西 H 学院武鸣校区建设管理方案》获自治区发展改革委员会批复同意。截至 2017 年，广西 H 学院在武鸣区征地面积达 2 200 余亩，支付土地款 3 笔共计 25 000 万元。

（9）2016 年，国家发展和改革委员会、教育部、人力资源和社会保障部联合发布《关于编制"十三五"产教融合发展工程规划项目建设方案的通知》，广西 H 学院作为广西向应用型转型发展的先行者，在积极探索转型发展的过程中，积极申报国家应用型本科高校建设项目，并喜获立项，共获得财政 1.25 亿元的政府经费支持。该项目经费主要用于学校学科专业优化调整、培养模式转型、课程体系转型、教师队伍转型、实验实训实习基地建设等。

（10）自治区教育事业发展"十三五"规划指出："十三五"时期，中央赋予广西构建面向东盟的国际大通道、打造"西南中南地区开放发展"新的战略支点、形成"21 世纪海上丝绸之路和丝绸之路经济带"有机衔接的重要门户"三大定位"新使命，为广西教育发展创造了前所未有的新机遇。在这一政策的指引下，2016—2017 年，广西 H 学院有 2 个"一带一路"研究机构升级为处级建制研究院。

（11）2017 年，根据《教育部办公厅关于公布首批深化创新创业教育改革示范高校名单的通知》，广西 H 学院作为深化创新创业教育改革的先行者，经过学校自主申报、省级教育行政部门遴选推荐，以及教育部组织专家严格审核，有幸成为全国首批深化创新创业教育改革示范高校，获得中央财政资金 1.1 亿元，广西政府财政资金 0.5 亿元。

从上述政策文件来看，升本以来，各级政府对广西 H 学院的学术发展提供了大量的政策指引和财政资金支持，发挥了引导学校遵循比较优势发展学科专业、完善软硬基础设施建设、解决外部性问题等作用。在上述政府政策文件的指引下，广西 H 学院也意识到了学术物力要素和特殊要素禀赋在学校学术发展和学术竞争力提升中的作用，并在升本以后，较大程度地发挥了学术物力要素，地域性、民族性等特殊要素在学术竞争力提升中的作用。总之，升本十余年间，广西 H 学院在各级政府的政策指引和资金帮扶下基于自身要素禀赋结构所决定的比较优势战略发展学术竞争力，其学术物力要素，地域性、民族性、自然性特殊要素禀赋提升较快。政府在这一发展过程中确实扮演着非常重要的角色。

5.2.5.2　发挥有效市场的作用

广西 H 学院作为一所行业特征明显的西部地方本科院校，适应地方经济社会发展需要是其谋得生存，发展学术竞争力的基本要义。升本以来，广西 H 学院高度重视发挥市场对人才培养和科学研究的资源配置作用，在建校初期就确定了"立足广西、面向全国、辐射东盟、服务社会"的学术发展基本思路。诚然，在这一发展思路的指导下，广西 H 学院在学术竞争力发展的过程中，市场确实在较大程度上发挥了引导优势资源向优势学科和专业配置的作用。比如，广西 H 学院在制订"十一五""十二五""十三五"学科专业发展规划之前，都要求研究生处、科研处和每个二级学院对学科和专业的比较优势做出分析，并建议通过市场来识别学科和专业的比较优势。在具体操作过程中，学校一般要求研究生处、科研处、教务处牵头到广西财政厅、广西审计厅等地方政府和相关行业主管部门，以及各相关银行、各相关企业、各相关事业单位等进行调研。在调查中，学校还建议相关部门将学校在市场中所反映出来的比较优势作为依据来确定学科和专业发展规划。从理论上看，这些做法显然能帮助学校将学术资源合理配置到在市场上具有潜力的学科和专业，实现学术资源的优化配置，但在实践中，笔者发现，广西 H 学院的学科和专业设置仍出现了难以跟市场需求实现较好对接的问题。比如，学校虽然每年都会对学校设置的专业进行市场需求评估，每两年组织二级学院对学校设置的各个专业方案进行调整和修改，但可惜的是，基本上每年都会有 1 ~ 2 个专业因难以招到学生而将招生指标调至其他专业的情况，比如，2016 年的农林经济管理专业就因没有招到学生而停招一年；2007 年设置的广西首个公共关系专业也因在 2012 年没有招到足够的学生而停招一年等。

一般而言，市场能通过反映学术生产要素禀赋的相对价格体系来帮助广西 H 学院在学术竞争力发展过程中识别自身比较优势，并合理配置学术资源。显然，虽然学校做出了一些努力遵循市场需求发展学科和专业，现实情况却并不是非常理想。笔者认为，这种情况的产生可能跟学校在学科专业设置中的论证不严谨有一定关系，但从我国目前处于经济体制转型发展时期的情况来看，能真实反映出学术生产要素禀赋相对价格的有效市场的建立还需要一定的时间。也就是说，即使广西 H 学院学者对在市场中具有比较优势的学科和专业进行调查与研究，但所得结果可能还存在某些偏颇，因为市场可能还不能完全真实地反映出学术生产要素的相对价格，从而不能非常准确地甄别出具有比较优势的学科和专业。

总体而言，因有效学术市场建立仍需一定的时间，目前市场虽然能在学校学术发展过程中发挥一定的帮助识别比较优势和引导学术资源分配的作用，但与政府相比，它起到的主要还是协同发展的作用。

5.2.5.3 政府与市场的关系

从新结构经济学对政府与市场的关系的理想论述来看，在广西 H 学院学术发展过程中，政府与市场的关系应该是有效市场应该以政府有为为前提，政府有为应该以市场有效为依归[①]，但在西部地方高校学术发展的过程中，情况却不是这样。

笔者以开放性问答题的形式调查："您认为您所在的西部地方高校在学术竞争力发展过程中政府和市场作用哪个更大？为什么？"在 126 位答题的教师中，有 83 人认为是政府

---

① 　林毅夫．政府有为是市场有效的前提［EB/OL］．http：//www.xsgou.com/biz/qiye/57605.html.

作用更大，占 65.87%；有 21 人认为是市场作用更大，占 16.67%；有 5 人认为不好作答，有 17 人没有回答。在分析政府作用更大的原因时，83 人中有 23 人认为是政府控制了西部地方高校学术资源的分配；有 6 人认为是政府主导着西部地方高校的学术政策，有 5 人认为是西部市场调节的作用有限；有 2 人认为是政府主导着西部地方高校办学，其他没有作答。在分析市场作用更大的原因时，21 人中有 3 人认为学术生产的动力来源于市场需求；有 1 人认为只有建立起真正吸引高层次人才的市场机制，才能吸引到高层次人才扎根西部地方高校开展科研工作，其他人没有作答。

从答题情况来看，显然，相对于市场的适度调节作用，大多数教师认同政府是决定西部地方高校学术竞争力发展的最重要的外部引擎，而政府具有的学术资源配置权和学术政策制定权则是政府成为最重要外部引擎的重要原因。这一调查结果也正好印证了上述笔者对升本以来政府和市场在广西 H 学院学术竞争力发展中的作用的分析结果。总之，在当前有效市场尚未完全建立的转型发展时期，政府不仅是"有为政府"，还是具有绝对话语权的"有为政府"，甚至对有效市场机制的建立都具有较大影响。因此，在广西 H 学院的学术发展过程中，政府与市场的关系是政府主导，市场是依附。

综上所述，第一，在广西 H 学院学术竞争力发展的过程中，政府发挥着至关重要的作用。在政府的引导下，广西 H 学院制定基于自身要素禀赋结构所决定的比较优势发展战略发展学术竞争力，广西 H 学院的学术物力，地域性、民族性、自然性特殊要素禀赋提升较快；政府在学术政策制定和学术经费的分配中均占据着主导地位，应该说，它是影响广西 H 学院学术竞争力发展具有决定性意义的重要外部引擎。第二，市场作为影响广西 H 学院学术竞争力发展重要外部引擎之一，也在引导学术资源配置中发挥着一定的作用，但就目前情况来看，有效市场尚未完全建立，因此，市场的基础性资源配置作用还有待进一步加强。

5.2.6　广西 H 学院学术竞争力发展的路径

从上述对广西 H 学院的要素禀赋结构、比较优势、比较优势战略、学术自生能力，以及政府和市场的作用的分析来看，西部地方高校确实走出了一条有别于过去的、遵循基于自身要素禀赋结构所决定的比较优势发展学术竞争力的道路。虽然这条道路目前还处于探索阶段，还存在很多问题（详见第六章），但无疑这条发展道路的经验值得笔者去归纳、总结和探讨。

5.2.6.1　基于"EASV – MG"框架的"静态"发展路径分析

综合上述对广西 H 学院学术竞争力发展的要素禀赋结构（E）、比较优势结构（A）及其发展战略（S）、学术自生能力（V）、政府（G）和市场（M）的作用等分析，笔者认为，基于"EASV – MG"框架的广西 H 学院学术竞争力发展具有如下特点：

第一，广西 H 学院这类欠发达的西部地方高校学术竞争力与东、中部地方高校存在差距的根本原因是它们要素禀赋结构的差异，因此，在"EASV – MG"框架下，案例以广西 H 学院的要素禀赋结构——"E"为分析起点。与东、中部地方高校相比，广西 H 学院与众多西部地方高校一样，存在学术人力、学术财力明显不足，技术创新、学术制度、学术文化等相对落后，学术物力，地域性、民族性和自然性要素禀赋相对丰富的结构特征。这样的要素禀赋结构特征决定了西部地方高校广西 H 学院必须基于自身要素禀赋结构所决定的比较优势发展学术竞争力。这是因为，在与东、中部地方高校学术竞争中，如果广西 H 学院不以自身要素禀赋结构所决定的比较优势发展学术竞争力，那么就难以在学术生产中实现成本相对较低，就谈不上形成学术的比较优势和竞争优势。

第二，基于自身要素禀赋结构所决定的比较优势发展学术竞争力，是广西 H 学院获得学术自生能力，追赶竞争对手的重要发展战略。广西 H 学院的要素禀赋结构决定了它在与东、中部地方高校学术竞争中存在学术物力、地域性、民族性、自然性等要素禀赋相对优势的情况。广西 H 学院基于自身要素禀赋结构决定的比较优势发展学术竞争力，使得学术生产要素成本最低，在市场中获得一定的学术自生能力，从而实现学术竞争力的快速提升。

第三，政府和市场协同对广西 H 学院学术竞争力提升发生作用，其中政府的作用是决定性的。在"EASV – MG"框架下，案例以市场和政府作为广西 H 学院学术竞争力发展的外引两翼，其中政府可以通过政策引导广西 H 学院学术竞争力基于自身要素禀赋结构所决定的比较优势战略制订发展规划；市场可以通过反映学术生产要素禀赋的相对价格体系引导广西 H 学院将学术资源投入到优势学科和专业，并以此获得学术自生能力。最终，案例高校广西 H 学院学术竞争力在基于比较优势的内生发展和基于政府和市场的外引发展过程中实现快速发展。在广西 H 学院学术竞争力发展过程中，因为政府主导学术政策的制定和学术经费的分配，所以政府不仅有为，还是具有绝对话语权的"有为政府"。市场虽然部分发挥了帮助广西 H 学院识别比较优势和引导学术资源分配的作用，但是就目前我国学术市场的情况来看，有效的学术市场机制尚未完全建立，市场还难以完全发挥其学术资源配置的基础性作用。

通过对"EASV – MG"理论框架下广西 H 学院的案例考察，笔者认为，广西 H 学院的学术竞争力发展就是一个由要素禀赋结构（E）升级带来的比较优势结构（A）变化，推动学科专业结构升级并获得一定的学术自生能力（V）以实现学术竞争力发展的"结构变迁"的过程，在这一过程中，政府（G）通过学术政策和学术资源，引导广西 H 学院基于自身要素禀赋结构所决定的比较优势发展战略（S）发展学术竞争力，市场（M）通过反映学术生产要素禀赋的相对价格体系引导广西 H 学院将学术资源投至具有潜力的学科和专业。从静态角度看，笔者认为在"EASV – MG"框架下，广西 H 学院学术竞争力追赶竞争对手的发展路径是："要素禀赋结构（E）——比较优势结构（A）——比较优势发展战略（S）——学术自生能力（V）"内生路径和"有效市场（M）和有为政府（G）"外引路径，内生和外引相合则形成了"EASV－MG"发展路径。也就说是，在某一相对静止时段，"EASV－MG"框架为广西 H 学院学术竞争力发展提供了一条在政府和市场协同作用下，基于自身学术生产要素禀赋结构所决定的比较优势发展优势学科和专业以获得学术自生能力，从而实现学术竞争力发展的路径。

5.2.6.2 基于"EASV－MG"框架的"动态"结构变迁路径

经过升本后的十余年发展，学校的学科和专业水平不断提高，其结构已发生了较大的变化。而这种结构变迁并非一朝一夕发生，既需要学校结合升本前漫长积累的优势，还需要学校升本之后遵循比较优势发展战略内化和累积自身在要素禀赋、学科专业等各方面优势，只有当自身各种要素禀赋、学科和专业优势积累到一定程度时，才会发生整体性的突变和加速，而广西 H 学院学术竞争力发展的"结构变迁"过程正是这种渐进式发展的例证。笔者通过查阅大量学校政策、数据等文献资料认为：2011 年是广西 H 学院学术竞争力要素禀赋结构、比较优势结构、学科专业结构等发生根本性改变的拐点年。具体表现在如下几个方面：

1. 2011 年是广西 H 学院要素禀赋结构变迁的拐点年

从上述对广西 H 学院学术竞争力的要素禀赋结构的分析来看，虽然每一年广西 H 学院学术竞争力的资源性要素都会在数量上发生一定变化，大致呈增长态势，但笔者认为，从总体来看，如表 5－2 所示，广西 H 学院学术竞争力真止在根本上发生结构性变化应该是在 2011 年，其原因在于：

（1）从学术生产的一般要素禀赋来看，2011 年是广西 H 学院的学术人力、物力、财力要素资源从慢速发展到快速发展的拐点年。首先，从学术人力要素来看，2011 年后硕士研究生这一学术研究群体充实到了广西 H 学院的学术研究队伍当中，它们是专业教师等学术研究人员从事学术工作的好助手；2011 年及其以后，学校具有正高职称和博士学位的专任教师人数增长明显加快，比如 2004 年至 2010 年的 6 年间，具有正高职称专任教师人数仅增长 34 人，而 2011 年至 2017 年的 6 年间则增长了 42 人；2004 年至 2010 年的 6 年间，具有博士学位专任教师仅增长 32 人，而 2011 年至 2017 年的 6 年间则增长了 104 人。具有正高职称和具有博士学位的专任教师是学校所拥有的高层次学术人才，他们很多是学校某一重点学科、重点平台的学术带头人或学术活动的骨干精英，他们数量的多少直接影响到一所高校学术竞争力水平的高低。其次，从学术物力要素来看，2004 至 2010 年的 6 年间，广西 H 学院的占地面积增长了 753.48 亩，2011 年至 2017 年的 6 年间，广西 H 学院的土地面积明显较前 6 年加速增长，增长了 2 862.94 亩。也就是说，广西 H 学院在获得硕士学位授权单位以后非常重视学校学术活动空间的扩展和土地资源的开发和利用，2011 年是广西 H 学院土地资源开发和利用的分水岭。广西 H 学院其他学术物力资源在 2011 年后也获得了快速发展，比如，校园建筑面积和教学行政用房都是在 2011 年后有了较快增长。

然后，在学术财力要素方面，2011 年以前的广西 H 学院项目经费都在 500 万元以下，2011 年以后学校每年的项目经费都超过了 1 000 万元，这说明 2011 年后项目研究在广西 H 学院日益增多，学者的学术活动也日益频繁。科研平台和学科建设经费也在 2011 年后有所增长，从 2004 年至 2017 年，科研平台建设经费后面 7 年是前面 7 年的两倍多，学科建设经费后面 7 年是前面 7 年的近十倍。综合上述分析，可以看出 2011 年应是广西 H 学院学术竞争力的基础要素禀赋结构发生结构性变化的节点年。

（2）从学术生产的特殊要素禀赋来看，2004 年至 2010 年，广西 H 学院学术竞争力的特殊要素禀赋结构是地域性 + 民族性特殊学术生产要素禀赋结构；2011 年至 2017 年，其特殊要素禀赋结构是地域性 + 民族性 + 自然性特殊学术生产要素禀赋结构。2011 年是广西 H 学院学术竞争力的特殊要素禀赋结构变化的拐点年。

从上述分析来看，不论是广西 H 学院的一般要素禀赋结构，还是特殊要素禀赋结构都是在 2011 年发生了结构性变化。

2.2011 年是广西 H 学院比较优势结构变迁的拐点年

从前面分析可知，广西 H 学院的比较优势变迁情况是：2004 年至 2010 年比较优势结构为"2 + 7"；2011 年至今比较优势结构为"4 + 5"。2011 年也是学校比较优势结构变迁的拐点年。

3. 2011 年广西 H 学院成为专业硕士学位授予单位

2011 年，学校抓住"服务国家特殊需求人才培养项目"试点项目的机遇，以国家大力发展硕士专业学位为契机，瞄准面向国家东盟战略和服务广西社会经济发展对高层次会计人才的需求，立足于学校优势和特色，举全校之力申报"服务国家特殊需求人才培养项目"，被国务院学位委员会批准为"学士学位授予单位开展培养硕士专业学位研究生试点工作单位"，授予会计硕士（MPAcc）专业学位类别，获批的会计硕士专业学位列入 2012 年全国研究生统一招生专业目录。该批项目中，广西 H 学院是广西唯一获批立项单位，也是当时广西唯一具有培养会计硕士专业学位研究生的单位。学校会计硕士学位授予单位成功申报，标志着学校提前跨入以硕士研究生教育为新增长点的第二步发展战略阶段，具有里程碑意义。

4.2011 年是广西 H 学院学科和专业结构变迁的拐点年

从学科发展情况来看，如表 5 - 8 所示，学校学科门类由 2004 年的经、管、工、法、文 5 大门类发展为 2017 年的经、管、理、工、法、文、艺 7 大门类，2011 年获得国务院学位委员会批准成为会计硕士（MPAcc）授予单位；硕士学位一级学科建设项目由 2004 年的区级 0 个和校级 0 个，至 2011 年发展为区级 0 个和校级 5 个，至 2017 年发展为区级 6 个和校级 7 个；硕士专业学位建设项目由 2004 年的区级 0 个和校级 0 个，至 2011 年发展为区级 3 个和校级 8 个，至 2017 年发展为区级 3 个和校级 11 个；自治区高校重点学科和优势学科由 2004 年的 0 个，至 2011 年发展为 4 个，至 2017 年发展为

11 个。学科水平自 2011 年以后提升迅速。从专业结构的情况来看，如表 5 - 9 所示，学校的本科专业由 2004 年的 6 个发展到 2017 年的 51 个，与此同时，学校的专科专业由 2004 年的 38 个缩减至 2017 年的 21 个高职专科专业。2004 年在学校本科专业中管理学专业占 50%，经济学专业占 50%，专业结构较单一；2011 年在学校本科专业中管理学专业约占 59%，经济学专业约占 19%，理学专业约占 3%，工学专业约占 6%，文学专业约占 10%，法学专业约占 3%，新增了理学专业，管理学专业占比偏高；2017 年在学校本科专业中管理学专业占 48%，经济学专业占 22%，理学专业约占 4%，工学专业占 6%，文学专业占 12%，艺术学专业占 6%，法学专业占 2%，新增了艺术学专业，专业结构进一步优化。

从上述分析来看，升本以来，广西 H 学院的学科和专业实力不断增强，2011 年前，学科和专业发展的速度不快、水平不高，但 2011 年后，学科和专业的结构不断优化，学科和专业发展的水平明显提升。2011 年正是学校学科和专业发展的拐点年。

5. 2011 年后以特殊要素禀赋为特征的研究机构快速发展与壮大

以地域性、民族性、自然性等特殊要素禀赋为主要特征的跨学科团队和研究机构在 2011 年后获得快速发展，并在与东、中部地方高校竞争力中显示出强大的生命力。2011 年至今，在校领导的正确领导下，学校逐步发展了一批新的具有地域性、民族性、自然性特征的优势学科专业和研究团队，以及培育和建制了一批容纳交叉性学科和专业的高水平育人机构和研究机构。这些承载特色交叉学科的研究机构和育人机构目前正呈现出蓬勃的发展态势，产出了许多具有代表性的科研成果，推动了学校学术竞争力的快速提升。比如，2012 年建制的广西东盟财经研究中心，将原来分散于学校各二级学院的财经类学科、专业以及团队整合起来，为教师们提供了一个研究东盟财经问题的平台，2017 年 6 月，经过严格评审，该平台击败众多竞争对手成为教育部国际合作与交流司备案的国别与区域研究中心。再如，2017 年，与复旦大学合作共建的独立建制单位"海上丝绸之路与广西区域发展研究院"，目前已聚集一批高水平研究区域经济、向海经济的跨学科专家和学者，其成果直接为国家和广西海上丝绸之路建设提供决策咨询。

从上述分析来看，在"EASV - MG"框架下，2011 年是广西 H 学院学术竞争力的要素禀赋结构、比较优势结构、学科专业结构也发生改变的拐点年，在 2011 年学校学术竞争力的要素禀赋结构发生变化之后，其比较优势结构、学科专业结构也相继发生变化。也就是说，在"EASV - MG"框架下，广西 H 学院学术生产的要素禀赋结构一旦发生变化，学校的比较优势结构、比较优势战略也相应发生变化，在外部引擎市场和政府的协同作用下，学校通过比较优势战略指导实现学科和专业结构升级以获得一定的学术自生能力，从而实现学术竞争力快速发展。而当学术竞争力获得发展后反过来将改变学校的学术生产要素禀赋结构，"EASV - MG"路径将被再次复制，并循环往复。这种循环往复的结构变迁最终将促使广西 H 学院学术生产要素禀赋结构不断升级，比较优势结构不断调整，学校学科和专业结构不断变迁，以及学术竞争力不断提升，从而达到追赶发达地区地方高校学术竞争力的目的。因此，广西 H 学院的案例揭示出了一条西部地方高校"结构变迁"的循环往复的学术竞争力动态发展路径。

值得注意的是，学术的发展与推进依靠的是知识库存的缓慢积累与灵活运用，而知识的积累与内化都是需要时间的，它遵循的是渐进式的发展路径，只有当知识库存积累到了一定程度，才会发生整体性的突变或者加速①。广西 H 学院基于"EASV – MG"框架下的动态结构变迁过程实质上也是一个渐进式的发展过程。2011 年以前，学校在原有基础上，经过多年的遵循比较优势发展战略累积学术竞争力，在 2011 年以后，当广西 H 学院的"E"——要素禀赋发生结构性变化时，其他"结构变迁"顺次连锁发生变化，广西 H 学院的学术竞争力水平也得到了迅速提升。因此，广西 H 学院的学术竞争力发展实质上是一个"结构变迁"的渐进式发展。

综上所述，广西 H 学院多年来走出的学术发展道路，不仅是广西 H 学院遵循基于自身学术生产要素禀赋结构所决定的比较优势发展学术竞争力的道路，还是一种以"结构变迁"为核心的渐进式的"欠发达"追赶"发达"的发展道路。这一"结构变迁"过程，既包含因学校要素禀赋结构变化带来的比较优势结构及其比较优势战略、学科专业结构的升级和变化，还伴随有政府制度结构的变化。从这个意义上说，"EASV – MG"理论框架为欠发达西部地方高校发展学术竞争力提供了一条追赶发达地区地方高校的遵循比较优势发展战略的渐进式发展路径。

---

① 李侠. 学术界少有弯道超车但有马赫带效应可用［N］. 文汇报，2018 – 02 – 23（A6）.

表5-8 2004年、2011年和2017年广西H学院学科结构变迁情况

年份	学科门类序号	学科门类名称	硕士专业学位授权点序号	硕士专业学位授权点名称	硕士学位一级学科建设项目序号	名称	级别	硕士专业学位建设项目序号	名称	级别	自治区高校重点学科序号	名称	级别
2004年	1	经济学	1	会计硕士	1	应用经济学	校级	1	税务硕士	自治区级	1	会计学	自治区级
	2	管理学			2	工商管理	校级	2	金融硕士	自治区级	2	财政学	自治区级
	3	工学			3	管理科学与工程	校级	3	应用统计硕士	自治区级	3	金融学	自治区级
	4	法学			4	公共管理	校级	4	工商管理硕士	校级	4	企业管理	自治区级
	5	文学			5	农林经济管理	校级	5	资产评估硕士	校级			
2011年	1	经济学						6	保险硕士	校级			
	2	管理学						7	法律硕士	校级			
	3	理学						8	国际商务硕士	校级			
	4	工学						9	农业推广硕士	校级			
	5	法学						10	新闻传播硕士	校级			
	6	文学						11	翻译硕士	校级			

（续上表）

年份	学科门类 序号	名称	硕士专业学位授权点 序号	名称	硕士学位一级学科建设项目 序号	名称	级别	硕士专业学位建设项目 序号	名称	级别	自治区高校重点学科 序号	名称	级别
2017年	1	经济学	1	会计硕士	1	应用经济学	自治区级	1	税务硕士	自治区级	1	会计学	自治区级
	2	管理学			2	工商管理	自治区级	2	金融硕士	自治区级	2	财政学	自治区级
	3	理学			3	管理科学与工程	自治区级	3	应用统计硕士	自治区级	3	金融学	自治区级
	4	工学			4	公共管理	自治区级	4	工商管理硕士	校级	4	企业管理	自治区级
	5	法学			5	农林经济管理	自治区级	5	工程管理硕士	校级	5	国际贸易学	自治区级
	6	文学			6	统计学	自治区级	6	审计硕士	校级	6	农林经济学	自治区级
	7	艺术学			7	法学	校级	7	保险硕士	校级	7	数量经济学	自治区级
					8	数学	校级	8	法律硕士	校级	8	区域经济学	自治区级
					9	计算机科学与技术	校级	9	资产评估硕士	校级	9	统计学	自治区级
					10	新闻传播学	校级	10	国际商务硕士	校级	10	管理科学与工程	自治区级
					11	外国语言文字	校级	11	农业推广硕士	校级	11	社会保障	自治区级
					12	马克思主义理论	校级	12	翻译硕士	校级			
					13	体育学	校级	13	新闻与传播硕士	校级			
								14	软件工程硕士	校级			

资料来源：根据《广西H学院发展报告2004—2014年》《广西H学院"十一五"学科专业建设规划》《广西H学院2011—2015年硕士学位授权点学科建设与研究生教育"十三五"发展规划》《广西H学院"十二五"专业建设规划》《广西H学院学科建设与研究生教育发展规划》等整理。

表5－9　2004年、2011年和2017年广西H学院本科专业结构变迁情况

2004年

年份	序号	专业名称	学位授予门类	批准时间
2004年：管理学专业约占50%；经济学专业约占50%	1	国际经济与贸易	经济学	2004
	2	财政学	经济学	2004
	3	金融学	经济学	2004
	4	工商管理	管理学	2004
	5	市场营销	管理学	2004
	6	会计学	管理学	2004

2011年

年份	序号	专业名称	学位授予门类	批准时间
2011年：管理学专业约占59%；经济学专业约占19%；理学专业约占3%；工学专业约占6%；文学专业约占10%；法学专业约占3%	1	国际经济与贸易	经济学	2004
	2	财政学	经济学	2004
	3	金融学	经济学	2004
	4	工商管理	管理学	2004
	5	市场营销	管理学	2004
	6	会计学	管理学	2004
	7	物流管理	管理学	2005
	8	统计学	理学	2005
	9	劳动与社会保障	管理学	2005
	10	人力资源管理	管理学	2005
	11	会展经济与管理	管理学	2005
	12	财务管理	管理学	2005
	13	经济学	经济学	2005
	14	英语	文学	2005
	15	广告学	文学	2005
	16	电子商务	管理学	2005
	17	工程管理	管理学	2005

2017年

年份	序号	专业名称	学位授予门类	批准时间	备注
2017年：管理学专业占48%；经济学专业占22%；理学专业约占4%；工学专业约占6%；文学专业占12%；艺术学专业占6%；法学专业占2%	1	国际经济与贸易	经济学	2004	国家级特色
	2	财政学	经济学	2004	自治区级特色
	3	金融学	经济学	2004	自治区级特色
	4	工商管理	管理学	2004	国家级特色
	5	市场营销	管理学	2004	
	6	会计学	管理学	2004	自治区级特色
	7	物流管理	管理学	2005	自治区级特色
	8	统计学	理学	2005	自治区级特色
	9	劳动与社会保障	管理学	2005	
	10	人力资源管理	管理学	2005	
	11	会展经济与管理	管理学	2005	
	12	财务管理	管理学	2005	
	13	经济学	经济学	2005	
	14	英语	文学	2005	
	15	广告学	文学	2005	
	16	电子商务	管理学	2005	
	17	工程管理	管理学	2005	

（续上表）

年份	序号	专业名称	学位授予门类	批准时间	年份	序号	专业名称	学位授予门类	批准时间	年份	序号	专业名称	学位授予门类	批准时间	备注
2004年：管理学专业占50%；经济学专业占50%					2011年：管理学专业约占59%；经济学专业约占19%；理学专业约占3%；工学专业约占6%；文学专业约占10%；法学专业约占3%	18	审计学	管理学	2006	2017年：管理学专业占48%；经济学专业占22%；理学专业约占4%；工学专业占6%；文学专业占12%；艺术学专业占6%；法学专业占2%	18	审计学	管理学	2006	自治区级特色
						19	税收学	经济学	2006		19	税收学	经济学	2006	自治区级特色
						20	法学	法学	2006		20	法学	法学	2006	
						21	秘书学	文学	2006		21	秘书学	文学	2006	
						22	信息统计与信息系统	管理学	2006		22	信息统计与信息系统	管理学	2006	自治区级特色
						23	保险学	经济学	2007		23	保险学	经济学	2007	
						24	公共关系学	管理学	2007		24	公共关系学	管理学	2007	
						25	计算机科学与技术	工学	2007		25	计算机科学与技术	工学	2007	
						26	旅游管理	管理学	2008		26	旅游管理	管理学	2008	
						27	资产评估	管理学	2008		27	资产评估	管理学	2008	
						28	农村区域发展	管理学	2008		28	农村区域发展	管理学	2008	
						29	投资学	经济学	2010		29	投资学	经济学	2010	
						30	国际商务	管理学	2010		30	国际商务	管理学	2010	
						31	房地产开发与管理	管理学	2011		31	房地产开发与管理	管理学	2011	
						32	农林经济管理	管理学	2011		32	农林经济管理	管理学	2011	

（续上表）

年份	序号	专业名称	学位授予门类	批准时间	备注
2004年：管理学专业占50%；经济学专业占50%					
2011年：管理学专业约占59%；经济学专业约占19%；理学专业约占3%；工学专业约占6%；文学专业约占10%；法学专业约占3%					
2017年：管理学专业占48%；经济学专业占22%；理学专业约占4%；工学专业占6%；文学专业占12%；艺术学专业占6%；法学专业占2%	33	土地资源管理	管理学	2012	
	34	商务英语	文学	2012	
	35	自然地理与资源环境	管理学	2013	
	36	人文地理与城乡规划	管理学	2013	
	37	工程造价	工学	2013	
	38	财务会计教育	管理学	2013	
	39	文化产业管理	艺术学	2013	
	40	视觉传达设计	艺术学	2013	
	41	环境设计	艺术学	2013	
	42	经济统计学	经济学	2013	
	43	应用统计学	理学	2013	
	44	公共事业管理	管理学	2014	

（续上表）

年份	序号	专业名称	学位授予门类	批准时间	年份	序号	专业名称	学位授予门类	批准时间	年份	序号	专业名称	学位授予门类	批准时间	备注
2004年：管理学专业占50%；经济学专业占50%					2011年：管理学专业约占59%；经济学专业约占19%；理学专业约占3%；工学专业约占6%；文学专业约占6%；约占10%；法学专业约占3%					2017年：管理学专业占48%；经济学专业占22%；理学专业约占4%；工学专业占6%；文学专业占12%；艺术学专业占6%；法学专业占6%；学专业占2%	45	金融工程	经济学	2014	
											46	数字媒体技术	工学	2014	
											47	酒店管理	管理学	2015	
											48	商务经济学	经济学	2016	
											49	金融数学	经济学	2016	
											50	法语	文学	2016	
											51	新闻学	文学	2016	

资料来源：根据《广西H学院发展报告2004—2014年》、2011—2016年《广西H学院本科教学质量报告》整理。

5.2.6.3 "EASV-MG"发展路径与特色化发展路径的区别

在我国高等教育进入大众化阶段以后，我国高校出现分类不清、定位不明、发展方向趋同①等问题，厦门大学潘懋元教授针对这些现象提出了基于高校分类和定位的高校特色化发展路径。在这一理论推动下，政府在政策中更加重视引导各类高校进行特色化发展。事实证明，政府推动的特色化发展路径在很大程度上推动了西部地方高校学术竞争力的快速发展。比如，西部地方高校云南大学 2017 年能进入"双一流"大学行列，除了它具有民族学、生态学等特色学科优势外，其所占据的"一带一路"南下"桥头堡"位置也为其加分不少。虽然政府引导的特色化发展路径对西部地方高校学术竞争力发展起到了较大的推动作用，但笔者认为，西部地方高校除了拥有地域性、民族性等特色优势之外，还应该具有其他的优势。在工作之余，笔者曾对一些到西部地方高校就业的博士和博士后进行访谈，发现他们之所以选择西部地方高校除了能获得一定数额的安家费和科研经费之外，很重要的一条是他们认为西部地大物博、自然环境优越等。笔者由此意识到，除了西部特色要素之外，西部地方高校应该还有一些我们过去忽略的，但现实却一直发挥作用的优势要素在支撑着学术竞争力的发展。政府推动的特色化发展路径并未将西部地方高校学术竞争力发展的所有优势要素引导和发掘出来，它也存在一定的局限性。

关于广西 H 学院的案例分析主要是基于新结构经济学理论构建的"EASV-MG"框架展开，在分析中出现了一些与厦门大学潘懋元教授倡导的高校特色发展理论相交之处，但笔者认为这两个理论及其所指引的发展路径存在较大差异。对西部地方高校学术竞争力发展而言，基于新结构经济学理论构建的"EASV-MG"框架强调欠发达西部地方高校发展应选择基于自身要素禀赋结构所决定的比较优势发展路径；而高校特色发展理论则强调西部地方高校应根据自身的特色在高等教育系统中寻求适合的不同于其他校的个性化发展路径②。可以说，这两种理论及其所倡导的路径都是发展西部地方高校的可行理论，且都强调西部地方高校在发展过程中应重视特殊要素禀赋的作用。但笔者认为，它们在以下几个方面存在根本的差异：

第一，基于新结构经济学理论构建的"EASV-MG"框架所倡导的高校学术竞争力发展不仅重视特殊要素禀赋，还重视一般要素禀赋的作用。从高校特色化发展理论出发，西部地方高校学术竞争力发展应该基于自身独有的、不可复制的特色要素禀赋，通过"人无我有"的差异化竞争形成学术竞争力；而从"EASV-MG"框架出发，西部地方高校学术竞争力发展则是基于自身独有的、不可复制的特殊要素和学术物力等一般要素所形成的要素禀赋结构所决定的比较优势形成和发展学术竞争力。显然，相比高校特色发展理论仅仅

---

① 潘懋元，董立平. 关于高等学校分类、定位、特色发展的探讨 [J]. 教育研究, 2009 (2)：3-38.
② 张金辉. 大学章程的功能及其实现 [M]. 石家庄：河北人民出版社, 2013：214.

关注特色要素的发挥，"EASV‒MG"框架则将高校学术竞争力发展的各个要素禀赋的作用都综合考虑在内。

第二，基于新结构经济学理论构建的"EASV‒MG"框架和高校特色发展理论虽都为西部地方高校学术发展提出了基本竞争战略和发展路径，但它们关注的重点并不一样。"EASV‒MG"框架关注的是西部地方高校在基于自身要素禀赋结构所决定的比较优势发展学术竞争力的过程中所出现的一系列动态"结构变迁"，它呈现的是一条渐进式的发展路径。比如要素禀赋结构变化带来的比较优势结构变化，比较优势战略带来的学科和专业结构变化，以及由此产生政府和学校制度结构的变化等，这些都需要长时间的累积和反复的内化。高校特色发展理论则主要关注的是西部地方高校如何在办学定位、办学理念、类型层次、学科建设、人才培养等方面实现特色化、差异化发展。

第三，两种理论的研究方法也存在较大差异。基于新结构经济学理论构建的"EASV‒MG"框架运用新古典的经济学方法，从学术生产要素禀赋的成本差异结构所形成的相对比较优势出发，探讨西部地方高校学术竞争优势能力的发展；而高校特色发展理论则主要是在我国高等教育多样化发展理论的基础上，主要运用逻辑思辨和实践探索的方法探讨不同类型高校的差异化发展道路。

综上所述，笔者认为，对西部地方高校这类欠发达地区地方高校而言，基于新结构经济学理论构建的"EASV‒MG"框架更能充分调动可以调动的要素禀赋发展学术竞争力，其基于学术生产要素禀赋的成本差异结构所形成的比较优势发展路径也更符合这类高校学术竞争力发展的实际。应该说，"EASV‒MG"框架不仅为西部地方高校学竞争力发展提供了一条有别于过去的发展路径，同时它还为欠发达西部地方高校的学术竞争力发展提供了一个新的理论分析框架。

6　西部地方高校学术竞争力发展的
问题及政策建议

近年来，在我国为提升国家竞争力而大力建设"双一流"的背景下，位于我国学术圈层边缘的欠发达西部地方高校的学术竞争力发展并不为各界所关注。西部地方高校也是一类具有自身学术"比较优势"的高校，他们的学术竞争力也可以走出一条有别于发达地区地方高校的渐进式发展道路。但从现实情况来看，我国各级政府还没有完全认识到西部地方高校所具有的学术比较优势，仍沿袭着过去模仿追赶战略的思维引导西部地方高校发展学术竞争力，其结果是导致那些已经意识到自身比较优势，并试图制定或已经制定相关比较优势战略进行学术发展的西部地方高校陷入左右为难的困境。本章在分析西部地方高校学术竞争力发展问题的基础上，探讨其背后的原因，最后提出了发展西部地方高校学术竞争力的政策建议。

6.1　西部地方高校学术竞争力发展的问题

在《高等教育系统——学术组织的跨国研究》一书中，美国伯顿·R.克拉克教授认为，"从国家权力到市场的连续体可以重新改为国家、市场和学术权威呈三角形的协调模式。三角形的每个角代表一种模式的极端和另两种模式的最低限度，三角形内部的各个位置代表三种成分不同程度的结合"[①]。一般而言，一国的高等教育系统总是偏重于使用某一种模式进行协调。比如，在这个"三角关系"中（如图 6 - 1 所示），如果一个国家政府为高等教育的发展提供了大部分或全部经费，那么这个国家政府对高等教育的控制会较强；反之，如果一国以市场力量为主体发展高等教育，那么，这个国家政府对于高等教育的影响会较弱。

---

① 伯顿 R 克拉克. 高等教育系统：学术组织的跨国研究［M］. 王承绪，徐辉，殷企平，等译. 杭州：杭州大学出版社，1994：159.

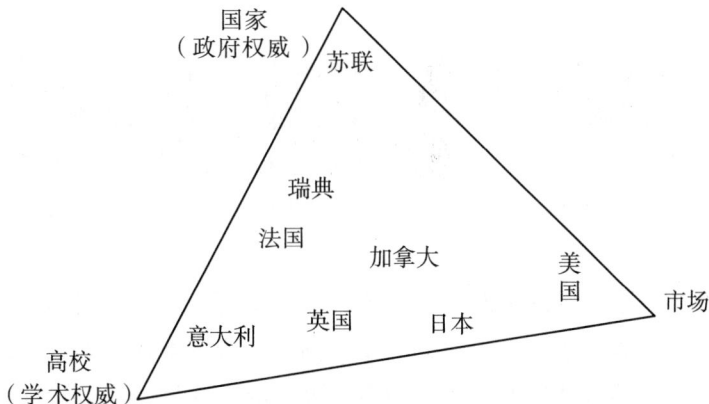

图6-1 伯顿·R.克拉克高等教育发展的三角协调模式

在西部地方高校学术竞争力发展的过程中实质上也存在一个类似伯顿·R.克拉克提出的西部地方高校、政府和市场的三角协调模式：西部地方高校汇集着众多学者，代表的是学术权威；政府权威代表的是国家意志，它通过政策、拨款等方式对高校学术发展产生影响；市场代表的是高校学术产品消费者的意愿，它通过购买高校产品和服务对高校发展产生影响。基于上述认识，笔者结合第五章"EASV-MG"框架下的案例分析，从政府、市场和高校三个方面对西部地方高校学术竞争力发展存在的问题进行归纳，具体如下：

6.1.1 政府作用发挥过度

从案例分析可以看出，政府在西部地方高校遵循比较优势发展学术竞争力的整个过程中都扮演着非常重要的角色，它通过掌握学术政策制定和学术资金分配两种权力深刻影响着西部地方高校学术竞争力发展的各个方面。

首先，在西部地方高校学术竞争力的比较优势识别环节，教师将学术财力要素排到了第三，这不仅说明学校在发展中争取到了很多财政经费，而且学校还对各级政府的财政资金拨款形成了一定的依赖。众所周知，在很多学术活动中，政府一旦拨付学术经费，那么西部地方高校肯定要兼顾政府的需求来发展学术竞争力，这可能会产生一系列问题，比如学校会偏离原来的发展计划而遵循政府想法来发展学术竞争力等。

其次，在西部地方高校学术竞争力的比较优势战略实施环节，虽然绝大多数教师认为依据比较优势发展学科和专业是学校的主流，但不可否认的是，有超过半数的教师认为学校发展学科和专业是依据政府的要求而为。这一情况说明，即使政府没有直接参与到学校的学科和专业规划制订和实施，但对学校学科和专业的设置、调整等却具有较大的影响力。而政府所具有的这种影响力也会使西部地方高校在实施比较优势战略过程中受到来自政府的干扰从而产生一些问题，比如按政府的要求发展学科和专业，而不是遵循自身要素禀赋结构所决定的比较优势发展学科专业等。

再次，在当前有效的学术市场机制尚未完全建立的转型时期，政府不仅对西部地方高校学术竞争力发展政策制定、战略选择，以及基础设施完善等方面起主导作用，甚至对有效学术市场机制的建立都具有较大影响。政府与市场的这种主导和依附的关系，一方面难以把市场的积极性充分调动起来；另一方面也制约了西部地方高校的学术自主权，对学校获得学术自生能力产生消极影响。

从上述案例材料所反映的情况来看，政府确实在西部地方高校学术竞争力发展的各个环节都发挥着非常重要的作用。为进一步发掘政府对案例高校学术活动的影响，笔者又对历年学校所获得各类课题和项目经费情况进行深入分析，结果发现，每年各级政府对广西 H 学院课题和项目的学术经费的支持已远远超过了学校自身投入的学术经费，占据了绝对的主导地位。从纵向课题来看，2017 年学校教师共获得各级各类纵向课题经费 1 051.6 万元，其中，国家级课题经费 313 万元，省部级课题经费 382 万元，厅级课题经费 297.6 万元，校级课题经费仅 59 万元，也就是说，2017 年广西 H 学院从各级政府获得的纵向课题经费达 992.6 万元，它是学校自身投入课题经费 59 万元的 16 倍多；从学科建设来看，2017 年广西 H 学院共获得 2 100 万元，其中，中央政府和自治区政府投入的重点学科建设经费达 1 650 万元，而学校仅投入 500 万元用于学校重点学科培育，政府投入是学校自筹投入的 3.3 倍；从科研平台来看，2017 年广西 H 学院从自治区政府获得各类平台建设经费达 560 万元，学校仅配套 200 万元，政府投入是学校自筹经费的 2 倍多。实际上，升本十余年来，广西 H 学院因底子薄，在规模发展过程中办学经费非常紧张，获得的社会支持也十分有限，各级政府不仅是学术政策的制定者，还是学术经费的主要提供者。正如伯顿·R.克拉克曾指出的那样："政治权利被广泛承认源于这样一种信念：资金的合法权利。它是一条金科玉律，即谁有钱谁统治。"[①] 高等教育界也遵循着这一金科玉律，即谁出钱谁就更有话语权。因此，就目前情况来看，政府把持着学术政策制定权和学术资源分配权，在很多情况下有为政府不仅"有为"，还可以说是一个过度的"有为政府"。

政府的过度有为，与新结构经济学理论对"有为政府"的定位存在一定的差距。在新结构经济学理论看来，有为的政府应该是一个因地制宜、因时制宜、因结构制宜的因势利导西部地方高校基于自身要素禀赋结构发展自身"优势学科和专业的助产士"，它并不应该是一个具有绝对权威和绝对话语权的政府。因此，从新结构经济学理论对有为政府的理性定位来看，在西部地方高校学术发展过程中，政府的主导作用已经过度。

---

① 伯顿 R 克拉克. 高等教育系统：学术组织的跨国研究 [M]. 王承绪，徐辉，殷企平，等译. 杭州：杭州大学出版社，1994：134.

6.1.2　市场作用发挥不足

按新结构经济学理论的观点，市场应该在西部地方高校学术竞争力发展过程中发挥其学术资源配置的基础性作用。但通过案例分析，笔者发现，因为政府的作用非常大，加之我国经济体制还处于由计划经济向市场经济转型的过程中，市场的作用只是部分发挥了，甚至有的时候很难发挥出来。

首先，在人才培养方面，西部地方高校基本能结合市场需求进行人才培养，市场作用得到较大发挥。从广西 H 学院十余年的学科专业设置和学生就业情况来看，西部地方高校能基本结合市场的需求设置学科和专业，也结合了市场进行应用型人才培养，毕业生就业率较高、较稳定，毕业生质量在社会上受到多数用人单位的肯定，这些都跟学校长期坚持将人才培养工作与西部地方社会经济发展的人才需求相结合有关。但学校的学科和专业设置还存在少数不能跟市场对接的情况，这说明市场作用还有待更好地发挥。

其次，在科学研究方面，西部地方高校的很多科研成果目前还较难实现与市场需求的对接，市场的作用没有充分发挥出来。从广西 H 学院目前科研成果的转化、应用和实现经济和社会效益的情况来看，西部地方高校在遵循比较优势的发展过程中并没有完全将科学研究与当地经济社会发展需求紧密结合，造成很多成果束之高阁，不能为地方经济社会发展所用，也形成了难以获得学术自生能力的情况。

再次，在当前我国经济体制转型时期，能真实反映学术生产要素禀赋相对价格的有效学术市场尚未完全建立，今后有效市场的建立还有赖于政府的作用，因此，对当前西部地方高校学术竞争力发展而言，依靠市场完全实现学术资源的优化配置可能还存在一定的问题。

总体来说，市场在西部地方高校学术竞争力的发展过程中发挥的作用不足，这也会导致西部地方高校难以获得学术自生能力。

6.1.3　学校学术自主不够

从案例分析来看，在强大的政府面前，西部地方高校发展学术的自主权受到挤压，很多情况下虽然清楚自身比较优势，也制定了比较优势发展战略，但在现实发展中仍难以摆脱政府对其学术发展的束缚。

从案例学校来看，虽然学校以遵循自身要素禀赋结构所决定的比较优势为发展学术竞争力的主线，但不可否认的是，在这一过程中，学校自觉或不自觉地沿袭了依靠政府政策和资金发展学术竞争力的做法，较少到市场上去寻找学术资源。案例中，广西 H 学院虽然很清楚自己的比较优势，在规划中也明确了这些比较优势的重要性，但在真正的学术发展中，不论是校园建设，还是软硬基础设施建设，都没有离开过政府对它的强有力的政策和经费支持。显然，政府不会白白付出学术经费而让学校不遵从其意志发展，所以这会出现一个矛盾：学校有遵循自身比较优势发展学术竞争力的追求，政府则有国家和地区利益的考虑。当这一矛盾激发后，由于政府掌握着学术政策制定权和学术经费分配权，西部地方高校的学术自主权必将受到侵犯。在强大的政策和财政经费的压力下，西部地方高校不得不转而发展政府需要的，如可能不是自身比较优势的，也不是市场需求的学科和专业。因此，很多类似广西 H 学院这样的西部地方高校可能已经在发展的路上认识到了自身的比较优势所在，但当自身的比较优势与国家发展需要相冲突时，可能就放弃了自己本应坚持的学术竞争力提升道路，这对机会本来就不多的欠发达西部地方高校而言肯定是一种损失。总的来说，从案例高校所呈现出来的这个问题来看，虽然表面上是西部地方高校遵循了基于自身比较优势发展学术竞争力，但实质上这条发展路径的实现是要建立在不与国家和地方政府需求相矛盾的基础之上，否则就更像是一种政府主导下的比较优势发展，而这样的发展显然要以牺牲西部地方高校自身学术发展的自主权为代价。

6.2　西部地方高校学术竞争力发展存在问题的原因

综合上述研究，笔者认为西部地方高校学术竞争力发展中出现的相关问题都是由于没有很好地理清高校、政府、市场三者之间的关系。笔者试图运用伯顿·R.克拉克教授的"三角协调模式"对西部地方高校学术竞争力发展过程中的三个主体的关系进行梳理，并在此基础上探讨问题背后的深层原因。

6.2.1　主体关系分析

从上述问题分析可以看出，在西部地方高校学术竞争力发展过程中存在着三个主体，分别是西部地方高校、政府和市场；存在着三对关系：政府和市场、政府和西部地方高校、市场和西部地方高校。它们之间的现实关系如图 6-2 所示，政府主导着西部地方高校学术竞争力发展的各个方面，因而它在西部地方高校学术竞争力发展中占据的位置最重要，权力也最大；西部地方高校和市场作为两个相对弱势的主体，在学术竞争力发展过程中处于从属地位，权力较小；因为政府权力过大，西部地方高校与市场的互动空间较小。

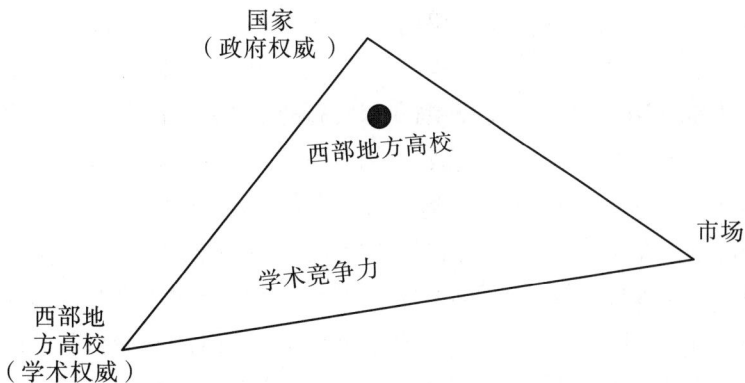

图 6 – 2　西部地方高校学术竞争力发展的"三角协调模式"

显然，在现实中影响西部地方高校学术竞争力发展的三个主体间的关系与新结构经济学理论提出的理想状态的经济体与市场和政府的关系存在较大差别。这种差别具体体现在：第一，政府与市场本应该在学术竞争力发展过程中协同发生作用，政府起到因势利导的作用，市场起到学术资源配置的基础性作用，但现实中市场的学术资源配置作用只发挥了一部分，绝大部分是政府在学术资源分配中占据主导地位；第二，西部地方高校本应遵循比较优势发展学术竞争力，但在政府强大的行政权力面前，有偏离比较优势发展的可能，甚至还有可能走上违背比较优势的发展道路；第三，西部地方高校作为独立的主体，本应在市场中依据其提供的学术生产要素的相对价格体系来确定比较优势以发展优势学科专业，但现实的情况却是政府对西部地方高校的学科专业设置等方面起到了关键作用。

基于上述认识，笔者认为，上述三个主体之间扭曲的权力分配关系正是目前西部地方高校学术竞争力发展中存在问题的主要原因，而三个主体之间权力关系扭曲的核心问题则是政府的权力过大。从图 6-2 可以看出，正是政府权力过大挤压了市场和西部地方高校权力的发挥才产生了上述一系列问题。

6.2.2　深层原因分析

从上述"三角协调模式"出发，表面上西部地方高校学术竞争力发展问题产生的原因是三个主体间关系的不和谐，深层次的原因则是政府权力过大。笔者认为，在我国当前政治生态环境下，西部地方高校学术竞争力发展过程中政府权力过大问题有着深刻的历史和现实根源。从政府看，我国之前实施的计划经济体制使政府养成了以国家和政府需要为中心的计划思维惯性，束缚了西部地方高校学术竞争力发展；从市场看，我国转型时期有效市场机制的不完善也为政府权力过大提供了机会；从西部地方高校看，由于长期以来学校学术竞争意识不强，在强大的政府权力面前其学术自主权也难以真正发挥。

6.2.2.1 政府计划思维惯性制约

中华人民共和国成立后很长一段时间我国实施的是计划经济体制，国家的行政权力控制着西部地方高校学术发展的各个方面，市场力量难以在西部地方高校学术活动中发挥应有作用；改革开放以后，伴随着经济、政治体制改革的推进，在高等教育领域国家实施了高等教育体制改革，在这一过程中，西部地方政府管理高等教育的权限增大，西部地方高校也获得了更多的学术自主权，市场也能在西部地方高校学术发展中发挥一定的作用。但是，因为计划经济在我国存在的时间长，影响面大，不仅各级政府行政部门转变思想观念需要一定时间，而且在管理的方式上要实现真正的变革也需要较长一段时间的探索，所以即便现在我国已经推进高等教育体制改革三十余年，政府在推进西部地方高校学术发展上仍难以摆脱长期以来的计划思维和工作惯性。

政府的这种计划思维惯性首先影响到的就是高等教育学术发展战略和政策的制定。在计划思维惯性影响下，政府的战略和政策更多考虑的是国家意志和国家需要，优先保障的是一些高水平大学进入国际竞争行列，而西部地方高校学术发展的现实需要在高水平大学建设需要面前显得非常脆弱。而这些优先保障高水平大学学术利益的发展战略或政策一旦制定出来，西部地方高校将面临与学术竞争力强的众多高校竞争，显然，在这种计划思维惯性指引下的战略和政策，只能让西部地方高校学术竞争力处于更加弱势的地位。

中华人民共和国成立以来，政府基于区域均衡发展的需要，也考虑了欠发达西部地方高校的现实需要，制定了一些均衡发展战略或优惠扶持政策，而这些战略和政策也确实对西部地方高校的发展起到了一定的作用，但它们也有着计划思维惯性的痕迹。具体表现为，有些战略和政策还是以政府需求为导向，没有真正从西部地方高校自身学术发展的特殊性出发，充分考虑西部内在的动力要素在学术竞争力发展中的作用。比如，"高校对口支援政策"就是典型的有利于区域均衡发展的帮扶政策，这项政策的核心要义是西部地方高校要以发达地区高校的经验为经验，以发达地区高校的标准为标准，在趋同模仿过程中获得学术水平提升。在这样的战略和政策指导下，西部地方高校学术水平会有所提高，但是学术竞争力水平却很难赶上发达地区高校，因为学术竞争力是一种综合学术优势能力，只是趋同模仿地跟着发达高校背后走，难以真正发展自身学术优势能力，因此，在计划思维模式指导下的模仿追赶战略和政策，难以真正让西部地方高校实现学术竞争力提升，也难以赶上或超越发达地区高校。

综合上述分析，笔者认为，历史上形成的这种根植于政府行政部门的、以国家和政府需要为导向的计划思维惯性，不仅难以调动西部地方高校的内在动力要素，还会在战略和政策上束缚西部地方高校学术竞争力的发展。

6.2.2.2 有效学术市场机制缺失

改革开放以来，伴随着高等教育体制改革的深入推进，我国的学术市场机制在协调高校学术活动、优化学术资源配置等方面发挥了越来越大的作用。但是，新结构经济学理论强调的"有效学术市场"是指能够通过价格信号达到学术资源帕累托配置的有效市场机制。而在当前我国转型发展时期，现有的学术市场机制显然难以达到这一标准，还存在一些不完善的地方。

首先，在转型发展时期，我国社会主义市场机制尚不完善，学术市场机制作为我国社会主义市场机制的组成部分，肯定也会存在一些尚需完善的地方。在我国社会主义市场机制运行当中，目前还存在一些违背市场规律的现象，比如产品的价格体系难以真实体现，存在垄断现象等。

其次，学术市场机制因政府的介入还有可能出现难以合理反映学术产品真实价格的风险。高校学术产品的"准公共产品"性质，决定了政府必须介入西部地方高校的学术产品市场中，并发挥一定的作用，因此，学术产品市场的信息不对称风险将增强，这也可能会导致学术市场机制失灵等。

总体来说，在当前我国经济、政治、教育转型发展时期，我国现有的学术市场机制仍在不断完善当中，当遭遇强势的政府权力时，它显然还处于弱势，而且它本身的完善还需要政府继续的放权和规范，而这些都为政府权力的一家独大提供了机会。

6.2.2.3　学校学术竞争意识不足

一直以来，西部地方高校在众人眼中就是落后和欠发达的代名词，甚至在西部地方高校人自己眼中也认为西部地方高校是底子薄、基础不好、条件差、学术水平低的一类地方高校。目前在高等教育界这种对西部地方高校的看法是主流，并已形成一种思维定式：西部地方高校的欠发达就是一个既定的事实。甚至很多西部地方高校人自己也认为西部地方高校根本没有办法跟东部和中部的发达地区高校相比，更谈不上跟它们竞争。

正是在上述思维定式的影响下，西部地方高校很多人并不具有参与学术竞争的意识，因为他们本身就不自信，认为自己再怎么发展也难以赶上发达地区高校，所以在这种情况下，他们往往选择相信：发达地区高校什么都是好的，发展思路是好的、发展路径是好的、发展经验是好的，可以通过复制他们的发展思路、路径和经验等获得发展。不可否认，这样的做法看上去是有道理的，在实践中也确实有部分高校获得了成功，但可惜的是，这种发展一没有后劲二没有竞争力，最终就算获得了发展也只是一种趋同模仿式的发展，很难形成学校的优势能力。此外，还有一个造成西部地方高校缺乏学术竞争意识和学术自信的外在的现实原因就是长期以来东部的部属高校对我国学术研究和评价的垄断造成了当前西部地方高校学术声音难以发出或不被人重视的问题。在我国高等教育学术系统中，东部部属高校位于学术的中心，它们拥有高水平的学者，拥有大量的学术经费和资源，它们控制了学术评价标准和规则的制定，而西部地方高校作为长期处于我国学术发展"边缘"的高校则只能跟随其后，按位于学术中心的高校所制定的规则发展学术。长此以往，西部地方高校自身的学术自信自然难以建立起来。

西部地方高校学术竞争力肯定是在学术竞争中形成和发展的，西部地方高校学术竞争意识的欠缺肯定会影响到他们在学术竞争中主体性的发挥。当遇到政府权力过大的时候，西部地方高校如果没有认识到自己是一类具有比较优势的高校，对自己基于要素禀赋结构所决定的比较优势发展学术竞争力的道路缺乏自信心，那么就很容易跟随政府的意志，放弃自己本应该走的学术竞争道路。因此，作为一个独立的行为主体，西部地方高校本应该在学术竞争中发挥自己的主观能动性，积极发掘自身比较优势，遵循比较优势提升学术竞争力，但因为学术竞争意识淡薄，不敢投身于学术竞争实践，本应属于自己的学术自主权也难以发挥，最终导致学术竞争力难以提升。

6.3　西部地方高校学术竞争力提升的政策建议

尽管西部地方高校在基于自身要素禀赋结构所决定的比较优势发展学术竞争力的道路上存在很多问题，而产生这些问题的原因也来自多个方面，但因为这条路径不囿于西部地方高校"先天条件不足"的现实情况，所以很适合欠发达西部地方高校在提升学术竞争力的实践中去努力尝试和探索。结合上述对西部地方高校学术竞争力发展的问题和原因分析，本节提出了一些发展西部地方高校学术竞争力的政策建议。

6.3.1　合理定位角色，因势利导学校发展

因长期受计划思维惯性的影响，政府在西部地方高校学术竞争力发展过程中仍然扮演着主导者、控制者、权威者的角色，强调国家和政府的中心地位，忽视西部地方高校自身学术竞争力发展的特殊性和内在动力要素的积极作用，因此，在发展中出现了权力过大的问题。针对这一问题，笔者认为，政府首先应该摆脱计划思维惯性，合理定位自己在西部地方高校学术竞争力发展中的角色；其次，在合理定位的基础上应结合新结构经济学相关理论转变政府职能，因势利导西部地方高校学术竞争力发展。

6.3.1.1　合理定位自身角色

在社会转型时期，要解决西部地方高校学术竞争力发展过程中政府权力过大、干涉太多的问题，政府在改革中就必须合理定位自己的角色，将原来的主导者、控制者、权威者角色转变为因势利导者、帮助发展者角色。首先，应通过加快各级政府的体制改革转变各级高等教育行政部门的管理职能，由过去重视政府的统管和包办向因势利导、帮助发展的职能转变。这种转变具体体现在：政府要参与西部地方高校学术发展，但不要包办所有学术发展事务；要引导和扶持西部地方高校学术发展，但不要随意干预其学术发展，把工作重点放在帮助和支持西部地方高校挖掘比较优势，不断提升学术竞争力上。其次，应构建

政府、市场、西部地方高校三者之间的权力制约和平衡机制，确立三者的权力行为有合理的利益导向，减少因政府权力的不适当干预带来的不必要损失，努力促成政府、市场、西部地方高校多方参与的新的权力格局。这种新的权力格局所指向的三个主体的角色分别是：西部地方高校是发展主体的角色，具有选择自身学术发展路径的权力；政府在西部地方高校学术竞争发展过程中扮演因势利导者的角色，具有帮助西部地方高校学术发展制定相关政策、发布相关信息、完善基础设施等权力；市场在西部地方高校学术竞争力的发展过程中扮演资源配置者的角色，具有帮助西部地方高校依据市场相对价格合理配置学术资源的权力。

三个主体角色的重新定位有利于西部地方高校选择基于自身比较优势发展学术竞争力的路径。西部地方高校学术自主权的增强，政府权力的规范和下放，市场力量的有效参与，三个主体权力的合理配置，显然有利于西部地方高校打破过往沿袭在国家战略和政策指引下的趋同追赶发达地区高校的学术发展路径，选择符合自己比较优势的合理发展路径。

6.3.1.2　因势利导学校发展

在新结构经济学理论中，政府应该成为一个有为政府，这个有为政府能因势利导西部地方高校遵循基于自身要素禀赋结构所决定的比较优势发展学术竞争力，并为西部地方高校在信息、政策、资金、解决外部性问题和完善软硬基础设施等方面提供帮助。那么，政府在西部地方高校竞争力发展过程中应该成为一个什么样的因势利导的"有为政府"呢？

首先，"有为政府"在处理外部性和软硬基础设施建设的时候，不应该是一个命令型政府，或利用手中掌控的政策和资金资源直接参与学术市场竞争的政府，而应该是能因势利导西部地方高校基于自身要素禀赋结构发展优势学科和专业的助产士。

其次，在因势利导过程中，"有为政府"还应该是一个在西部地方高校学术竞争力发展的不同阶段因地制宜、因时制宜、因结构制宜的政府。西部地方高校学术竞争力的发展实质上是其学术竞争力要素结构升级和变动，从而使其具有比较优势的学科和专业的结构升级和变动的过程。在这一过程中，西部地方高校学术竞争力从落后到发达的转变并不是一蹴而就的，它们对各级政府角色在不同发展阶段有着不同的定位。在西部地方高校学术竞争力要素禀赋的"结构变迁"的不同发展阶段，现实中的各级政府未必总是在做符合对应发展阶段的结构性特点的事情，所以需要"有为政府"在西部地方高校学术竞争力发展的每一个阶段做所对应阶段最应该做的事情，即因地制宜、因时制宜、因结构制宜。应该说，理想状态下的"有为政府"，在西部地方高校学术竞争力发展的不同阶段所应该做的事情并不一样，所面对的约束也是不一样的。也只有"有为政府"因地制宜、因时制宜、因结构制宜地结合西部地方高校自身的要素禀赋结构发展优势学科和专业，才能真正持续地推动学校学术竞争力发展。

6.3.2 健全社会主义有效学术市场机制

在转型发展时期，我国学术市场机制存在不健全的问题，这也造成了政府权力过大的问题。而不完善的学术市场机制显然难以真实反映西部地方高校学术生产要素的相对价格，也难以引导西部地方高校将学术资源合理配置到符合市场需求的优势学科和专业，所以，要发展西部地方高校学术竞争力，完善学术市场机制势在必行。

就目前情况来看，我国的学术市场机制还应该是一种社会主义的学术市场机制，其原因在于：第一，这种学术市场机制建立在我国公有制经济基础之上，与资本主义学术市场机制不同，它追求的目标是更好地满足社会需要。第二，这种学术市场机制并不完全受市场价值规律支配，它还在一定程度上受计划经济的制约，它与资本主义社会完全受市场机制规律支配的学术市场机制存在根本不同。第三，社会主义学术市场机制下的学术竞争可以推进落后，促进发展，而资本主义学术市场机制下的学术竞争则是你死我活的较量。因此，在当前我国社会主义市场经济中应健全的是社会主义学术市场机制。

那么，这一社会主义学术市场机制如何才算是有效的呢？笔者认为，能帮助西部地方高校将学术资源有效配置到其具有潜力或具有比较优势的学科和专业，就是有效的学术市场机制。而学术市场机制的有效性可以通过西部地方高校最终是否获得学术自生能力得到检验。

应该如何健全社会主义有效学术市场机制呢？笔者认为，政府可以从如下几个方面入手：第一，加快建立和培育开放的、公平竞争的社会主义学术市场体系。只有开放的、公平竞争的学术市场体系，才有可能使各种学术生产要素投入学术市场，使学术资源配置实现最优，最终实现社会主义学术市场机制的有效作用。第二，完善不合理的学术产品价格机制。在开放学术市场时，必须同时开放学术产品的价格，让学术产品的价格能及时反映市场需求，这样才能实现学术资源优化配置。第三，扩大西部地方高校学术发展的自主权，使西部地方高校成为学术生产、决策、交换的主体。这样可以帮助西部地方高校克服不自信心理，勇敢地选择自己认为合适的学术发展道路。第四，完善学术市场信息传递和反馈的通道。建设准确迅速的学术市场信息传递系统，完善新型的学术信息搜集、整理、传递和反馈的信息化网络，这样有利于在政府、市场与西部地方高校之间搭建起一个信息交流、互动的平台。第五，完善政府的学术市场调节管理制度。转型发展时期，社会主义学术市场机制的建设还需要在政府的指导下进行，因此，这种学术市场调节更多的是指在学术竞争中一种正常秩序和正常规范的调节。

6.3.3 改革高校评价标准，实施分类评价

西部地方高校学术竞争意识长期淡薄，缺乏与发达地区高校进行学术竞争的自信心，这主要跟它们的学术产品一直落后于发达地区高校且长期受不到肯定有关。也就是说，即

使西部地方高校产出了具有相对比较优势的学术成果，它们也难以在国家学术评价体系中受到应有的肯定和重视。因为，就我国目前的高校学术评价标准来说，更重视的是基础的、理论的主流学术研究，并给予它们很高的地位和机会；而对于那些实用的、地方的、民族的等非主流的学术研究，则没有给予它们应有的地位和机会。所以，要改变目前西部地方高校学术竞争意识薄弱，学术发展自信心不足的问题，仅仅依靠增强学校学术自主权还不够，必须要改革现有的"一刀切"高校评价标准，才能真正让西部地方高校获得发展学术竞争力的持续动力。

基础的、理论的、主流的学术研究对于国家的发展固然是重要的，但是那些西部地方高校产出的非主流学术研究对于一个国家的发展也是不可或缺的，只有多元化的学术发展才有可能促进国家的和谐发展。因此，国家需要对不同类型的高校采用不同的标准进行分类评价。为引导西部地方高校走上遵循自身比较优势发展学术竞争力的渐进式道路，国家尤其需要在西部地方高校的评价标准中加强对实用的、地方的、民族的学术研究成果的肯定和支持，只有这样才能真正让这类高校走上基于自身要素禀赋结构所决定的比较优势发展之路，也才能体现出国家和政府对不同类型的高校学术研究的尊重，以及由此带来的不同类型的高校在不同发展路径上的学术发展与繁荣。

结　语

本书的主题是笔者长期在西部地方高校工作以及思考后所提出的一个在理论上和实践上都迫切需要寻找答案的问题。通过学习新结构经济学和高等教育的相关理论，并结合西部地方高校学术发展的现实问题进行的探索，笔者找到了一条可供西部地方高校学术发展借鉴的途径。其基本结论可以具体归结为以下几个方面：

第一，学术竞争力是衡量一所高校声誉和地位的重要指标，更是提高其办学能力和质量的重要基础。西部地方高校学术竞争力是一个综合、多维、系统的概念，它是西部地方高校学者获取和利用学术设施、资金、设备，以及西部地区特有学术资源等，在技术创新、学术制度和学术文化的影响下，以学科为基本单元，在发展知识的学术活动中表现出来的一种集学术发现竞争力、学术综合竞争力、学术传播竞争力和学术应用竞争力为一体的综合优势能力。西部地方高校在多年的发展中，虽然努力追赶，但是其学术竞争力与东部相比，仍然处于较低的水平，难以承担国家"西部大开发"战略和"一带一路"倡议所赋予的历史重任。

第二，新结构经济学是一个由中国经济学家在研究发展中国家经济发展的困境和中国经济腾飞的经验后，提出的适合发展中国家和欠发达地区经济发展的经济学理论和道路。从新结构经济学的核心理论思想出发，提升西部地方高校学术竞争力的起点是要素禀赋结构，路径是遵循基于自身要素禀赋结构所决定的比较优势战略；关键点是在市场上和社会上获得学术自生能力；外部引擎是有效市场和有为政府的作用。西部地方高校学术竞争力的提升过程是一个要素禀赋结构、比较优势结构、学科专业结构、基础设施和制度结构不断变迁的"结构变迁"过程。

第三，以新结构经济学推演出的"EASV－MG"理论框架，既为西部地方高校结合市场和政府作用，遵循基于自身要素禀赋结构所决定的比较优势发展学术竞争力提供了一条渐进式的实践路径，也为分析同类欠发达西部地方高校学术竞争力发展提供了一个新理论框架。这一新的理论和实践分析框架在与过往的特色化发展路径在研究起点、发展战略、研究方法等方面存在根本差别。

第四，在转型发展时期，西部地方高校学术竞争力发展存在政府作用发挥过度、市场作用发挥不足、学校学术自主不够等问题，要提升西部地方高校学术竞争力，政府需要合理定位自身角色，因势利导学校学术竞争力发展；需要建立和健全现有的社会主义学术市场机制，让其能基本发挥学术资源的基础性配置作用；需要改革我国现行"一刀切"的高校评价标准，实施高校分类评价，评价标准应适当向西部地方高校的地方性、应用性、民族性学术成果倾斜。

尽管本书讨论的并非一个全新的领域，但是在探寻西部地方高校学术发展竞争力提升的理论和道路时，需要对一些经常使用的概念进行新的认识和诠释，需要用一种新的视角去分析日常司空见惯的现象，这也正是本书创新的基点，即在研究视角、概念诠释、分析框架建立以及分析结论等方面有创新之处。

首先，研究视角的独特。笔者尝试运用新结构经济学理论，研究教育领域问题，特别是以西部地方高校学术发展问题为对象，是一个新的研究视角。新结构经济学是建立在对发展中国家经济转型和发展成败经验总结基础上的一门新的发展经济学理论，它为同样欠发达西部地方高校学术竞争力的提升提供了一个在"先决条件不足"的情况下仍能获得快速发展的独特理论视角。该视角的独特之处在于：与通常强调追赶模仿，最终导致趋同的研究发展问题的视角相比，更重视发展高校内在要素禀赋和自生能力培养在提升学术竞争力过程中的作用；与当前的特色化发展理论视角相比，它在研究起点、发展战略、研究方法等方面也存在根本差别，它不仅重视特殊要素还重视一般要素的作用，认为生产要素禀赋的成本差异所形成的相对比较优势是竞争优势形成的基础。对于欠发达的西部地方高校来说，这一新的研究视角对其学术竞争力提升具有较强的理论针对性和实践指导性，就目前情况来看，运用该视角研究欠发达高校学术发展的研究非常少，研究欠发达西部地方高校学术竞争力提升的专题研究基本没有。因而，将该理论视角应用于分析西部地方高校学术竞争力提升和发展，是一种将经济学理论运用于教育领域理论和实践研究的尝试。

其次，概念诠释的创新。本书主要体现在对概念内涵和外延解析的创新。本书以竞争力理论、高等教育理论、生产要素理论为基础，梳理了高校学术竞争力相关研究成果，从学术生产活动特征角度，重新定义了高校学术竞争力，特别是针对西部地方高校的特点，提出了西部地方高校学术竞争力的内涵及其要素系统。这些关于学术竞争力概念的明确界定和内涵扩展研究，在目前已有的研究中尚属首例。

再次，分析框架的创新。本书从新结构经济学理论出发，提出了一个西部地方高校学术竞争力提升的"EASV – MG"新的分析框架。该框架既可作为欠发达西部地方高校学术竞争力提升的一条新的实践路径，也可作为分析同类欠发达高校学术竞争力发展的一个新的理论框架。在实践中，"EASV – MG"框架不仅为西部地方高校提供了一条遵循基于自身学术生产要素禀赋结构所决定的比较优势发展学术竞争力的合理路径，还为西部地方高校提升学术竞争力指明了一条"欠发达"追赶"发达"高校的渐进式"结构变迁"路径。这条渐进式的"结构变迁"路径，既包含因学校要素禀赋结构变化带来的比较优势结构及其比较优势战略、学科专业结构的升级和变化，还伴随有政府制度结构的变化。在循序渐进的"结构变迁"中，遵循比较优势发展的欠发达西部地方高校学术竞争力实现向发达地区高校的渐进式追赶和提升。

最后，研究结论的创新。任何一个研究最终都需要为问题提出有效的解决方案，本书在上述创新的基础上，以广西 H 学院为案例进行分析，找出在"EASV‒MG"框架下西部地方高校应遵循比较优势发展学术竞争力的路径，同时以独特的理论视角分析了造成西部地方高校学术发展问题的原因，明确了提升西部地方高校学术竞争力的市场和政府各自的作用和责任，为西部地方高校学术发展提出了一个以提升自身能力为主，有效利用外部条件为辅的发展策略。

本书也存在一些不足之处。首先，转型发展时期，以新结构经济学理论推演出的"EASV‒MG"分析框架，虽然给西部地方高校学术竞争力的发展提供了理想状态的一个理论框架和一条实践路径，但在实施过程中，有效市场和有为政府的作用、关系以及它们的行为还存在有待完善之处，比如，在西部地方高校学术竞争力发展过程中，有为政府如何才是有为，具体有什么样的行为表现？在现实中政府是如何对西部高校学术发展起到决定性控制作用的？有效市场如何才是有效，具体有什么样的行为表现？它们之间的关系应该如何处理等？而对于这些问题本书虽进行了相关阐述，但还不够深入，需要在今后的研究中不断探索和完善。其次，在研究过程中，笔者还认识到影响西部地方高校学术竞争力提升的因素是极其多样而复杂的，本书只是从新结构经济学的理论视角对西部地方高校学术竞争力的提升路径和策略进行探讨，所得到的结论还存在一定局限，难以解决西部地方高校发展的所有问题，因此本书的结论仅能在某些方面为研究者和决策者提供提升西部地方高校学术竞争力的参考。

总之，本书在研究西部地方高校学术竞争力概念、内涵、要素系统的基础上，基于新结构经济学理论构建了西部地方高校学术竞争力发展的"EASV‒MG"框架，并在这一分析框架下通过对广西 H 学院基于自身学术生产要素禀赋结构所决定的比较优势提升学术竞争力的有益尝试进行了经验和问题探讨，为众多欠发达西部地方高校学术竞争力的发展提供了理论和现实参考。

附录1 西部地方高校学术竞争力发展情况调查问卷

尊敬的老师，您好！这是一份有关西部地方高校学术竞争力发展情况的调查问卷，请您帮忙协助填写。您所有的答案仅用于研究，不会外泄，请您放心填写。感谢您的参与！

1. 您的性别：○男　○女

2. 您的年龄段：○18 岁 ~ 25 岁　○26 岁 ~ 30 岁　○31 岁 ~ 40 岁　○41 岁 ~ 50 岁　○51 岁 ~ 60 岁　○60 岁以上

3. 您的职称：○正高　○副高　○中级　○初级　○暂无职称

4. 您拥有的学位：○博士　○硕士　○学士　○其他

5. 您认为升本至今，您所在的西部地方高校学者在具体的学术活动中技术创新水平是否有较大程度的提升？（单选题）

○是　○否　○不知道

6. 与东、中部地方高校相比，您认为您所在的西部地方高校的学术成果的技术创新情况怎么样？（单选题）

○很好　○好　○一般　○不好　○很不好

7. 与东、中部地方高校相比，您认为您所在的西部地方高校学者在学术活动的具体操作中重视技术创新因素的作用吗？（单选题）

○很重视　○较重视　○一般重视　○较不重视　○很不重视

8. 因技术创新要素的作用，您认为您所在的西部地方高校的学术生产活动比东、中部地方高校更有成效吗？（单选题）

○非常赞同　○较赞同　○一般赞同　○较不赞同　○非常不赞同

9. 您认为升本以来您所在的西部地方高校对学术制度的多次修改是否改善了学者的学术研究环境？（单选题）

○是　○否　○不知道

10. 与东、中部地方高校相比，您认为您所在的西部地方高校的财务报账制度为学者学术研究提供便利的程度是：（单选题）

○很便利　○较便利　○一般便利　○较不便利　○很不便利

11. 与东、中部地方高校相比，您认为您所在的西部地方高校的科研项目管理制度为学者学术研究提供的便利程度是：（单选题）

○很便利　○较便利　○一般便利　○较不便利　○很不便利

12. 与东、中部地方高校相比，您认为您所在的西部地方高校的学术人才制度对学者参与学术活动、学历进修、职称晋升等的激励程度是：（单选题）

　　○很大　　○较大　　○一般　　○较小　　○基本没有

13. 与东、中部地方高校相比，您认为您所在的西部地方高校的科研和教学奖励制度对学者学术活动的激励程度是：（单选题）

　　○很大　　○较大　　○一般　　○较小　　○基本没有

14. 升本至今，您是否认为您所在的西部地方高校的学术文化环境变得越来越自由和宽松？

　　○是　　○否　　○不知道

15. 与东、中部地方高校相比，您认为您所在的西部地方高校学者的学术创新意识的强度是：（单选题）

　　○很强　　○较强　　○一般　　○较弱　　○很弱

16. 与东、中部地方高校相比，您认为您所在的西部地方高校学者的学术道德水平较高：（单选题）

　　○非常赞同　　○较赞同　　○一般赞同　　○较不赞同　　○非常不赞同

17. 与东、中部地方高校相比，您认为您所在的西部地方高校学者更多基于追求学术的本真而做学术：（单选题）

　　○非常赞同　　○较赞同　　○一般赞同　　○较不赞同　　○非常不赞同

18. 与东、中部地方高校相比，您认为您所在的西部地方高校学者在交流学术问题时有更加自由、宽松的发言环境，没有以权力、资历压制人的现象：（单选题）

　　○非常赞同　　○较赞同　　○一般赞同　　○较不赞同　　○非常不赞同

19. 请选择合适的词语简单描述您所在的西部地方高校学者的学术价值观：（多选题）

　　□学术为名　　□学术为利　　□学术为真　　□学术为官　　□其他

20. 您认为升本以来，您所在的西部地方高校学术竞争力快速发展的主要原因是：（多选题）

　　□基于自身实际，遵循比较优势发展

　　□借助了各级政府学术政策的引导

　　□借助了各级政府学术经费的支持

　　□以市场需求为导向提升了学校优势学科和专业水平

　　□其他

21. 近年，您认为您所在的西部地方高校发展学科和专业的主要依据是：（多选题）

　　□按政府部门要求　　　　□按学校领导要求　　　　□遵循市场需求规律

　　□遵循学校比较优势战略　　□根据教职员工意见　　□采纳学生意见　　□其他

22. 与东、中部地方高校相比，您认为您所在的西部地方高校容易形成学术比较优势或竞争优势的要素禀赋的排序依次是：（排序题，请在中括号内依次填入数字）

（　　　）学术人力要素　　（　　　）学术物力要素　　（　　　）学术财力要素

（　　　）地域性要素　　　（　　　）自然性要素　　　（　　　）民族性要素

（　　　）学术制度要素　　（　　　）学术文化要素　　（　　　）技术创新要素

（　　　）其他要素

23. 您认为您所在的西部地方高校学者的科研成果能在市场上转化并获得经济利润的比例是：（单选题）

□80% 以上　　　　□60% ~ 80%　　　□40% ~ 60%

□20% ~ 40%　　　□10% ~ 20%　　　□10% 以下

24. 您认为您所在的西部地方高校学者的科研成果能在市场上转化并获得社会效益的比例是：（单选题）

□80% 以上　　　　□60% ~ 80%　　　□40% ~ 60%

□20% ~ 40%　　　□10% ~ 20%　　　□10% 以下

25. 您认为您所在的西部地方高校在学术竞争力发展过程中市场和政府的作用哪个更大？为什么？（简答题）

附录 2　广西 H 学院 2004—2017 年承担国家级研究课题汇总表

序号	项目名称	项目来源	立项时间	运用特殊要素禀赋
1	资源枯竭城镇反贫困模式选择及制度构建的研究	国家社科基金一般项目	2005 年	无
2	民族自治地区经济增长方式转变的动力机制与可持续增长实现研究	国家社科基金西部项目	2006 年	民族性
3	新农村建设与区域扶贫开发视野下的乡村旅游可持续发展的模式选择及制度构建研究	国家社科基金一般项目	2007 年	地域性
4	中国—东盟自由贸易区代表性国家税收制度研究	国家社科基金一般项目	2007 年	地域性
5	我国人力资本测算及其应用研究	国家社科基金一般项目	2007 年	无
6	要素流动弹性与后发区域产业结构优化的路径选择及制度创新——以广西北部湾经济区为例	国家社科基金一般项目	2008 年	地域性
7	东盟"两个文件"生效后的中国—东盟税收合作关系研究	国家社科基金一般项目	2008 年	地域性
8	基本公共服务均等化与西部民族地区公共服务提供机制创新研究	国家社科基金西部项目	2008 年	地域性民族性
9	客户流失预测理论与实证研究	国家自然科学基金青年项目	2008 年	无
10	法律行为理论的法哲学进路	国家社科基金西部项目	2009 年	无
11	民族关系与人地关系的适应性问题研究——以广西壮族为例	国家社科基金西南边疆项目	2009 年	民族性
12	中西部地区农村小型金融机构发展与风险控制研究	国家社科基金西部项目	2010 年	地域性
13	新形势下中国—东盟区域经济合作研究	国家社科基金西部项目	2010 年	地域性
14	我国人口普查质量评估方法研究	国家社科基金西部项目	2010 年	无

（续上表）

序号	项目名称	项目来源	立项时间	运用特殊要素禀赋
15	实现西部地区"负成本"低碳转型的经济政策研究	国家社科基金青年项目	2011 年	地域性
16	我国旅游服务进出口互动机制与模式研究	国家社科基金青年项目	2011 年	无
17	西部地区城市低收入者日常信息需求与社区信息保障机制研究	国家社科基金青年项目	2011 年	地域性
18	中国东盟自由贸易区框架下西南边疆离岸金融中心布局研究	国家社科基金一般项目	2011 年	地域性
19	提升中国西南民族地区对东盟的传播能力研究	国家社科基金一般项目	2011 年	民族性 地域性
20	边疆民族地区加快经济发展方式转变与改善民生研究	国家社科基金西部项目	2011 年	民族性
21	社会主义核心价值体系贯穿于大学生思想政治教育全过程的系统性研究	国家社科基金西部项目	2011 年	无
22	以信息化促进民生发展的公共政策设计、实施与评估研究	国家软科学研究计划项目	2011 年	无
23	新一轮西部大开发背景下西南边疆民族地区综合交通运输体系发展战略研究	国家社科基金一般项目	2012 年	地域性 民族性
24	中国—东盟自由贸易区环境下会计准则趋同与发展研究	国家社科基金一般项目	2012 年	地域性
25	节能减排视角下的欠发达资源富集区产业转型与可持续发展研究	国家社科基金青年项目	2012 年	无
26	技术溢出视角的能源回弹效应及我国节能对策研究	国家社科基金青年项目	2012 年	无
27	完善中国特色现代大学制度研究	国家社科基金青年项目	2012 年	无
28	基于社会认同的税制体系构建研究	国家社科基金西部项目	2012 年	无
29	中小银行跨区域发展的经济效应评估及监管政策研究	国家社科基金西部项目	2012 年	地域性
30	边疆民族地区文化产业发展与少数民族特色文化保护研究	国家社科基金西部项目	2012 年	民族性
31	Internet 环境下组合式软件的时空进程代数刻画及模型检测	国家自科基金地区项目	2012 年	无

（续上表）

序号	项目名称	项目来源	立项时间	运用特殊要素禀赋
32	西部农村社区公共空间协同重构与整合研究：以广西农村社区为例	国家自科基金地区项目	2012年	地域性
33	节能减排政策压力下资源富集区产业转型路径和模式研究——以桂西地区为例	国家软科学研究计划项目	2012年	地域性
34	未来十年中国—东盟经贸格局演变与我国南海安全战略构建研究	国家社科基金重大项目	2012年	地域性
35	个人所得税制纵深改革研究	国家社科基金年度项目	2013年	无
36	基于南海战略资源安全的中国与东盟海洋国经贸合作的模式与政策研究	国家社科基金年度项目	2013年	地域性
37	新时期西南石漠化连片特困地区土地流转整体性改革研究	国家社科基金年度项目	2013年	自然性
38	县级领导干部绩效形成机理和评估机制研究	国家社科基金年度项目	2013年	无
39	六朝丧葬与孝文化传统及其当代价值研究	国家社科基金年度项目	2013年	无
40	促进2011—2020年城乡居民收入翻番的分地区教育投入机制研究	国家社科基金青年项目	2013年	无
41	人口年龄结构变动对居民消费的影响及对策研究	国家社科基金青年项目	2013年	无
42	我国地方政府投融资平台产生机理与可持续发展路径研究	国家社科基金西部项目	2013年	无
43	国家安全视角下西部边疆民族地区生态安全研究	国家社科基金西部项目	2013年	地域性 民族性
44	人力资本不平等的代际传递：因果机制与政策关联研究	国家社科基金西部项目	2013年	无
45	北部湾经济区中小企业国际化导向与企业绩效的关系研究：基于社会网络的视角	国家自然科学基金	2013年	地域性
46	喀斯特人地系统综合贫困评估与连片扶贫策略研究	国家自然科学基金	2013年	自然性
47	以北部湾经济区为核心的跨国产业对接战略研究	国家软科学项目	2013年	地域性

（续上表）

序号	项目名称	项目来源	立项时间	运用特殊要素禀赋
48	南海通道对中国经济安全的影响与对策研究	国家社科基金重点项目	2014 年	地域性
49	中国—东盟自由贸易区背景下增强国家文化软实力的路径研究	国家社科基金一般项目	2014 年	地域性
50	城乡一体化视阈下公共卫生财政资源均衡配置机制与政策研究	国家社科基金一般项目	2014 年	无
51	"海上丝绸之路"视角下的广西北部湾经济区海洋经济竞争力评价与提升研究	国家社科基金一般项目	2014 年	地域性
52	基于资源环境产权交易的北部湾地区经济增长与环境保护研究	国家社科基金西部项目	2014 年	地域性
53	珠江—西江经济带产业梯度转移技术外溢及动力机制研究	国家社科基金西部项目	2014 年	地域性
54	中国少数民族会计史研究	国家社科基金西部项目	2014 年	民族性
55	少数民族地区城乡发展一体化的动力机制与模式研究	国家社科基金西部项目	2014 年	民族性
56	自出版：国际出版产业发展的新驱动与我国的政策应对研究	国家社科基金西部项目	2014 年	无
57	喀斯特地区水资源对社会经济发展的支撑能力研究	国家自科基金项目	2014 年	自然性
58	混合渠道供应链创新协作的协调方法研究	国家自科基金项目	2014 年	无
59	体系环境下区域旅游经济系统的弹性机制研究——以广西两区一带为例	国家自科基金项目	2014 年	地域性
60	若干可积系统的扰动分支问题及其应用	国家自科基金项目	2014 年	无
61	自然资源资产负债表编制及新常态下资源利用与保护的绩效评价研究	国家社科基金一般项目	2015 年	自然性
62	欠发达地区市政公用事业市场化转型中的激励性规制研究	国家社科基金一般项目	2015 年	无
63	边疆民族地区基层社会治理创新实践与规范化建设研究	国家社科基金青年项目	2015 年	民族性

（续上表）

序号	项目名称	项目来源	立项时间	运用特殊要素禀赋
64	"一带一路"背景下中国对东盟投资的发展战略与风险防范研究	国家社科基金西部项目	2015 年	地域性
65	"海上丝绸之路"下中国—东盟经济共同体模式、机制及对策研究	国家社科基金西部项目	2015 年	地域性
66	海上丝绸之路和自贸区升级版双重视阈下南海经济圈建设研究	国家社科基金西部项目	2015 年	地域性
67	民族地区中心城市"文化特色危机"研究	国家社科基金西部项目	2015 年	民族性
68	群作用动力系统的热力学公式及应用	国家自科基金	2015 年	无
69	面向网络安全态势感知的安全本体模型构建研究	国家自科基金	2015 年	无
70	基于服务簇模式的组合式软件异常处理的建模与分析	国家自科基金	2016 年	无
71	空间融合视角下西部大城市非正规空间及其治理研究	国家自科基金	2016 年	地域性
72	西南民族地区农村精准脱贫的内生动力与长效机制研究	国家社科基金重点项目	2016 年	地域性 民族性
73	跨太平洋伙伴关系协定对中国—东盟自由贸易区的影响测度及我国应对策略研究	国家社科基金重点项目	2016 年	地域性
74	西部低碳城市新兴产业培育的制度联动机制研究	国家社科基金一般项目	2016 年	地域性
75	政府购买服务支持大众创新创业的障碍因素与解决机制研究	国家社科基金一般项目	2016 年	无
76	精准脱贫背景下民族地区农村医疗保障的制度创新研究	国家社科基金一般项目	2016 年	民族性
77	微博语境下西南边疆地区党报舆论正向引导机制研究	国家社科基金一般项目	2016 年	地域性
78	滇桂黔石漠化片区农村新型合作组织多元扶贫效应实证及对策研究	国家社科基金一般项目	2016 年	自然性 地域性
79	民族地区社会主义核心价值观的涵养载体及其实现机制研究	国家社科基金西部项目	2016 年	民族性

（续上表）

序号	项目名称	项目来源	立项时间	运用特殊要素禀赋
80	抗战时期大后方左翼文艺运动与中国共产党宣传策略研究	国家社科基金西部项目	2016 年	无
81	中国共产党关于城市治理的战略演变及基本经验研究	国家社科基金西部项目	2016 年	无
82	供给侧视角下西部地区特色农产品电商发展模式与路径选择研究	国家社科基金西部项目	2016 年	地域性
83	基于贝叶斯统计理论的流域防洪治理实证与对策研究	国家社科基金西部项目	2016 年	无
84	供给侧结构性改革背景下西部地区实体经济质量提升的金融支持研究	国家社会科学基金	2017 年	地域性
85	农户网络借贷模式创新与风险监管研究	国家社会科学基金	2017 年	无
86	"一带一路"沿线国家投资争端解决机制创新研究	国家社会科学基金	2017 年	地域性
87	西南喀斯特地区农业生态经济系统安全评价与预警研究	国家社会科学基金	2017 年	地域性 自然性
88	内部控制视角下促进企业绿色环保投资主动行为的实证与对策研究	国家社会科学基金	2017 年	无
89	我国网络主流意识形态话语权建构对策研究	国家社会科学基金	2017 年	无
90	澜沧江—湄公河流域环境犯罪治理的刑事规制调适研究	国家社会科学基金	2017 年	地域性
91	明代司法监察制度及其运作研究	国家社会科学基金	2017 年	无
92	中越边境反走私综合治理研究	国家社会科学基金	2017 年	地域性
93	熵变分及特定平面同胚的动力学	国家自然科学基金	2017 年	无
94	基于深度学习和迁移学习的东盟跨语言查询扩展研究	国家自然科学基金	2017 年	地域性
95	树突（Dendrite）映射的动力系统及相关问题的研究	国家自然科学基金	2017 年	无
96	西南地区与东盟国家高等教育合作现状与前景研究	全国教育科学"十三五"规划 2017 年度课题	2017 年	地域性

参考文献

［1］菲利普 G 阿特巴赫．比较高等教育：知识、大学与发展［M］．北京：人民教育出版社，2001.

［2］大卫·李嘉图．政治经济学及赋税原理［M］．郭大力，王亚南，译．北京：商务印书馆，1976.

［3］杰恩·巴尼．获得与保持竞争优势［M］．王俊杰，杨彬，李启华，等译．北京：清华大学出版社，2003.

［4］刘雪梅．中国特色企业文化竞争力研究［M］．武汉：湖北人民出版社，2012.

［5］马尔科姆·泰特．高等教育研究进展与方法［M］．侯定凯，译．北京：北京大学出版社，2001.

［6］林聚任，刘玉安．社会科学研究方法［M］．济南：山东人民出版社，2004.

［7］张婕．地方高校发展：现实与理想［M］．武汉：华中师范大学出版社，2010.

［8］李安方，王晓娟，张屹峰．中国智库竞争力方略［M］．上海：上海社会科学院出版社，2010.

［9］王玉衡．美国大学学术运动［M］．北京：北京师范大学出版社，2012.

［10］欧内斯待 L 博耶．关于美国教育改革的演讲［M］．涂艳国，方彤，译．北京：教育科学出版社，2000.

［11］金碚．中国工业国际竞争力：理论、方法与实证研究［M］．北京：经济管理出版社，1997.

［12］盛世豪．产业竞争论［M］．杭州：杭州大学出版社，1999.

［13］胡大立，卢福财，汪华林．企业竞争力决定维度及形成过程［J］．管理世界，2007.

［14］约翰·亨利·纽曼．大学的理想［M］．徐辉，等译．杭州：浙江教育出版社，2001.

［15］伯顿 R 克拉克．高等教育新论：多学科的研究［M］．王承绪，徐辉，张民选，等译．杭州：浙江教育出版社，1988.

［16］唐纳德·肯尼迪．学术责任［M］．阎凤桥，等译．北京：新华出版社，2002.

［17］黄延复，马相武．梅贻琦与清华大学［M］．太原：山西教育出版社，1995.

［18］魏后凯．西部大开发"十三五"总体思路研究［M］．北京：经济管理出版社，2016.

［19］田慧生．高端访谈：关于现代大学的思考：第 3 辑［M］．北京：教育科学出

版社，2015.

［20］教育部高等教育教学评估中心．新型大学新成就：百所新建院校合格评估绩效报告［M］．北京：教育科学出版社，2015.

［21］龚梅．西部高校应用型本科人才培养的理论与实践［M］．成都：西南交通大学出版社，2008.

［22］伯顿 R 克拉克．高等教育系统：学术组织的跨国研究［M］．王承绪，徐辉，殷企平，等译．杭州：杭州大学出版社，1994.

［23］林毅夫．新结构经济学：反思经济发展与政策的理论框架［M］．苏剑，译．北京：北京大学出版社，2014.

［24］林毅夫，蔡昉，李周．中国的奇迹：发展战略与经济改革［M］．上海：生活·读书·新知三联书店上海分店，上海人民出版社，1994.

［25］林毅夫，付才辉，王勇．新结构经济学新在何处［M］．北京：北京大学出版社，2016.

［26］林毅夫，塞勒斯汀·孟加．战胜命运：跨越贫困陷阱，创造经济奇迹［M］．张彤晓，顾炎民，薛明，译．北京：北京大学出版社，2017.

［27］林毅夫．经济发展与转型：思潮、战略与自生能力［M］．北京：北京大学出版社，2008.

［28］陈建男，田冬云，汤旭坤．艺术概论［M］．北京：中国电影出版社，2015.

［29］强莹．投资经济学［M］．南京：南京大学出版社，1997.

［30］薛洁，金炳镐．民族理论与民族政策教程［M］．北京：中央民族大学出版社，2011.

［31］孙振玉．中国民族理论政策与民族发展［M］．北京：民族出版社，2012.

［32］赵生辉．数字纽带：中国少数民族语言电子文件集成管理的体系架构研究［M］．西安：陕西师范大学出版社，2014.

［33］王婷婷．基于 DEA、FDA 的中国省际能源效率测度研究［M］．北京：清华大学出版社，2015.

［34］中国社会科学院农村发展研究所，国家统计局农村社会经济调查司．中国农村经济形势分析与预测［M］．社会科学文献出版社，2013.

［35］宋东霞．中国大学竞争力研究［M］．北京：高等教育出版社，2005.

［36］曲绍卫．大学竞争力研究：于新制度经济学分析框架［M］．北京：教育科学出版社，2008.

［37］史秋衡．高等教育产业的特殊性研究［M］．厦门：厦门大学出版社，2002.

［38］于海琴．学术依附行为的社会文化心理研究［M］．广州：广东高等教育出版社，2013.

［39］威廉·配第．赋税论［A］．配第经济著作选集［M］．陈冬野，马清槐，周锦

如，等译．北京：商务印书馆，1981.

[40] 萨伊．政治经济学概论［M］．陈福生，陈振骅，译．北京：商务印书馆，1997.

[41] 马歇尔．经济学原理［M］．朱志泰，陈良璧，译．北京：商务印书馆，1997.

[42] 徐寿波．技术经济学：上下册［M］．中国科学学与科技政策研究会，1984.

[43] 张焱．诱惑、变革与守望：我国学术场域中的大学教师行为研究［M］．南京：南京大学出版社，2014.

[44] 杨德广．高等教育管理学［M］．上海：上海教育出版社，2006.

[45] 干春晖．中国经济转型与产业升级：结构、制度与战略［M］．上海：上海人民出版社，2016.

[46] 玛雅．理论自信世界新秩序的中国思想贡献［M］．北京：外文出版社，2015.

[47] 厉以宁，艾丰，石军．时论中国［M］．北京：中国工人出版社，2014.

[48] 薛锋，谢智学，姚重军．民族传统体育概论［M］．北京：民族出版社，2013.

[49] 王春明，席鸿建．提升与跨越：新建本科院校办学实践与探索［M］．南宁：广西教育出版社，2011.

[50] 席鸿建．特色与质量：新建本科院校办学实践与探索［M］．南宁：广西教育出版社，2011.

[51] 张金辉．大学章程的功能及其实现［M］．石家庄：河北人民出版社，2013.

[52] 左兵．西部地方高校学科建设的制度分析［D］．武汉：华中科技大学，2006.

[53] 解群．中国高校对口支援政策分析［D］．上海：华东师范大学，2012.

[54] 张文耀．西部高等驾驭与区域经济协调发展研究［D］．西安：西北大学，2013.

[55] 陈何芳．大学学术生产力引论［D］．武汉：华中科技大学，2005.

[56] 黄政．东中西部高等教育与经济发展区域协调性的实证分析［D］．成都：西南交通大学，2012.

[57] 常姝．行业特色型大学学科发展战略管理研究：以四所教育部直属农业大学为例［D］．南京：南京农业大学，2011.

[58] 李雪飞．美国研究型大学竞争力发展策略研究［D］．上海：华东师范大学，2008.

[59] 李利军．环境生产要素管理研究［D］．天津：天津大学，2009.

[60] 潘懋元，董立平．关于高等学校分类、定位、特色发展的探讨［J］．教育研究，2009（2）.

[61] 杨如安．浅论我国西部高等教育相对落后的主要原因及对策［J］．现代教育科学，2004（3）.

[62] 王根顺，李静．发展西部高等教育的战略思考［J］．教育研究，2001（9）.

［63］张文华．西部地区教育发展滞后成因分析［J］．中南民族大学学报，2005（1）．

［64］李俊义．基于区位视野下的西部高校发展探析［J］．现代教育科学，2009（5）．

［65］左兵．西部高校跨越式发展的 SWOT 分析与发展战略［J］．煤炭高等教育，2012（1）．

［66］王乘．做西部文章做一流大学［J］．国家教育行政学院学报，2016（10）．

［67］祁占勇，陈雪婷．"一带一路"背景下西部高校发展的 SWOT 战略分析［J］．集美大学学报（教育科学版），2017（4）．

［68］阙海宝．新形势下西部高校发展道路的探索与思考［J］．教育探索，2006（9）．

［69］杜育红，王善迈．西部教育发展新战略、新思想［J］．内蒙古教育，2000（8）．

［70］周小波，王成瑞，谢鸿全，等．西部地方院校大学竞争力与发展战略研究［J］．中国高教研究，2011（1）．

［71］王成端，孙山，陈一君，等．西部高校竞争力比较研究［J］．中国大学教学，2013（2）．

［72］高东辉．西部高校跨越式发展的现实问题与路径选择［J］．当代教育科学，2016（3）．

［73］吴德刚，曾天山，邓友超．我国西部地区人才资源开发战略研究［J］．教育研究，2015（4）．

［74］刘方成，吴孟桃．西部地区高校人力资源现状与发展预测［J］．重庆高教研究，2016（2）．

［75］唐兴芳，郝婷．西部高校人才队伍建设存在的问题及对策研究［J］．高等农业教育，2017（2）．

［76］甘晖．破解西部高校人才队伍建设难题的战略思考［J］．中国高等教育，2017（5）．

［77］游建军，王成端，谢华，等．"中西部高校基础能力建设工程"及其在西部的有效推进［J］．高等教育研究，2014（1）．

［78］向雪琴，向晓红．关于我国西部高校人才流失的对策思考［J］．西南民族学院学报（哲学社会科学版），2003（2）．

［79］杨子祁．西部高校高层次人才流失的问题与对策［J］．继续教育研究，2014（1）．

［80］周瑞超．西部高校高层次人才引进现存问题及其对策［J］．广西社会科学，2012（5）．

［81］李延成．对口支援：对帮助不发达地区发展教育的政策与制度安排［J］．教育发展研究，2002（10）．

［82］刘晓光，董维春，唐昕．对口支援西部高校政策的问题与建议［J］．中国高等教育研究，2006（12）．

[83] 蔡文伯，燕晋峰．对口支援东西部高校同质化研究：基于组织社会学的视角 [J]．江苏高教，2014（1）．

[84] 郑成．西部高等教育发展对经济增长贡献的问题研究 [J]．重庆高教研究，2017（4）．

[85] 李明忠，邵攀，焦运红．"中西部高校综合实力提升工程"的改革成效与深入推进 [J]．重庆高教研究，2017（1）．

[86] 张文耀．西部高等教育与区域经济协调发展的关系分析 [J]．财政研究，2013（5）．

[87] 王云贵．西部高等教育与区域经济协调发展存在的矛盾与对策 [J]．辽宁教育研究，2006（4）．

[88] 李凯，尚子翔．西部高等教育与经济社会发展的关系 [J]．教育评论，2010（5）．

[89] 杨自杰．学术竞争力：大学核心竞争力的核心 [J]．中国市场，2009（22）．

[90] 朱浩．学术竞争力：世界一流大学的重要标志 [J]．高教发展与评估，2011（6）．

[91] 朱浩．从协同学看我国大学学术竞争力的打造与提升 [J]．学术论坛，2007（3）．

[92] 朱浩．基于知识资本的大学学术竞争力自组织机理研究 [J]．运筹与管理，2012（2）．

[93] 全国教育科学规划领导小组办公室．"协同学视域下高校学术竞争力研究"成果报告 [J]．大学（研究版），2015（10）．

[94] 杜芳，蔡文伯．从大学章程的视角论新疆高校学术竞争力的提升 [J]．煤炭高等教育，2011（6）．

[95] 胡德鑫．教育部直属"985"高校学术竞争力评估研究 [J]．山东高等教育，2016（12）．

[96] 胡德鑫．中国大学距离世界一流有多远：基于大学排名与学术竞争力的视角 [J]．现代教育管理，2017（3）．

[97] 程莹，杨颉．从世界大学学术排名（ARWU）看我国"985工程"大学学术竞争力的变化 [J]．中国高教研究，2016（4）．

[98] 董月玲，季淑娟．我国高校学术竞争力的评价分析 [J]．科研管理研究，2013（4）．

[99] 李志峰．学术职业国际竞争力观测指标的构成与特点 [J]．科学学与科学技术管理，2008（1）．

[100] 白正府，范先佐．比较优势理论在创建高校办学特色中的应用 [J]．江苏高教，2013（11）．

[101] 林云，张河森．地方高校趋同现象及化解路径 [J]．湖南师范大学教育科学学报，2015（4）．

[102] 张宏娜．新结构经济学在高校特色创建中的应用 [J]．经贸实践，

2017（14）．

［103］刘向兵，伍聪，曾丙健．以自生能力理论审视高校对口支援［J］．中国高教研究，2014（4）．

［104］赵亮．自生能力：我国公立高校产权改革的新视角［J］．现代教育科学，2017（9）．

［105］潘懋元，吴玫．高等学校分类与定位问题［J］．黄河科技大学学报，2005（1）．

［106］陈晓声．产业竞争力的测度与评估［J］．上海经济，2001（6）．

［107］郭湛．制约活动效率的因素［J］．天津社会科学，1989．（5）．

［108］冯向东．张力下的动态平衡：大学中的学科发展机制［J］．现代大学教育，2002（2）．

［109］王玉衡．教学成为学术：当代国际大学学术文化的新探索［J］．大学（研究版），2011（11）．

［110］周小波，王成瑞，谢鸿全，等．西部地方院校大学竞争力与发展战略研究［J］．中国高教研究，2011（1）．

［111］刘磊．罗华陶．仝敬强．从 ARWU 排行榜看我国高校与世界一流大学的学术竞争力差距［J］．高校教育管理，2017（2）．

［112］张鹏侠，张一鹤．论知识与制度的内涵及其作为生产要素的依据［J］．社会科学辑刊，2012（3）．

［113］商海岩．"文化要素"：一个生产要素学说的扩展研究［J］．社会科学研究，2012（5）．

［114］贾永堂，杨林玉．对我国大学学术生产力的思考［J］．．高教发展与评估，2014（3）．

［115］林毅夫．发展战略、自生能力和经济收敛［J］．经济学（季刊），2002.

［116］林毅夫．新结构经济学的理论基础和发展方向［J］．经济评论，2017（3）．

［117］林毅夫．解读中国经济［J］．南京农业大学学报（社会科学版），2013（2）．

［118］林毅夫，孙希芳．经济发展的比较优势战略理论：兼评《对中国外贸战略和外贸政策的评论》［J］．国际经济评论，2003（11 – 12）．

［119］林毅夫．国家发展战略的选择方式与绩效验证［J］．江海学刊，2002（3）．

［120］林毅夫．发展战略、自生能力和经济收敛［J］．经济学（季刊），2002.

［121］林毅夫．新结构经济学：重构发展经济学的框架［J］．经济学（季刊），2011，10（1）．

［122］林毅夫．新结构经济学的理论框架研究［J］．现代产业经济，2013（2）．

［123］林毅夫，李周．战略抉择是经济发展的关键：二战以后资本主义国家经济发展成败的透视［J］．经济社会体制比较，1992（1）．

［124］林毅夫，蔡昉，李周．对赶超战略的反思［J］．战略与管理，1994（6）．

［125］林毅夫，蔡昉，李周．比较优势与发展战略：对东亚奇迹的再解释［J］．中国社会科学，1999（5）．

［126］林毅夫．比较优势与中国经济发展［J］．经济前沿，2005（11）．

［127］林毅夫，玛雅．中国发展模式及其理论体系构建［J］．开放时代，2013.

［128］林毅夫．自生能力与改革的深层次问题［J］．经济社会体制比较，2002（2）．

［129］林毅夫．发展与转型：思潮、战略与自生能力［J］．北京交通大学学报（社会科学版），2008（4）．

［130］林毅夫．新结构经济学与中国发展之路［J］．中国市场，2012（50）．

［131］林毅夫．政府与市场的关系［J］．国家行政学院学报，2013（6）．

［132］林毅夫．中国经验：经济发展和转型中有效市场与有为政府缺一不可［J］．行政管理改革，2017（10）．

［133］贾文龙，卜善祥．发展优先　兼顾环境：关注西部矿产资源开发与经济发展［J］．国土资源，2003（1）．

［134］林毅夫，李永军．比较优势、竞争优势与发展中国家经济的发展［J］．管理世界，2003（7）．

［135］冯向东．大学学术权力的实践逻辑［J］．高等教育研究，2010（4）．

［136］邱均平，赵蓉英，余以胜．中国高校科研竞争力评价的理论与实践［J］．高教发展与评估，2005（1）．

［137］邱均平，赵蓉英，马永胜，等．世界一流大学及学科竞争力评价的意义、理念与实践［J］．科技进步与对策，2007（5）．

［138］周兆透，李三福．三维视角下的大学科研竞争力及其发展研究［J］．研究与发展管理，2006（3）．

［139］张泽麟，左权文．高校核心竞争力培育途径初探［J］．大学教育科学，2006（5）．

［140］刘向兵．大学核心竞争力构成要素辨析［J］．中国人民大学学报，2007（2）．

［141］高宏．大学核心竞争力的要素及其培育［J］．教育发展研究，2012（9）．

［142］孟丽菊．大学核心竞争力的含义及概念塑型［J］．教育科学，2002（3）．

［143］宋东霞，赵彦云．中国高等学校竞争力发展分析［J］．教育发展研究，2003（12）．

［144］田汉族，孟繁华．从行政化到去行政化：大学管理本质的回归［J］．高等教育管理，2011（3）．

［145］付才辉，华秀萍．详论新结构经济学中"有为政府"的内涵：兼对田国强教授批评的回复［J］．经济评论，2017（3）．

［146］教育部发展规划司．中国教育事业统计年鉴（2013）［M］．北京：人民教育出版社，2013.

［147］中华人民共和国教育部科学技术司.2015 年高等学校科技统计资料汇编［M］.北京：高等教育出版社，2016.

［148］教育部财务司，国家统计局社会科技和文化产业统计司.中国教育经费统计年鉴 2014［M］.北京：中国统计出版社，2015.

［149］中国民族年鉴编辑部.中国民族年鉴［Z］.中国民族年鉴编辑部，2012.

［150］李慎之.中国传统文化中有技术而无科学［N］.中国经济时报，1997 – 12 –31.

［151］林毅夫.新结构经济学：发展经济学的反思与重构［N］.人民日报，2013 –11 – 10，（5）.

［152］王勇.不要误解新结构经济学的"有为政府"［N］.第一财经日报，2016 –11 –01，（A11）.

［153］张楚廷.对高等教育办学自主权的思考［N］.中国教育报，2002 – 03 – 08.

［154］林毅夫.政府有为是市场有效的前提［EB/OL］.http：//www. xsgou. com/biz/qiye/57605. html.

［155］文一.工业化失败的国家缺了什么？中国给出了答案［EB/OL］.http：//www. chinadevelopment. com. cn/zk/yw/2017/05/1145665. shtml.

［156］李侠.学术界少有弯道超车但有马赫带效应可用［N］.文汇报，2018 – 02 –23（A6）.

［157］夏征农.辞海［M］.上海：上海辞书出版社，1999.

［158］BOYER E L. Scholarship reconsidered：priorities of the professorate［M］. San Francisco：Jossey-Bass，1990.

［159］MONGKHONVANIT J. Competition for regional competitiveness：the role of academe in knowledge-based industrial clustering［M］. New York and Heidelberg：Springer，2014.

［160］PORTER M E. The competitive advantage of nations ：with a new introduction［M］. Hound mills，Hampshire ：Macmillan Press，1998.

［161］BUELA-CASAL G，GVTIERREZ MARTINEZO. Comparative study of international academic rankings of universities［J］. Scientometrics，2007（3）.

［162］ALASEHIR O，CAKIR M P. URAP – TR：a national ranking for Turkish universities based on academic performance［J］. Scientometrics，2014（1）.

［163］HOU A Y C，MORSE R，CHIANG C L. An analysis of mobility in global rankings：making institutional strategic plans and positioning for building world-class universities［J］. Higher education research and development，2012.

［164］CANTWELL B，TAYLOR B J. Global status，Intra-Institutional stratification and organizational oegmentation：a time-dynamic tobit analysis of ARWU position among U. S. universities［J］. Minerva，2013.

［165］MOK K H. Higher education transformations for global competitiveness：policy responses, social consequences and impact on the academic profession in Asia [J]. Higher education policy, 2015 (1).

[166] ORDORIKA I, LIOYD M. International rankings and the contest for university hegemony [J]. Journal of education policy, 2015 (3).

[167] TIRRONEN J, NOKKALA T. Structural development of Finnish universities: achieving competitiveness and academic excellence [J]. Higher education quarterly, 2009.

[168] GÖRANSSON B, BRUNDENIUS C. Universities in transition: the changing role and challenges for academic institutions [M]. International development research centre, 2011.

[169] TIE F H. Research publication as a strategy to improve international academic ranking [J]. International journal of leadership in education, 2012 (4).

[170] VAN BALEN B, VAN ARENSBERGEN P, VAN DER WEIJDEN I, et al. Determinants of success in academic careers [J]. Higher education policy, 2012 (3).

[171] LIN Y F. The Washington Consensus revisited: a new structural economics perspective [J]. Journal of economic policy reform, 2014 (2).

[172] LAI M H. The changing work life of academics: a comparative study of a renowned and a regional university in the Chinese Mainland [J]. Australian educational researcher, 2013 (1).

[173] MOK K H. The quest for global competitiveness: promotion of innovation and entrepreneurial universities in Singapore [J]. Higher education policy, 2015 (1).

[174] CHENG Y, WANG Q, LIU N C. How world – class universities affect global higher education—Influences and responses [M]. Sense publishers – rotterdam, The Netherlands, 2014.

[175] HUGO H. Global and national prominent universities: internationalization, competitiveness and the role of the state [J]. Higher education, 2009 (3).

[176] HUGO H. The changing academic profession in Hong Kong [M]. Cham: Springer international publishing, 2017.

[177] WATERMEYER R. Excellence and exclusion: the individual costs of institutional competitiveness [J]. Minerva, 2016 (2).

[178] DILL D D, VUGHT V, FRANS A. National innovation and the academic research enterprise: public policy in global perspective [M]. Baltimore: Johns Hopkins University Press, 2010.

[179] GOH J W P. The resource advantage theory of competition: implications for higher educational institutions in Singapore [J]. Educational research for policy and practice, 2003 (2).

[180] WERNERFELT B. A resource-based view of the firm [J]. Strategic management journal, 1984 (11).

［181］LEONARD-BARTOND. Core capabilities and core rigidities: a paradox in managing new product development ［J］. Strategic management journal, 1992 (1).

［182］BLÖMEKE S, ZLATKIN-TROITSCHANSKAIA O, KUHN C, et al. Modeling and measuring competencies in higher education ［M］. Rotterdam : Sense Publishers, Rotterdam, 2013.

［183］EATWELL J, MILGATEM M, NEW MAN P. The new palgrave: a dictionary of economics ［M］. London: Macmillan, 1987.

［184］BAHTERSTON F E. Managing today's university: Strategies for viability, change and excellence ［M］. San Francisco: Jossey-Bass, 1995.

［185］KENNEDY D. Academic duty ［M］. Cambridge: Harvard University Press, 1997.

［186］MATTHEWS A P. South African universities in world rankings ［J］. Scientometrics, 2012 (3).

［187］CURAJ A, SCOTTP, VLASCEANU L, et al. European higher education at the Crossroads ［M］. Berlin: springer Netherlands, 2012.

［188］LO W Y W. University rankings: implications for higher education in Taiwan ［M］. Singapore: Springer, 2014.

［189］HAZELKORN E. Rankings and the reshaping of higher education: the battle for world-class excellence ［M］. London: Palgrave Macmillan, 2015.

［190］LARSEN M A. Internationalization of higher education: an analysis through spatial, network, and mobilities theories ［M］. New York: Palgrave Macmillan, 2016.

［191］DILL D D. Academic quality, league tables, and public policy: a cross-national analysis of university ranking systems ［J］. Higher Education, 2005 (4).

［192］DEHON C. Uncovering excellence in academic rankings: a closer look at the Shanghai ranking ［J］. Scientometrics, 2010 (2).

［193］DEEM R, MOK K H, LUCAS L. Transforming higher education in whose image? Exploring the concept of the "world-class" university in Europe and Asia ［J］. Higher education policy, 2008 (1).

［194］KHADEMI T, ISMAIL K, LEE C T, SHAFAGHAT A. Enhancing commercialization level of academic research outputs in research university ［J］. Journal technologyi (sciences & engineering), 2015 (74).

［195］GÖRANSSON B, BRUNDENIUS C. Universities in transition: the changing role and challenges for academic institutions ［M］. ［S. L.］: International Development Research Centre, 2011.

［196］FARHAN B Y. Examining competition in Ontario's higher education market ［J］. Interchange, 2017 (1).

［197］Murat Peritçakçr, Cengiz Acartürk, Oğuzhan Alaşehir, Canançilingir. A comparative analysis of global and national university ranking systems ［J］. Scientometrics, 2015（3）.

［198］WINTER R, TAYLOR T, SARROS J. Trouble at mill: quality of academic worklife issues within a comprehensive Australian university ［J］. Studies in higher education, 2000（3）.